ADAC Reiseführer

Israel

von Michael Studemund-Halévy

☐ Intro

☐ Unterwegs

☐ Service

Leserforum

Die Meinung unserer Leserinnen und Leser ist wichtig, daher freuen wir uns von Ihnen zu hören. Wenn Ihnen dieser Reiseführer gefällt, wenn Sie Hinweise zu den Inhalten haben – Ergänzungs- und Verbesserungsvorschläge, Tipps und Korrekturen – dann kontaktieren Sie uns bitte:

Redaktion ADAC Reiseführer
ADAC Verlag GmbH
Am Westpark 8, 81365 München
Tel. 089/76 76 41 59
verlag@adac.de
www.adac.de/reisefuehrer

Israel Impressionen

Eine Reise durch die Jahrtausende

Gott baute aus seinem Rückgrat Palästina,
aus einem einzigen Knochen Jerusalem.
Else Lasker-Schüler

Schon immer zog es die Menschen ins Heilige Land. Ob als Eroberer, als Wallfahrer, ob als Siedler oder als Touristen. Immer aber war es das Verlangen dieser Menschen, im **Heiligen Land** etwas von dem Geheimnis zu erleben, das jene Orte umgibt, von denen sie gelesen hatten und von denen seit Jahrhunderten berichtet wird. Nirgendwo auf der Welt lässt sich in so wenigen Tagen durch so viele Jahrtausende reisen wie in Israel. Wo sonst, wenn nicht hier, liegen biblische *Vergangenheit* und eine *Gegenwart*, welche die Weltpolitik täglich in Atem hält, so eng beieinander.

Ägypter, Philister, Perser, Griechen, Römer, Araber, Kreuzfahrer, Mamelukken, Türken und Engländer haben das Land besetzt, ihm zeitweilig ihren Stempel aufgedrückt, ohne aber je wirklich ihr Herz dort verloren zu haben. Dies war den Juden vorbehalten, die das Land niemals aufgegeben hatten. Weder im bitteren *Babylonischen Exil* noch in den 2000 Jahren der *Diaspora* konnte es aus dem jüdischen Denken und Fühlen verbannt werden. Israel war und ist nun wieder ein jüdisches Land, auch wenn die römischen, persischen, arabischen, fränkischen oder türkischen Eroberer die jüdische Vergangenheit des Landes zeitweise in Vergessenheit geraten ließen. Gleichwohl haben auch die arabische sowie die christliche Kultur das Land nachhaltig geprägt.

Und wenn der Talmud sagt, dass das Land Israel vor allen Ländern geheiligt ist und den Gläubigen darum ermahnt, dort zu leben, und sei es in einer Stadt mit einer nichtjüdischen Mehrheit, dann versteht man, warum Israel vor allem für die Juden das Heilige Land ist.

Zwischen Thora, Bibel und Koran

Religion ist in Israel, wie überall im Nahen Osten, Grundlage und wichtiges Unterscheidungsmerkmal des Gemeinschaftslebens. Thora, Bibel und Koran bestimmen das Leben des Staates ebenso wie das des Einzelnen. Aber dass heute nur

Oben: *Rote Stunde auf dem Jerusalemer Zionsberg – die neoromanische Kirche Dormitio Sanctae Mariae, daneben der Glockenturm*

Unten: *Jerusalem by Night – der rosa gefärbte Mond scheint mit der goldenen Kuppel des Felsendoms wetteifern zu wollen*

Links oben: *Feier des Friedens und Fest der Nationen – Einladung zum Laubhüttenfest (Sukkot)*

Links unten: *Moslem beim Beten*

die Juden mit Israel ihren *eigenen Staat* besitzen, um den die Palästinenser noch immer ringen, ist das eigentliche Wunder. Die Juden sind, wie es in einem immer noch populären Lied heißt, in ihre Heimat zurückgekehrt, um »zu schaffen und neu erschaffen zu werden«.

Man kann Israel nicht mit anderen Ländern vergleichen. Jede seiner Besonderheiten ist ein Produkt seiner Religion und seiner Entstehungsgeschichte. An erster Stelle steht die jahrtausendealte jüdische Religion, die bis heute die **jüdische Identität** bestimmt. Eine Religion, die tief in den Alltag der Menschen eingreift. Eine Religion, die nicht auf Mission, sondern auf Exklusivität bedacht ist. Die zweite Besonderheit ist der **Zionismus**, ein Produkt des späten 19. Jh. und des europäischen Nationalismus, aber auch eine Reaktion auf den Antisemitismus. Die dritte Besonderheit stellt die **Shoa** dar, die Ermordung von mehr als sechs Millionen Juden in den 1940er-Jahren in Europa. Mit dem ›Erbe der Shoa‹ demonstrieren auch weltliche Israelis ihre Verbundenheit mit der jüdischen Tradition.

Aber in dem Maße wie Israel ›jüdischer‹ wird, verliert das Land seine israelische, seine zionistische Identität. Auch wenn in

den vergangenen Jahren mehr als eine halbe Million ›*Olim Hadashim*‹ (Neueinwanderer) ins Land gekommen ist – die Mehrheit aus der ehemaligen Sowjetunion, aus Südamerika und Äthiopien –, so leben doch fast zehn Prozent der Israelis im Ausland, weil das Leben im jüdischen Staat ihnen mehr abverlangt, als sie zu geben bereit sind.

Objekt der Begierde

Die Gründung von Israel gilt als eines der aufregendsten *Experimente* der modernen Geschichte, das bis heute nicht zu Ende ist. Die Bewohner des Landes stammen aus über hundert Ländern, sprechen mehr als hundert Sprachen, sind aschkenasische Juden aus Mittel- und Osteuropa, sefardische Juden von der Iberischen Halbinsel und aus Nordafrika, orientalische Juden aus Syrien, dem Irak oder dem Jemen, ›gelbe‹ Juden aus China und Indien oder ›schwarze‹ Juden aus Äthiopien. Was also macht dieses kleine Land im Nahen Osten, das die Fantasie und die Begehrlichkeit so vieler Völker erregte und noch immer beschäftigt, so interessant?

Israel ist ein **kleines Land**, kleiner als das deutsche Bundesland Hessen, hat aber enorme geschichtliche Bedeutung. Was in Israel geschieht, ist immer eine Nachricht wert. Und so berichten aus Israel mehr ausländische Journalisten als aus irgendeinem anderen Land der Welt. Die Bilder von Bombenopfern in Jerusalem oder Tel Aviv, vom Massaker in Hebron, von Steine werfenden palästinensischen Jugendlichen der Intifada oder von den demonstrierenden orthodoxen Juden im

Golan oder der Westbank haben unser Bild von diesem Land geprägt. Doch ist dieses Bild zu einseitig. Israel – das sind die *Kibbuzim*, aus denen sich die Eliten des jungen Staates rekrutierten. Israel – das sind die neuen *Zentren* und die *Gartenstädte* mit ihren weißen Häusern der Bauhaus-Architekten. Israel – das ist der Triumph *menschlicher Intelligenz* über die Natur, der Sieg über malariaverseuchte Gebiete und eine trostlose Wüste. Israel – das ist auch sichtbares Beispiel eines der erfolgreichsten *Aufforstungsprojekte* im 20. Jh. Denn das Heilige Land soll bald wieder so bewaldet sein wie vor 2000 Jahren.

Links oben: *In Gottes Nähe – Jude beim Gebet an der Klagemauer*
Rechts oben: *Immer präsent sind in Israel Soldaten, auch weiblichen Geschlechts*
Mitte: *Junge Schönheit à la Israel*
Links unten: *Nur im Wasser gedeiht nichts – doch rund ums Tote Meer wachsen diese herrlichen Dattelpalmen*
Unten: *Haben Sie es sich verdient? Schöne Ferien am Toten Meer!*

Gottes Verheißung oder
Zwischen Sünde und Erlösung

40 Jahre durchwanderten die Juden der Überlieferung nach die ungastliche Wüste, bis sie die Grenze des Landes *Kanaan* erreichten. Das Land, das Gott ihnen gezeigt hatte. Heute genügen wenige Flugstunden, um denselben Weg zurückzulegen. Und dennoch: Wer das Land von Norden nach Süden und von den Küsten des Mittelmeers bis zur jordanischen Grenze in nur wenigen Tagen durchquert, hat trotzdem mehr gesehen als in vielen anderen Ländern. An drei Orten *muss* jeder Israel-Besucher aber auf jeden Fall gewesen sein, so heißt es in einem der vielen Bücher über das Heilige Land: In **Tel Aviv** für die *Sünde*, in **Jerusalem** für die *Erlösung* von der Sünde und in **Elat** für die *Erholung* von beidem.

Aber Israel hat natürlich mehr zu bieten als heilige und weniger heilige Stätten. Wer mag, kann morgens an den Ausläufern des Hermon Ski fahren und nachmittags im Toten Meer baden. Und entlang der scheinbar endlosen Mittelmeerküste sind die Seebäder und Strände wie an einer ›weißsandigen‹ Schnur aufgereiht. In Jerusalem oder in Jaffa macht man Bekanntschaft mit dem **Orient** oder mit dem, was von ihm geblie-

Oben: *Durchfahren oder bleiben? Straße durch die Wüste von Judäa, unterhalb davon Beduinenzelte*
Links: *Zwischen Tradition und Technik – Beduine im Karmel-Gebirge mit Haushaltsgeräten und Handy*
Rechts oben: *Das Wandern in der Jordan-Ebene ist die Lust der Reisenden*
Rechts Mitte: *Einkaufsbummel mit Erlebniswert – Altstadtgasse in Jerusalem*
Rechts unten: *Souvenirs und Schmuck in einem orientalischen Basar*

ben ist. Ob man in den smaragdgrünen Korallengründen vor Elat taucht, sich gefangen nehmen lässt von der Stille der heiligen Stadt Safed oder in die europäische Welt von Haifa eintaucht – immer erlebt man ein vielseitiges Land, das einen in Atem hält, das niemals langweilig ist. Vielleicht liegt das daran, dass Israel gleichzeitig so klein und so groß ist.

Die Farben des Frühlings

Wer Israel in seiner ganzen Pracht erleben möchte, sollte das Land im Frühjahr besuchen. Dann – vorausgesetzt der Winter brachte reichlich Regen – strömen selbst die Einheimischen aus den Städten in die Wüste, um das *Wunder* zu sehen. Plötzlich funkeln überall scharlachrote Wildtulpen, glüht der Asiatische Hahnenfuß, leuchtet der weiße Asphodelus. Dann sind die Berghänge goldgelb gefärbt von kleinen Korbblütlern und den rot und gelb strahlenden Sonnenröschen. *Die Wüste lebt,* auch wenn mit dem Bau immer neuer Trabantenstädte um Jerusalem die Wüste buchstäblich aus dem Blickfeld verschwindet. Im Frühling

und die ›Region der Wunder‹ rund um den See Genezareth beschrieben. Den Besichtigungspunkten sind jeweils **Praktische Hinweise** mit Informationsbüros sowie Hotel- und Restaurantempfehlungen angefügt. **Übersichtskarten** und **Stadtpläne** helfen bei der Orientierung, die **Top Tipps** gewährleisten ein schnelles Auffinden der Highlights. **Israel aktuell A bis Z** bietet, alphabetisch geordnet, Nützliches, u. a. zu den Themen Anreise, Einkaufen und Feste. Hinzu kommt ein praktischer **Sprachführer**. Kurzessays im **Kaleidoskop** runden den Reiseführer ab.

aber erinnern sich die Israelis wieder ihrer Herkunft und daran, dass die **drei großen Weltreligionen** aus der Wüste kamen, in der sengende Hitze, Einsamkeit und wohl mitunter gefühlte Gottverlassenheit die Menschen dazu brachten, die Idee vom *Monotheismus* in die Welt zu setzen.

Der Reiseführer

Dieser Band stellt das abwechslungsreiche Israel in sieben Kapiteln vor, beginnend mit Jerusalem und dem Umland der Heiligen Stadt. Anschließend werden die Landschaft zwischen dem Toten und dem Roten Meer, sodann die Mittelmeerküste bis Nahariyya und schließlich die Landschaft Galiläa sowie die Golanhöhen

Geschichte, Kunst, Kultur im Überblick

Römer, Kreuzritter und Osmanen – Heiliges Land der Juden, Christen, Muslime

Vor- und frühgeschichtliche Zeit/ Kanaanitische Epoche

ab 8300 v. Chr. Erste jungsteinzeitliche Stadtsiedlung in Jericho.

3000 v. Chr. In Palästina entstehen kleinere Stadtstaaten, die enge Handelsbeziehungen mit Ägypten unterhalten.

2000–1700 v. Chr. Einwanderer aus dem syrisch-libanesischen Küstengebiet setzen sich in Palästina durch. Zusammen mit den Amurru-Nomaden legen sie den Grundstein zur kanaanäischen Kultur. Auf ägyptischen Tontafeln wird Jerusalem (Urushamen) zum ersten Mal erwähnt. Abraham führt sein Volk aus Ur in Chaldäa in das ihm von Gott verheißene Land Kanaan.

1700–1550 v. Chr. Die asiatischen Hyksos fallen in Ägypten ein und beherrschen das Nildelta. In der Folgezeit lassen sich viele vertriebene Ägypter in Palästina nieder. Wegen einer Hungersnot verlassen die Nachfahren des Stammvaters Abraham Kanaan und ziehen nach Ägypten, wo sie zu Sklaven gemacht werden.

um 1550 v. Chr. Die Ägypter erobern Palästina und zerstören die Hyksos-Siedlungen.

1350–1100 v. Chr. Palästina gerät unter die Herrschaft der Hetiter. Um 1250 v.Chr. Auszug der ›Kinder Israels‹ aus Ägypten und Eroberung Kanaans.

Bronzezeit/ Israelitische Epoche

1100 v. Chr. Seevölker lassen sich an den Küsten Palästinas nieder und dringen später ins Landesinnere vor.

Philister besiegen die Israeliten und zerstören deren Tempel in der Hauptstadt.

1012–932 v. Chr. Um 1012 v. Chr. wird Saul, Sohn des Kish aus Gibea, vom Propheten Samuel zum religiösen Führer (Nagid) der Israeliten gesalbt. Unterwerfung von Philistern und Kanaanitern. Um 1007 werden König Saul und drei seiner Söhne in einer Schlacht mit den Philistern getötet.

um 1000 v. Chr. David, Sohn des Jesse aus Bethlehem, erobert Jerusalem, das er zur Hauptstadt des Vereinigten Königreichs Israel macht. Während seiner jahrzehntelangen Herrschaft dehnt er die Grenzen des Landes aus. Nach seinem Tod um 967 v.Chr. kommt es zu starken Unruhen.

900–800 v. Chr. Erste Kodifizierung der ältesten Gesetze der Thora (2.Buch Mose).

Zeit des Ersten Tempels

961–922 v. Chr. König Salomon von Israel errichtet in Jerusalem einen mächtigen Königspalast und um 925 v.Chr. den Ersten Tempel. In seine Regierungszeit fällt die Gründung von Verwaltungsstädten wie Megiddo, Hazor und Gezer. Nach seinem Tod 928 v. Chr. zerfällt das Königreich in die Teilreiche Juda (Südreich) und Israel (Nordreich).

724–701 v. Chr. Die assyrischen Könige Shalmaneser V. und Sargon II. unterwerfen Israel.

ab Mitte 8. Jh. v. Chr. Das Nordreich Israel wird 724 v. Chr., das Südreich Juda 701 v.Chr. den Assyrern tributpflichtig.

587 v. Chr. Der babylonische Herrscher Nebukadnezar II. erobert Jerusalem, zerstört die Stadt und den Tempel. König Jojachin und ein Teil der israelitischen Bevölkerung werden ins Babylonische Exil geführt. Endredaktion der fünf Bücher Mose (Pentateuch).

Persische Epoche

538 v. Chr. Nach der Unterwerfung der Neobabylonier durch den Perserkönig Kyrus II. kehren die Juden aus dem Babylonischen Exil nach Jerusalem zurück und beginnen mit dem Wiederaufbau des Tempels, der 515 v.Chr. unter König Zerubbabe geweiht wird.

400 v. Chr. Wahrscheinliche Entstehungszeit der Chroniken, des letzten historiografischen Buches des Alten Testaments.

Hellenistische Epoche

332 v. Chr. Alexander der Große erobert Palästina.

301 v. Chr. Jerusalem kommt unter die Herrschaft der ägyptischen Ptolemäer.

198 v. Chr. Die syrischen Seleukiden erobern Jerusalem. Von Ägypten aus herrschen die hellenistischen Ptolemäer über Israel.

167–141 v. Chr. Die Makkabäer erheben sich gegen die Seleukiden und erobern den Tempelberg. Wiedereinweihung des Jerusalemer Tempels unter Juda Makkabäus und Gründung eines unabhängigen jüdischen Hasmonäerstaates.

Römische Epoche

63 v. Chr. Der römische General Pompeius erobert Palästina; Judäa wird römischer Klientelstaat.

40 v. Chr. Mit römischer Hilfe kommt der beim Volk verhasste Römerfreund und

Große Zeiten: Tempel Salomons (um 968–930 v. Chr.) in Jerusalem, Kupferstich (17. Jh.) ▷

Hasmonäer Herodes an die Macht.

37–4 v. Chr. Herodes' Regierungszeit ist geprägt durch große Bauvorhaben (Masada, Herodion, Jericho) und durch die Wiedererrichtung des Jerusalemer Tempels. In den letzten Jahren seiner Herrschaft wird Jesus von Nazareth geboren.

26–36 n. Chr. Pontius Pilatus wird römischer Statthalter von Judäa. Während seiner Amtszeit wird Jesus von Nazareth gekreuzigt.

46–48 Erste Missionsreise von Paulus mit Barnabas führt über Zypern nach Perge.

66–73 Erfolgloser Aufstand der Juden gegen die Römer. Vespasian erobert Galiläa. Bürgerkrieg in Jerusalem, Zerstörung von Qumran. Niederschrift der Psalmen.

70 Titus, der Sohn des zum Kaiser gekrönten Vespasian, erobert Jerusalem und zerstört den Zweiten Tempel; Ende der jüdischen Eigenstaatlichkeit. Als letztes jüdisches Bollwerk nehmen die Römer Masada ein. Ab 70 n. Chr. wird die Stadt Jamnia (Yavne) zum Zentrum jüdischen Lebens.

132–135 Die Juden erheben sich unter Simon Bar Kokhba erfolglos gegen die Römer, deren Kaiser seit 117 Hadrian ist. Nach der Zerstörung Jerusalems, das in Aelia Capitolina umbenannt wurde, lässt Kaiser Hadrian die Stadt wieder aufbauen. Weil den Juden verboten ist, in Jerusalem zu leben, siedeln Tausende von ihnen in Galiläa.

200–250 Vollendung und Kodifizierung der Mishna (erste autoritative Gesetzessammlung des nachbiblischen Judentums) unter Rabbi Jehuda HaNassi aus Galiläa. Tiberias wird Zentrum des jüdischen Lebens. Kaiser Severus verbietet den Übertritt zu Judentum und Christentum. Die Juden werden 212 unter Kaiser Caracalla römische Bürger.

Byzantinische Epoche

324 Der römische Kaiser Konstantin der Große lokalisiert zusammen mit seiner Mutter Helena die Stätten des Wirkens Jesu und lässt in Jerusalem und Bethlehem die ersten Kirchen erbauen.

383 Hieronymus übersiedelt von Rom nach Palästina und beginnt mit der Übersetzung der Bibel ins Lateinische (Vulgata).

388 Ein Gesetz verbietet Eheschließungen zwischen Juden und Nichtjuden. Gründung zahlreicher Klöster in der Judäischen Wüste.

425–500 Vollendung des Jerusalemer Talmud in Galiläa und Abschluss des Babylonischen Talmud.

614 Die Perser, neben Byzanz die zweite Großmacht im östlichen Mittelmeerraum, erobern und verwüsten Palästina.

628–640 Der oströmische Kaiser Herakleios besiegt die Perser und bringt das Heilige Kreuz in die Grabeskirche zurück.

Arabische Epoche

638 Kalif Omar unterwirft das Heilige Land und zieht in Jerusalem ein.

um 640 Mu'waiya, der Begründer der Omayyadendynastie, erobert Caesarea.

691 Während der Herrschaft der Omayyaden entstehen Felsendom und el-Aqsa-Moschee in Jerusalem.

715–750 Walid el-Malik vollendet die el-Aqsa-Moschee in Jerusalem und baut Ramla, die einzige Stadt, die in Palästina von Arabern gegründet wurde. Die Omayyaden in Damaskus müssen ihre Macht an die Abbassiden in Bagdad abgeben.

998–1021 Der Fatimidenkalif el-Hakim lässt viele christliche Kirchen und Klöster auflösen sowie nichtmuslimische Bewohner Palästinas verfolgen.

1033 Ein starkes Erdbeben zerstört Jerusalem, Hebron und vor allem Ramla.

Kreuzfahrer-Epoche

1099 Die Kreuzritter unter Gottfried von Bouillon erobern Jerusalem und gründen das Königreich Jerusalem, es kommt zu Massakern an der muslimischen und jüdischen Bevölkerung. Balduin I. wird 1100 erster König des Reiches. In den nächs-

Osmanen-Haupt: Suleiman der Prächtige (1520–66)

ten Jahrzehnten errichten die Kreuzfahrer zahlreiche Burgen.

1187 Saladin (arab. Salah ed-Din) schlägt die Kreuzfahrer bei den ›Hörnern von Hittin‹ und erobert Jerusalem.

1189–92 Richard Löwenherz und Philipp II. versuchen im Dritten Kreuzzug erfolglos, die verlorenen Gebiete zurückzugewinnen.

1228 Der Stauferkaiser Friedrich II. erhält durch Verhandlungen mit islamischen Herrschern beträchtliche Gebiete des Kreuzfahrer-Königreiches zurück.

1260 Die Mongolen verwüsten Palästina und deportieren große Teile der jüdischen Bevölkerung. Die Juden bringen ihre heiligen Schriften nach Nablus.

Mamelukken-Epoche

1265 Die Mamelukken erobern nach und nach das gesamte Kreuzfahrerkönigreich, bis Akko 1291 als letzte Stadt der Kreuzfahrer fällt.

1267 Rabbi Moshe ben Nahman gründet in Jerusalem eine Gemeinde.

Osmanische Epoche

1516/17 Palästina kommt unter türkische Herrschaft.

1516–40 Sultan Selim I. und sein Sohn Suleiman der Prächtige errichten die heute noch bestehenden Mauern der Altstadt Jerusalems und schmücken die Stadt mit prachtvollen Bauten.

1565–72 In seinem Buch ›Shulhan Aruh‹ (›Der gedeckte Tisch‹) kodifiziert Yosef Caro die jüdischen Ritualgesetze. Rabbi Isaak ben Salomo Luria (›Ha-Ari‹) ist Führer der Kabbalisten.

1757 Im ›Status quo‹ werden die Besitzverhältnisse und Privilegien der christlichen Gemeinschaften in der Heiligen Stadt geregelt.

1831–40 Mohammed Ali, der ägyptische Herrscher von Palästina, erlaubt ausländischen Mächten, Konsulate in Jerusalem zu eröffnen. Sir Moses Montefiore entwirft ein Projekt zur Niederlassung der Juden in Palästina.

1860 Sir Montefiore gründet die erste jüdische Siedlung außerhalb der Stadtmauern von Jerusalem.

1869 Bau der ersten modernen Straße von Jaffa (Tel Aviv) nach Jerusalem.

1874 Juden aus Jerusalem gründen Petah Tiqva, die erste landwirtschaftliche Mustersiedlung in Palästina.

1882 Nach Pogromen in Russland und Rumänien lassen sich erste zionistische Siedler in Rishon LeZiyyon nieder. Beginn der 1. Aliyya (Einwanderungswelle). Erste Dörfer werden für Juden in der Küstenebene gegründet. Leon Pinsker setzt sich in seiner Schrift ›Autoemanzipation‹ für einen jüdischen Staat ein.

1896/97 Theodor Herzl publiziert 1896 sein Buch ›Der Judenstaat‹. Auf dem 1. Zionistenkongress 1897 in Basel wird Herzl zum Präsidenten der Zionistischen Organisation gewählt.

1898 Theodor Herzl besucht Jerusalem, wo er Kaiser Wilhelm II. für einen ›Jüdischen Staat‹ zu interessieren versucht.

1901 Gründung des jüdischen Nationalfonds (Keren Kayemeth Lelsrael) zum Ankauf und zur Urbarmachung von Land in Palästina.

1904–14 Sozialistisch motivierte 2. Einwanderungswelle nach Palästina.

1909 Gründung von Tel Aviv und Deganya.

Britisches Mandat

1917/18 Britische Truppen besetzen Palästina, General Allenby zieht in Jerusalem ein. Beginn des Britischen Mandats. Am 2. November 1917 verspricht die Balfour-Deklaration einen jüdischen Staat in Palästina.

1920 Sir Herbert Samuel ist erster britischer Hochkommissar in Palästina. 3. Einwaderungswelle. David Ben Gurion gründet in Haifa den Gewerkschaftsdachverband Histadrut.

1921–39 Der Arabisch-Jüdische Konflikt führt immer wieder zu blutigen Zwischenfällen. Chaim Weizmann wird Präsident der Zionistischen Organisation. Der Völkerbund bestätigt 1922 die britische Mandatsherrschaft. Abtrennung von Transjordanien. 1925 wird die Hebräische Universität in Jerusalem eröffnet. 1929 Gründung der ›Jewish Agency for Palestine‹, die jüdische Interessen gegenüber den Briten vertritt. Massaker an der jüdischen Bevölkerung von Hebron und Safed, Aufstände in Jerusalem. 1931 Gründung der Irgun Zvai Leumi, einer militanten Untergrundbewegung.

1934 Beginn der illegalen Einwanderung nach Palästina; mit dabei sind Tausende von deutschen Emigranten (›Jeckes‹), die vor der Judenverfolgung im Dritten Reich nach Palästina fliehen. Dort leisten sie einen bedeutenden kulturellen Beitrag, etwa in Architektur (Bauhaus), Justiz und Wissenschaft.

1937 Eine Kommission unter Lord Peel schlägt die Teilung Palästinas und eine Beschränkung der jüdischen Einwanderung vor.

1939 Am 19. Mai schränkt das ›Weißbuch‹ Einwanderung und Landkauf ein. Bau der Ölleitung vom Irak nach Haifa.

1941 Ben Gurion fordert im ›Biltmore Programm‹ nach dem Krieg ein jüdisches ›Commonwealth‹.

1944/45 Die ›Jüdische Brigade‹ aus Palästina kämpft mit den Alliierten. Am 22. März 1945 wird die Arabische Liga gegründet. Im September und Oktober verstärkte illegale Einwanderung nach Palästina. Am Ende des Zweiten Weltkriegs leben hier rund 600 000 Juden.

1946 Der amerikanische Präsident Truman fordert die Teilung Palästinas und die Gründung eines jüdischen Staates (›Yom Kippur Speech‹).

1947 Gegen den Widerstand der Araber teilt die UNO am 29. Nov. 1947 Palästina in einen jüdischen und einen arabischen Staat und erklärt Jerusalem zur internationalen Stadt. Großbritannien liefert Waffen an arabische Staaten. Heftige Kämpfe zwischen Juden und Arabern.

Der Staat Israel

1948 Am 9. April massakrieren die Irgun unter Führung von Menahem Begin das Palästinenserdorf Deir Yassin. Ca. 300 000 Araber fliehen aus Palästina. Am 14. Mai, einen Tag vor Ende des Britischen Mandats, proklamiert David Ben Gurion den Staat Israel. Am nächsten Tag beginnt der Israelisch-Arabische Krieg: Ägypten, Syrien, Libanon, Transjordanien, Saudi-Arabien und Irak greifen Israel an. Am 28. Mai erobern und zerstören arabische Truppen das Jüdische Viertel in Jerusalem. Erfolgreiche Gegenoffensive im Juli. Im Herbst fliehen noch einmal ca. 400 000 Araber aus dem Kriegsgebiet in die Nachbarländer.

1949 Am 15. Jan. Waffenstillstand zwischen Israel und Ägypten, dem Libanon, Jordanien und Syrien. Am 25. Jan. erste Parlamentswahlen; Chaim Weizmann wird Staatspräsident. Jerusalem wird zwischen Israel (Westteil) und Jordanien (Ostteil) aufgeteilt. Die Jordanier beginnen mit der Zerstörung jüdischer Bethäuser in Ost-Jerusalem. Am 11. Mai Aufnahme Israels in die Vereinten Nationen. Am 13. Dez. 1949 wird Jerusalem zur Hauptstadt des Staates Israel erklärt.

1950/51 Am 5. Juli 1950 beschließt die Knesset das ›Gesetz der Rückkehr‹, nach dem jeder Jude das Recht hat, in Israel zu leben. Im September bringt die Operation ›Zauberteppich‹ Tausende Juden aus dem Jemen nach Israel. Im Juli 1951 werden in einer weiteren Luftbrücke 100 000 Juden aus dem Irak nach Israel geflogen. Ermordung von König Abdullah von Jordanien.

1952 Eine Militärrevolte zwingt König Faruk von Ägypten zum Abdanken; der nationalistisch eingestellte Offizier Gamal Abdel Nasser macht politisch Karriere. Nach dem Tod Chaim Weizmanns wird Izhak Ben Zvi Israels Staatspräsident.

1953–55 Am 7. Dez. 1953 tritt David Ben Gurion als Ministerpräsident Israels zurück. Nasser wird Ministerpräsident von Ägypten. Am 24. Mai 1955 verabschiedet die Knesset das ›Lakhish-Projekt‹, die erste landwirtschaftliche Regionalplanung. Inbetriebnahme der Yarkon-Negev-Wasserleitung. Am 3. Nov. wird Ben Gurion erneut Premierminister.

Illegaler Durchbruch: Mit Schiffen kamen trotz britischer Blockade (1940–48) zahlreiche verfolgte Juden nach Palästina ▷

Er plante den Judenstaat: Theodor Herzl (1860–1904)

Staatspräsident Chaim Weizmann (1874–1952)

Erster Ministerpräsident: David Ben Gurion (1886–1973)

1956/57 Nach wiederholten Angriffen arabischer Fedayyin aus dem Gaza-Streifen greift am 29.Okt. die israelische Armee mit britischer und französischer Unterstützung ägyptische Stellungen auf der Halbinsel Sinai an, besetzt den Gaza-Streifen und den Sinai bis zum Suezkanal. Gleichzeitige Offensive der Franzosen und Engländer, um Nasser zu zwingen, die Nationalisierung des Kanals rückgängig zu machen.

1957/58 In Kuwait formiert sich die palästinensische Befreiungsorganisation Fatah, die Gründungsmitglied Yassir Arafat ab 1968 leitet.

1965 Aufnahme diplomatischer Beziehungen zwischen Israel und der Bundesrepublik Deutschland.

1967 Ägypten sperrt den für Israels Wirtschaft wichtigen Zugang nach Elat und zieht Truppen an der Grenze zusammen. Im daraufhin von Israel als Präventivkrieg geführten ›Sechs-Tage-Krieg‹ gegen Ägypten, Syrien und Jordanien werden der arabische Teil Jerusalems, Gaza, die Westbank und die Golanhöhen eingenommen.

1969/70 Kämpfe zwischen Israel und Ägypten am Suezkanal. 1970 wird der Offizier Anwar es Sadat ägyptischer Präsident.

1973/74 Mit dem ägyptisch-syrischen Angriff auf Israel beginnt am 6.Okt. 1973 (Jüdischer Versöhnungstag) der ›Yom-Kippur-Krieg‹. US-Außenminister Henry Kissinger vermittelt 1974/75 Waffenstillstandsverträge zwischen Syrien, Ägypten und Israel. Die arabischen Staaten erkennen die 1968 als Dachorganisation verschiedener palästinensischer Gruppen gegründete PLO (Palestine Liberation Organization) als ›einzigen legitimen Vertreter der Palästinenser‹ in den besetzten Gebieten an.

1977–79 Am 26.März 1979 wird in Washington der Friedensvertrag zwischen Ägypten und Israel unterzeichnet. Vorausgegangen war 1978 das ›Camp-David-Abkommen‹, nach Verhandlungen zwischen Menahem Begin, israelischer Ministerpräsident seit 1977, Sadat und Carter. 1979 erhalten Begin und Sadat den Friedensnobelpreis. Israel räumt schrittweise bis 1982 die Sinaihalbinsel.

1980 Das ›Jerusalem-Gesetz‹ vom 30.Juli erklärt die ganze Stadt gegen massiven arabischen Protest zur Hauptstadt Israels.

1981 Am 6.Okt. wird Sadat ermordet. Sein Nachfolger wird Husni Mubarak. Am 14.Dez. annektiert Israel die Golanhöhen.

1982–84 Am 4.Juni beginnt mit dem Einmarsch der israelischen Armee in den Libanon der sog. ›Libanonfeldzug‹, bei dem Stellungen der PLO zerstört werden sollen. Die israelische Armee besetzt einen 40 km breiten Streifen des Libanon. Christliche Falangisten verüben blutige Massaker in den palästinensischen Flüchtlingslagern von Sabra und Shatila im Libanon, für die Israel verantwortlich gemacht wird, da seine Truppen nicht einschreiten. Am 30.August 1983 tritt Begin als Ministerpräsident zurück, sein Nachfolger wird Yitzhak Shamir, dem ein Jahr später der Sozialist Shimon Peres folgt.

1985 Die Luftbrücke ›Operation Moses‹ bringt 50 000 Juden aus Äthiopien nach Israel.

1987 Beginn der ›Intifada‹ (wörtlich ›Abschütteln‹) in den besetzten Gebieten: Palästinenser setzen sich mit Streiks und Steinwürfen gegen die israelische Militärherrschaft zur Wehr.

1991/92 Im Oktober erste Nahostfriedenskonferenz in Madrid. Die Arbeiterpartei unter Yitzhak Rabin löst den Likud als Regierungspartei ab. Beginn der großen Einwanderungswelle von Juden aus der ehem. Sowjetunion (ca. 400 000).

1993/94 Nach Verhandlungen Israels mit der PLO unter der Führung von Yassir Arafat wird am 13.Sept.

1993 in Washington das ›Gaza-Jericho-Abkommen‹ unterzeichnet, das den Gaza-Streifen und Gebiete um die Stadt Jericho unter palästinensische Selbstverwaltung stellt; die PLO erkennt Israel an. Am 8. Aug. 1994 eröffnet die BRD als erster Staat eine diplomatische Vertretung in Jericho. Die militante Palästinensergruppierung Hamas torpediert den Friedensprozess durch Anschläge.

1994 Friedensvertrag zwischen Israel und Jordanien. Am 13. Sept. erhalten der Palästinenserführer Yassir Arafat, der israelische Ministerpräsident Yitzhak Rabin und der israelische Außenminister Shimon Peres gemeinsam den Friedensnobelpreis für das Gaza-Jericho-Grundlagenabkommen – eine nicht unumstrittene Entscheidung.

1995 Am 4. Nov. wird Rabin von einem jüdischen Rechtsextremisten nach einer Friedenskundgebung in Tel Aviv erschossen.

1997 Im Hebron-Abkommen vereinbaren Israel und die Palästinensische Autonomiebehörde den Rückzug der israelischen Armee aus Hebron.

2000 Verhandlungen in Camp David um einen Friedensvertrag scheitern. Nach dem Besuch Ariel Sharons auf dem Tempelberg beginnt im Okt. die zweite, die sog. Tempelberg-Intifada.

2001/02 Ariel Sharon wird zum Ministerpräsidenten gewählt. Auf palästinensische Selbstmordanschläge reagiert Israel wiederholt mit der Besetzung von Teilen des Autonomiegebietes.

2003 Die Regierungsparteien können sich nicht auf eine gemeinsame Haltung zu palästinensischen Friedens- und Waffenstillstandsvorschlägen einigen. Bei den daraufhin ausgerufenen vorgezogenen Neuwahlen zur Knesset erringt Ariel Sharons Likudblock einen überlegenen Sieg.

2004 Israel baut den umstrittenen, sog. Sicherheitswall entlang der Grenze zu den palästinensischen Autonomiegebieten aus. Am 11. Nov. stirbt Yassir Arafat in Paris.

2005 Am 9. Jan. wird Machmud Abbas neuer Präsident der Palästinenser. Im Febr. vereinbaren Israelis und Palästinenser im ägyptischen Badeort Sharm el Sheikh Waffenruhe und die Wiederaufnahme der Friedensgespräche. Sharon befiehlt die Räumung aller 21 jüdischen Siedlungen im Gaza-Streifen. Er tritt aus dem Likud aus. Bei den anstehenden vorzeitigen Neuwahlen kandidiert und gewinnt Scharon für die neu gegründete liberale Partei Kadima (›Vorwärts‹).

2006 Ariel Scharon erleidet einem Schlaganfall und liegt seit dem 4. Jan. in einem Koma. Am 11. April erklärt ihn das israelische Parlament für dauerhaft amtsunfähig, sein bisheriger Stellvertreter Ehud Olmert (Kadima) wird Ministerpräsident. – Nach den Parlamentswahlen in den palästinensischen Autonomiegebieten im Jan. eskaliert der Machtkampf der Palästinenserorganisationen Hamas und Fatah, im Gaza-Streifen herrschen bürgerkriegsähnliche Zustände. – Die Entführung von zwei israelischen Soldaten durch die radikalislamistische Hisbollah gilt als Auslöser des ›Zweiten Libanonkriegs‹ zwischen Israel und Hisbollah im Libanon. Der Konflikt dauert vom 12. Juli bis 14. Aug. und kostet über 1300 Menschenleben, überwiegend im Libanon. Eine UN-Resolution führt zum Waffenstillstand.

2007 Im Juni ergreift die Hamas die Macht im Gaza-Streifen, die Fatah regiert das Westjordanland.

2008 Die UNESCO nimmt die Heiligen Stätten der Baha'i in Haifa (Baha'i-Schrein) und West-Galiläa in die Liste des Weltkulturerbes auf. – Ehud Omert tritt wegen Korruptionsvorwürfen als Parteichef der Kadima und damit auch als Ministerpräsident von Israel zurück. Neue Vorsitzende der Kadima wird die frühere Justiz- und jetzige Außenministerin Tzipi Livni. Sie scheitert jedoch an der Regierungsneubildung. Daraufhin verfügt Staatspräsident Schimon Peres vorgezogene Neuwahlen für Januar 2009.

2009 In den Monaten April–Dez. feiert Tel Aviv den 100. Jahrestag seiner Stadtgründung.

Trügerische Hoffnung auf eine friedliche Lösung des Nahostkonflikts: Palästinenserpräsident Abbas und Israels Ministerpräsident Scharon reichen sich die Hände in Sharm el Sheikh

*Goldenen Glanz und perfekte
Palmenschatten zaubert das Abendlicht
auf die Mauern der Heiligen Stadt*

Unterwegs

Jerusalem: Heilige Stadt mit 3000-jähriger Geschichte

Jerusalem präsentiert sich stolz dem Betrachter, denn die Heilige Stadt ist auf Hügeln erbaut, als wollte das *irdische* Jerusalem dem *himmlischen* schon vor der Zeit nahe sein. Deshalb schaut – mit der Verachtung von Bergvölkern – der ›biblische‹ Yerushalmi auf den modernen Tel Avivnik herab, der an der flachen Küste leben muss. Steigt man auf den **Ölberg**, so sieht man auf den geschändeten jüdischen Friedhof und die Stadt, durch die mehr Eroberer gekommen sind, als die Stadt je an Einwohnern hatte. Und so gaben die Eroberer der hoch gebauten Stadt, die sie nicht besitzen konnten, mehr Namen, als eine Stadt vertragen kann: Jebus, Zion, Shalem, Urushalem, Davidsstadt, Yerushalayim, Ariel, Aelia Capitolina, Gottesstadt, Friedensstadt, Stadt des Tempels, Goldene Stadt. Arabische Autoren fanden für sie 17 Namen, jüdische 70 – beweist doch dies die Herrlichkeit der Stadt und die Macht ihrer Besitzer. Allein die Bibel erwähnt Jerusalem nicht weniger als 656 Mal.

Heilig war Jerusalem allen und zu allen Zeiten: Für die Juden ist es die ›ir HaKodesh‹, für die Christen die ›Terra Sancta‹ und für die Muslime ›el-Kuds‹ – was jeweils ›**Heilige Stadt**‹ bedeutet. Nirgendwo auf der Welt gibt es eine Stadt, in der die Menschen so viele Götter, Propheten und Heilige verehren wie in Jerusalem. Wo, wenn nicht in Jerusalem, sieht man bei einem Spaziergang Beduinen mit ihren tätowierten Frauen, zugleich fromme Juden in langen Kaftanen, mit Bärten und Schläfenlocken oder japanische Makuya-Pilger, die als Christen an der **Klagemauer** beten. Hier begegnet man Franziskanern mit braunen Kutten und

Tonsur, bibelfesten Mormonen auf dem Weg zu ihrer Universität am Ölberg oder Freimaurern, die zur Klagemauer gehen. Man staunt über einen Armenier mit Fes, der mit einem goldenen Stab die Prozession seiner Landsleute anführt, sieht schwarze Juden aus Äthiopien und daneben griechisch-orthodoxe und koptische Priester. Eine Straßenecke weiter blickt man auf westlich gekleidete Araber oder auf prächtig geschmückte jemenitische Jüdinnen in ihren gold- und silberdurchwirkten Gewändern. Man trifft außerdem amerikanische Juden in Shorts, mit Rucksack und Kippa oder schwarze Christen aus Äthiopien.

Lange Zeit hindurch hatte man eine merkwürdige Anschauung von der geografischen Lage der Stadt. In der Legende galt Jerusalem als ›**Nabel der Welt**‹. Noch im 16. Jh. stellte der Kartenzeichner Heinrich Buentig aus Hannover die Erde als dreiblättriges Kleeblatt dar – Europa, Asien und Afrika. Den Mittelpunkt des Stengels, aus dem die drei Blätter wuchsen, bildete Jerusalem. Ginge es allerdings wirklich um die geografische Lage, hätte die Stadt niemals erbaut werden dürfen. Sie liegt an keinem Fluss und an keinem Meer, abseits der großen Heerstraßen des Altertums und Verkehrsadern der Neuzeit, einsam auf einem Gebirgszug, 800 m über dem Meeresspiegel.

Jerusalem ist unlösbar mit dem Naturstein verbunden, der in der Umgebung gebrochen wird, sich leicht schneiden lässt, aber mit der Zeit hart wird und durch die Witterung eine blaugraue, rosa oder bernsteingelbe Färbung annimmt. Dieser Stein reflektiert das Licht und lässt alle Gebäude prächtiger erscheinen als sie sind. Nur die Rivalitäten der Gläubigen verdeckt er nicht: Juden, Muslime und Christen konkurrieren um jeden Stein, monopolisieren heilige Stätten, diskutieren über verbriefte oder eingebildete Vorrechte. Inmitten aller historischen und aktuellen Kämpfe trauern die Juden bis heute über die Zerstörung Jerusalems. Die Stadt wurde für sie zur großartigen Metropole der Erinnerung. »Wenn ich dich je vergesse, Jerusalem, / dann soll mir die rechte Hand verdorren«, versichert der Psalmist. Und so endet denn auch der Sederabend an Pessah mit der Ermahnung »Nächstes Jahr in Jerusalem«.

Allen und zu allen Zeiten heilig: Die außergewöhnliche Aura der auf Hügeln erbauten Hauptstadt Jerusalem ist kein Gerücht. Im Vordergrund der Tempelberg mit Felsendom

1 Jerusalem
Yerushalayim

*Plan Seite
24, 39, 54*

*Eine Stadt, die Juden, Christen und
Muslimen heilig ist.*

Jerusalem, die Hauptstadt des Staates
Israel, besteht aus der mauerumgürteten
Altstadt sowie der **nördlichen** und **westlichen Neustadt**. Die neuen **Siedlungsstädte**, die Jerusalem wie ein militärischer
Sicherheitskordon schützen, bilden mittlerweile zusammen mit der heiligen
Stadt die Millionenmetropole Groß-Jerusalem.

Zahllose ›shekunot‹ (Viertel) bilden die
Stadt. Jede ›shekuna‹ hat ihre Geschichte,
ihre Genealogie und ihre Gründungsväter. Die Viertel liegen nebeneinander,
ohne sich näher zu kommen. Es sind kulturelle Zentren, keine Gettos. Die gegenseitige Achtung der Minderheiten voreinander hat aber auch zur Folge, dass sich
diese Gruppen voneinander isolieren.

Altstadt

Klagemauer, Felsendom, el-Aqsa-Moschee, Grabeskirche: Wohl nirgends stehen die **heiligen Stätten** der jüdischen,
islamischen und christlichen Religion so
dicht gedrängt wie in der Altstadt, dem
geografischen Mittelpunkt Jerusalems. Sie
wurde denn auch 1981 von der UNESCO
zum **Weltkulturerbe** ernannt.

Das Jerusalem-Syndrom

Das Jerusalem-Syndrom ist eine Psychose, die in regelmäßigen Abständen besonders amerikanische Protestanten befällt. Überwältigt vom Besuch in der Heiligen Stadt glauben
die Betroffenen, selbst eine bibische
Person zu sein. Das Syndrom trifft
Anhänger von Geheimlehren ebenso
wie Romantiker und Kriminelle: Sie
alle träumen von Rache, Auserwähltsein, Erlösung und wollen darüber
unbedingt Zeugnis ablegen. In der
Heiligen Stadt leben mehr Exzentriker, harmlose Verrückte und Monomanen pro Quadratkilometer als in
irgendeiner anderen Stadt auf der
Welt. Jedes Jahr melden selbsternannte Propheten, Apostel, Könige
und Erlöser ihre Ansprüche an – setzen Moscheen in Brand und terrorisieren ihre weltlichen Nachbarn.

Die urbane Grundstruktur entsteht
durch den **Mauerring**, der Jerusalem
umzieht, durch die **Hauptverkehrsachsen**, die diesen Ring durchschneiden, sowie durch enge und labyrinthische **Gässchen**. Die Anlage der Altstadt orientiert
sich im Wesentlichen noch an der römisch byzantinischen Ordnung zwei sich
rechtwinklig kreuzender Hauptstraßen:
dem *Cardo maximus* [s. S. 29] und dem
Decumanus maximus. Ein Teil der **Längsachse** (Cardo) ist bis heute eine der
Hauptverkehrsstraßen. Sie führt vom Damaskustor im Norden zum Zionstor im
Süden, während die **Querachse** (Decumanus) das Jaffator im Westen mit dem
Kettentor am Eingang zum Tempelberg
im Osten verbindet.

Die durch dieses Straßenkreuz markierten vier Stadtteile sind der Ursprung
der ethnisch-religiösen Viertel, auch
wenn ihre heutigen Grenzen erst aus
dem 19. Jh. stammen: **Jüdisches Viertel,
Muslimisches Viertel, Christliches** und
Armenisches Viertel. Beiderseits der
Hauptachsen erstreckt sich ein *orientalisches Labyrinth* von Straßen und Gassen.
An ihnen drängen sich Wohn- und Geschäftsbauten, geschützt durch eine
rund 12 m hohe begehbare **Mauer**. Sultan
Suleiman der Prächtige hatte sie 1534–40
auf den Resten römischer, byzantinischer
und mamelukkischer Befestigungen zum
Schutz gegen räuberische Beduinenbanden und gegen einen drohenden Angriff
der Kreuzfahrer Kaiser Karls V. errichten
lassen. Der Wall ist ein hervorragendes
Beispiel für die Verschmelzung von Funktionalität und Ästhetik und zugleich ein
Beispiel für die *Befestigungsarchitektur*
des 16. Jh. Die Gesamtlänge des Mauerrings beträgt 4325 m. Die einzelnen Teile
sind zwischen 5 und 15 m hoch, an manchen Stellen ist die Mauer auf Bodenhöhe 3 m, auf Schießscharthöhe 1,5 m
und ganz oben immer noch 0,75 m dick.
In die Mauer eingelassen sind 16 Steinplatten mit Inschriften – man liest etwa
den Namen des Erbauers, das Baudatum
sowie zahlreiche Dankesverse.

Von den insgesamt sechs Toren sind
heute nur noch das Jaffa-, das Zions- und
das Damaskustor ursprünglich. Ein westlich vom Damaskustor liegendes siebtes
Tor, das Neue Tor, wurde 1889 auf Ersuchen europäischer Mächte und christlicher Institutionen in die Mauer gebrochen, um dadurch Neustadt und Christliches Viertel besser miteinander verbinden zu können.

Schützt und ist gleichzeitig schön: Ein Mauerring begrenzt die Altstadt von Jerusalem. Im Hintergrund sieht man das Jaffator

TOP TIPP **Mauer-Rundgang**

Der wohl ungewöhnlichste und faszinierendste Wanderweg Jerusalems führt über die Stadtmauer (Sa–Do 9–16, Fr 9–14 Uhr). ›Aufstieg‹ ist beim Jaffator, von wo aus der Mauer-Rundgang insgesamt ca. 4 km um die ganze Altstadt führen könnte. Aus politischen und sicherheitstechnischen Gründen ist er derzeit allerdings nur zwischen Jaffa- und Zionstor geöffnet. Jedenfalls hat man über die Dächer entlang der Rehov David und der umgebenden Märkte einen einzigartigen Blick auf den Tempel- und den Ölberg im Osten, den Skopusberg im Nordosten und die schlanke deutschlutherische Erlöserkirche im Norden.

Und auch ansonsten bietet sich ein beeindruckendes Bild: Die spannungsreiche *Dachlandschaft* der Altstadt ist ein Konglomerat aus Kuppeln, Minaretten, Kirchtürmen, Gärten, Wasserreservoirs und Sonnenkollektoren. Die ständig wechselnden Übergänge zwischen offenen und geschlossenen Räumen, zwischen Licht und Schatten sowie bebauten und freien Flächen verleihen dem Gewirr der Altstadtgassen eine farbige Atmosphäre. Schmale Durchgänge führen ins Unbekannte, Straßen erweitern und verengen sich, überall zwingen Sackgassen zur Umkehr, münden hier in winzige Geschäfte, dort in dunkel-geheimnisvolle Hinterhöfe.

Der Rundgang beginnt am **Jaffator** ❶, durch das früher die Karawanen ihren Weg zur Hafenstadt Jaffa nahmen. Und weil für den deutschen Kaiser Wilhelm II. nichts groß genug sein konnte, rissen die damals in Palästina herrschenden Türken einen Teil der Stadtmauer zwischen Jaffator und Zitadelle nieder, um dem hohen Gast bei seinem Besuch 1898 eine *standesgemäße Einfahrt* zu ermöglichen. Rechts vom Jaffator erhebt sich die wiederholt zerstörte und immer wieder aufgebaute **Zitadelle** ❷ (Davidsturm), seit 1989 *Stadtmuseum* (Tower of David Museum of the History of Jerusalem, Tel. 02/626 53 27, www.towerofdavid.org.il, April–Okt. So–Do 10–17, Fr 10–14, Sa 10–16, Nov.–März So–Do 10–16, Sa 10–14 Uhr). Die jetzige Anlage aus dem frühen 14. Jh. war ursprünglich eine Festung der Makkabäer, die Herodes später als Palast nutzte. Die Römer stationierten dort eine Garnison, in byzantinischer Zeit war hinter den Mauern vorübergehend ein Kloster untergebracht. Noch später diente dann die Festung als Kreuzfahrerburg. Das als eine ›Pforte auf dem Weg nach Jerusalem‹ geplante Museum zeigt Dioramen, Gemälde, Modelle, Hologramme und Videos. Man erfährt Wissenswertes über die Geschichte der Kanaaniter, über Aufstieg und Niedergang der Römer und Byzantiner, Omayyaden und Mameluken, Osmanen und Engländer. Das Glanzstück des Museums ist ein detailliertes *Modell der Stadt Jerusalem*, das der Kartograf Stephan Illes für die Weltausstellung in Wien 1873 angefertigt hatte.

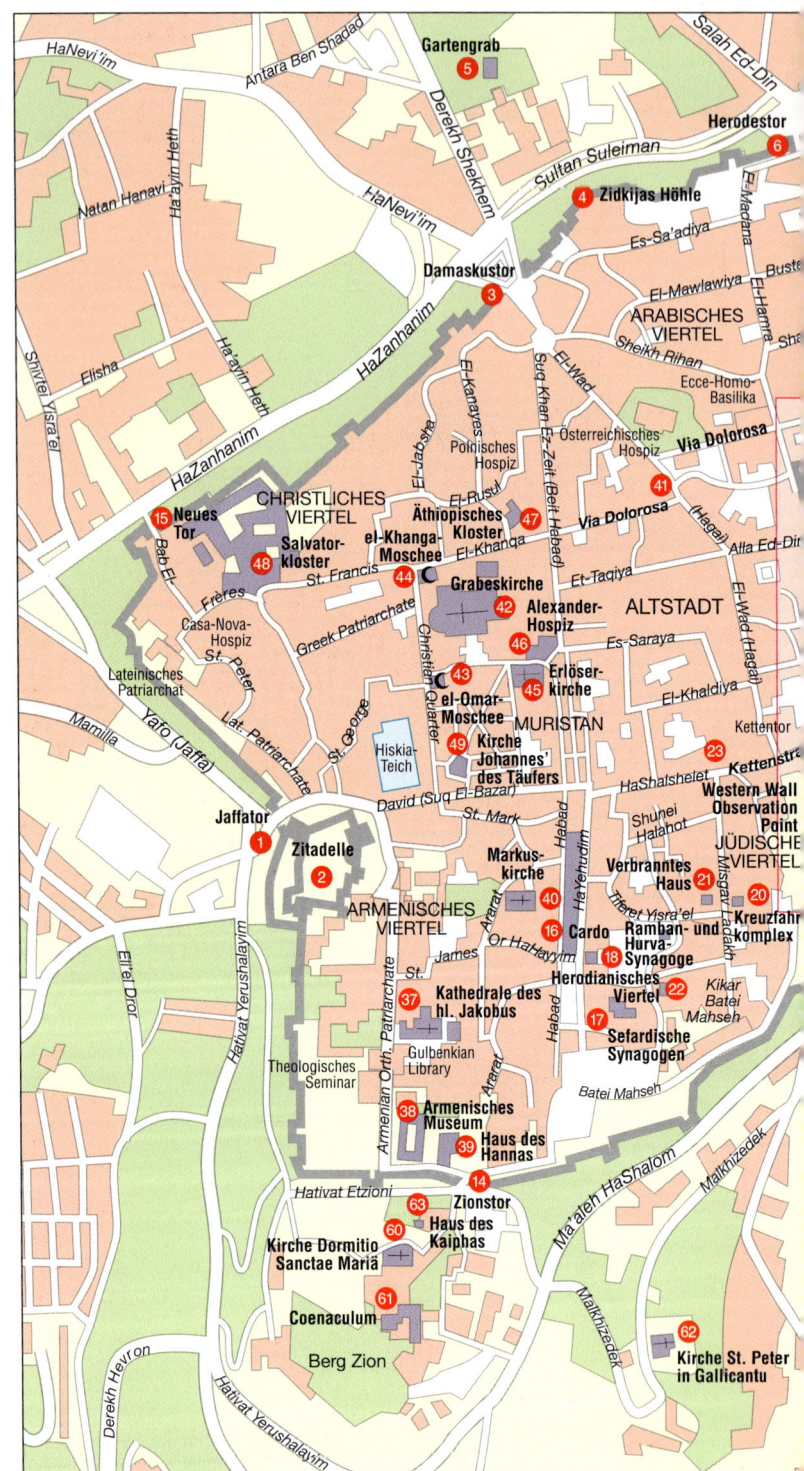

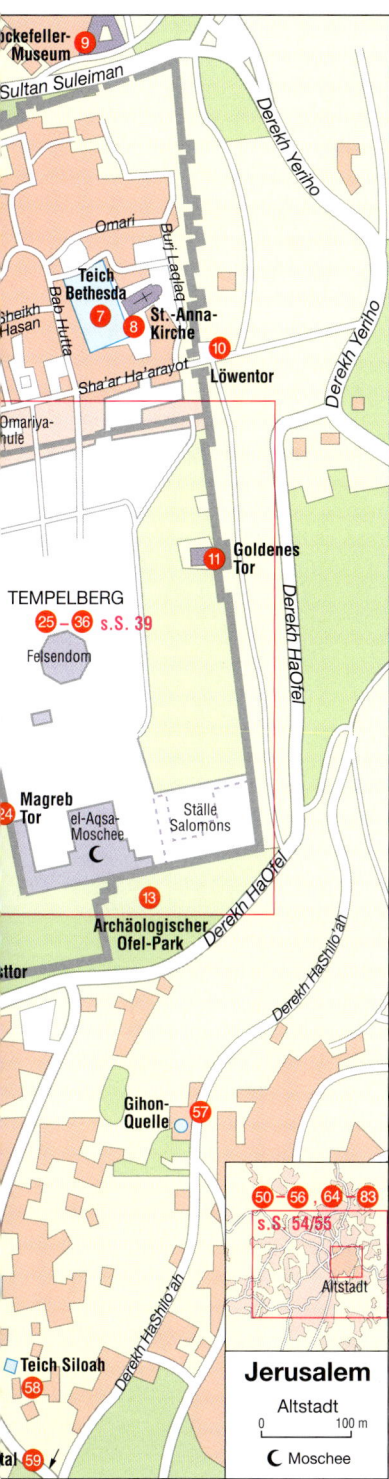

Im Norden der Altstadt bildet das mit Pechnasen, Reliefmedaillons und Türmchen geschmückte **Damaskustor** ❸ die Grenze zwischen dem christlichen und dem muslimischen Viertel und ist zugleich das größte und eindrucksvollste Altstadttor. Bei Grabungen wurden unter der Brücke Teile der sog. dritten Stadtmauer gefunden (1. Jh. n. Chr.). Im *Damascus Gate* selbst befinden sich kleine *Ladenboxen* von Geldwechslern und Händlern. Erst 1854 wurden rund 150 m östlich vom Damaskustor gegenüber der Bus-Station Rehov Suleiman die weitläufigen ›Steinbrüche Salomons‹ wiederentdeckt. In dem fast 200 m tiefen Höhlensystem wurden wahrscheinlich die Blöcke für den Ersten Tempel geschlagen. Es wird in der jüdischen Literatur **Zidkijas Höhle** ❹ (Zedekiah's Cave, Tel. 02/627 75 50, So–Do 10–16/17 Uhr) genannt, weil sich hier angeblich der letzte König von Juda, Zidkija, nach der Zerstörung des Ersten Tempels 587 v. Chr. vor den Truppen des Babylonierkönigs Nebukadnezar verborgen haben soll, bevor er gefangen genommen und geblendet wurde.

Besonders den Protestanten ist das **Gartengrab** ❺ (Garden Tomb, Derekh Shekhem, Tel. 02/627 27 45, www.gardentomb.com, Mo–Sa 9–12 und 14–17.30 Uhr) heilig, das etwa 400 m nördlich des Damaskustores liegt. Es wird auch ›Gordon's Calvary‹ genannt, nach dem britischen General Charles Gordon, der 1882 als Pilger nach Jerusalem gekommen war. Er glaubte Jesu' Grab auf einen Hügel außerhalb des Damaskustors gefunden zu haben, der wie ein Schädel geformt war (hebr. Golgata). Dort waren bereits 1867 *Grabkammern* mit zwei parallelen Grabstätten gefunden und um sie ein herrlicher Garten angelegt worden. Selbst wenn die Gräber tatsächlich erst aus dem 1.–5. Jh. n. Chr. stammen – der Schönheit des Gartens tut dies keinen Abbruch.

Westlich vom Gartengrab wurde 1894 im Keller eines Hauses (Rehov HaNevi'im; tgl. 7–17.30 Uhr) ein 3,9 x 6,3 m großes, vollständig erhaltenes **armenisches Mosaik** mit Pfauen, Enten, einem Adler und einem Papagei, Weinranken und Vögeln entdeckt. Das 586 n. Chr. gelegte Mosaik gehörte zu einer Begräbniskapelle der armenischen St.-Polyeuktus-Kirche und zählt zu den schönsten Mosaiken im Heiligen Land. Eine armenische Inschrift lautet:»Zum Gedächtnis und zur Rettung der Seelen der Armenier, deren Namen Gott allein kennt«.

Noch etwas weiter stadtauswärts informiert in der Nähe des American Colony Hotel in der Nablus Road das **Dar At Tifl-Museum** (Tel. 02/627 24 77, Mo–Fr 9–13.30 Uhr) über palästinensische Kunst. Sehenswerte Trachten von Beduinen aus Khan Yunis (Gaza), Hochzeitsgewänder aus Beit Dayan (Jaffa), traditionelle Gewänder aus Sasa (Safed) sowie goldgewirkte Mieder, Überhänge und Kopftücher machen das Museum zu einem der bedeutendsten seiner Art in Israel.

Nächste Station auf dem ›Altstadtring‹ ist das kleine und schmucklose **Herodestor** 6 oder ›Blumentor‹ (arab. Bab ez-Zahara, hebr. Sha'ar HaPrahim, engl. Herod's Gate), durch das Jesus zum Palast des Herodes geführt wurde. Jeden Freitag findet am Tor ein pittoresker *Schafmarkt* statt, auf dem die Beduinen aus der Judäischen Wüste ihr Vieh feilbieten. In biblischer Zeit wurden an dieser Stelle Opferschalen für den Tempel ausgesucht. Vom Tor aus hat man einen schönen Blick auf den *Tempelberg*.

Bei der St.-Anna-Kirche im Nordosten der Altstadt liegt der **Teich Bethesda** 7 (engl. Pools of Bethsesda). Die 120 x 60 m große und 7 m tiefe, trapezförmige Doppelzisterne Bethesda heißt wegen ihrer Nähe zum Schaftor auch ›Schafteich‹. Münz- und Töpferfunde weisen auf die Hasmonäerzeit, die bis ins 2. Jh. v. Chr. andauerte, während die Konstruktion der beiden Becken des Teiches auf die Makkabäerzeit (167–141 v. Chr.) hindeutet. Den Teich umgaben einst fünf Hallen für Kranke, die im Regenwasser Heilung suchten. Ausgrabungen förderten sogar Reste eines hasmonäisches Bades zutage.

Im 5. Jh. bauten die Byzantiner quer über den Teich – und über einem Kultraum des Heilgottes Serapis/Äskulap – zu Ehren von Maria eine dreischiffige Basilika, von der neben Säulenstümpfen und Pfeilern auch Mosaikreste erhalten sind. Neben dem von den Persern im Jahr 614 und von Kalif el-Hakim 1009 zerstörten Gebäude wurden zwei weitere Kirchen errichtet. Von dem kleineren, einschiffigen Gotteshaus ist nur noch ein Teil der Apsis und ein wenig Mauerwerk erhalten. Die größere, dreischiffige **St.-Anna-Kirche** 8 (Tel. 02/628 32 85, Mo–Sa 8–12 und 14–17/18 Uhr), welche Königin Alda, die Witwe des Kreuzfahrer-Königs Balduin I., 1149 zu Ehren der Mutter Marias errichten ließ, wurde bereits 1192 zu einer Koranschule und Moschee umfunktioniert. Nach dem Krimkrieg schenkte auf Intervention Napoleons III. der türkische Sultan Abdul Kajid diese Schule im Jahr 1856 den Franzosen. Nach sorgfältiger Restaurierung zeigt sich die Kirche heute wieder als großartiges mittelalterliches Baudenkmal. Sehenswert ist der *Hauptaltar* des französischen Künstlers Philippe Kaeppelin mit Szenen aus dem Leben der

Wegen des Heilwassers im Bethesda-Bad kommt heute niemand mehr. Dafür aber viele, die die schmucke St.-Anna-Kirche sehen wollen – eines der schönsten Gotteshäuser Israels

Reichtum verpflichtet: Mit Geldern des Amerikaners John D. Rockefeller wurde das Rockefeller-Museum errichtet. Ein Besuch der archäologischen Sammlung gehört zum Pflichtprogramm!

Maria. In der *Krypta* werden die Reste einer antiken Wohngrotte als die Geburtsstätte Mariens verehrt. Die St.-Anna-Kirche gilt nicht nur als eine der besterhaltenen Kreuzfahrerkirchen des Landes, sondern wegen der Klarheit der Formen und der großartigen Raumwirkung auch als eine der schönsten. Die Basilika präsentiert sich im romanischen Stil, besitzt aber bereits gotische Spitzbögen.

Nördlich davon befindet sich, außerhalb der alten Stadtmauer, das mit erheblicher finanzieller Unterstützung des US-Unternehmers John D. Rockefeller errichtete **Rockefeller-Museum** 🟥**9** (6 Rehov Suleiman, Tel. 02/628 22 51, So, Mo, Mi, Do 10–15, Sa/Fei 10–14 Uhr). Es wurde 1938 eröffnet und zählt zu den bedeutendsten archäologischen Museen Israels. Im *Südoktogon* werden Funde aus Bet She'an ausgestellt, so z. B. eine Stele des Pharao Sethos I. (1318–04 v. Chr.). In der *Südgalerie* findet der Besucher Kult- und Gebrauchsgegenstände sowie Grabbeigaben, die bis in die Zeit um 200 000 v. Chr. zurückreichen. Beispielsweise sieht man den ›Galiläa-Schädel‹ (ca. 100 000 v. Chr.) oder Köpfe aus Jericho (um 6000 v. Chr.). Im *Südraum* kann man islamische Holzschnitzereien des 8. Jh. aus der el-

Aqsa-Moschee besichtigen, im Zwischenzimmer befindet sich ein Münzkabinett mit jüdischen Münzen aus dem 1. und 2. Jh. n. Chr. Die *Westgalerie* zeigt Stuckarbeiten und Skulpturen aus dem Hisham-Palast bei Jericho, im Zwischenraum findet man kanaanitischen und hellenistischen Goldschmuck sowie Ausgrabungsobjekte aus Bet She'an und Jericho. Im *Nordraum* beeindrucken romanische Friesleisten von der Südfassade der Grabeskirche, in der *Nordgalerie* Funde von der Eisenzeit bis zur islamischen Periode. Jüdische Altertümer kann man sich im *Nordoktogon* des Museums anschauen, u. a. Menora-Darstellungen aus den Synagogen des 1. bis 6. Jh. n. Chr. Den *Innenhof* zieren Plastiken, Sarkophage und Fragmente von Bauwerken aus römischer und fränkischer Zeit.

Das zinnenbekrönte **Löwentor** 🟥**10** (Lions' Gate) oder Stephanstor, durch das nach christlicher Überlieferung der *hl. Stephanus* zur Steinigung geführt wurde, geht auf den osmanischen Sultan Suleiman zurück, der nie selbst in Jerusalem war. Trotzdem hatte er die Stadt 1542 mit einer Mauer umgeben lassen, um nicht, wie er angeblich geträumt hatte, von Löwen zerrissen zu werden. Die zwei

Im Archäologischen Ofel-Park wurde u. a. der Robinson-Bogen, ein Straßenübergang aus der Zeit des Zweiten Tempels, gefunden

schlossen war. Nach jüdischem Glauben nämlich wird durch dieses Tor einst die *Wiederkehr des Messias* erfolgen. Um dies zu verhindern, mauerten die Türken das Tor 1530 endgültig zu. Darüber hinaus legten sie vor dem Tor einen Friedhof an, denn sie waren fest davon überzeugt, dass der Erlöser sich niemals seinen Weg über fremde Gräber bahnen würde. An der Südseite liegen das vermauerte *Einfache*, das *Doppelte* sowie das *Dreifache Tor*. Das Einfache Tor führte wahrscheinlich zu den sog. *Ställen Salomons*.

Die heutige Anlage des **Misttors** ⑫ (arab. Bab Silwan, engl. Dung Gate) im Süden des Tempelbergs geht auf die 50er-Jahre des 20. Jh. zurück. Seinen Namen erhielt es wegen der Sitte der Einwohner, ihre Abfälle in das *Tyropöon-* und das *Kidrontal* zu werfen. Nicht weit davon führt ein ausgeschilderter Besichtigungspfad führt durch die Ausgrabungen des **Archäologischen Ofel-Parks** ⑬ (Jerusalem Archaeologicial Park, www. archpark. org.il, So–Do 8–17, Fr 8–14 Uhr). Die Ausstellung im dortigen *Davidson Visitors Center* dokumentiert Jerusalem zur Zeit des Zweiten Tempels (6.–1. Jh. v. Chr.).

Auf den *Zionsberg* gelangt man durch das weiter südwestlich gelegene **Zionstor** ⑭. Auf arabisch wird es auch Bab en-Nebi Daud (Davidstor) genannt, weil dahinter das – von Muslimen hochverehrte – Grab Davids liegen soll. Das letzte Tor der Mauerpromenade ist das erst 1889 errichtete **Neue Tor** ⑮ (New Gate), das

mamelukkischen Löwenskulpturen auf beiden Seiten des Tores stammen aus der Zeit Sultan Baybars (reg. 1260–77).

Geht man in südlicher Richtung weiter, so stößt man auf das sagenumwobene **Goldene Tor** ⑪ oder Gnadentor (hebr. Sha'ar HaRahamim, engl. Golden Gate), das seit der arabischen Herrschaft unter Omar I. im 7. Jh. fast durchgängig ver-

Von Osmanen zugemauert, um die Wiederkunft des Erlösers zu verhindern: Durch das Goldene Tor (7. Jh.) am Tempelberg wird nach jüdischem Glauben der Messias in die Stadt kommen

Städtebauliche Symbiose: Die bewegte Geschichte lässt sich im Jüdischen Viertel an der gelungenen Mischung aus alter und neuer Architektur ablesen

den Patriarchen direkten Zugang zu ihren Residenzen im Christlichen Viertel ermöglichen sollte.

Jüdisches Viertel

Das Jüdische Viertel (hebr. HaRova HaYehudi) auf dem *südwestlichen Stadthügel* wird im Süden begrenzt durch die Stadtmauer, im Osten durch die Klagemauer, im Norden durch die Kettenstraße (Rehov HaShalshelet) und im Westen durch das Armenische Viertel.

Das Jüdische Viertel in Jerusalem hat eine lange **Tradition**: Schon in frühislamischer Zeit befand sich in dieser Gegend das jüdische Zentrum der Stadt. Ab 1492 siedelten sich vor allem sefardische (spanische) Juden hier an, die aus ihrer Heimat auf der Iberischen Halbinsel vertrieben worden waren, nach der Eroberung Jerusalems durch die Osmanen (1517) Juden aus Italien, Griechenland und der Türkei, später orientalische Juden aus Syrien und Ägypten und im 18./19. Jh. aschkenasische Juden aus Mittel- und Osteuropa.

Eine Zäsur erfuhr die Geschichte des Jüdischen Viertels, als es mit der übrigen Altstadt 1949 unter *jordanische Herrschaft* geriet und die Juden gezwungen waren wegzuziehen. Viele Gebäude des Viertels waren beschädigt und bis 1967 nahezu unbewohnt. Die Israelis ersetzten sie nach dem ›Sechs-Tage-Krieg‹ vielfach durch neue *Wohnbauten*, meist drei- oder viergeschossige Patiohäuser. Die 20 Jahre dauernde **Restaurierung** des Jüdischen Viertels stellt ein bedeutendes Ereignis in Jerusalems Stadtgeschichte dar. Wo 1967 mehr als 60 zerstörte Synagogen vom Schreckensregiment der militärischen Besatzungsmacht der Jordanier kündeten, sind neben den hellen Häusern in schmucken Gassen zahllose *Yeshivot* (religiöse Lehranstalten) und *Synagogen* neu entstanden.

Historische Denkmäler sind indes selten. Gelegentlich findet man noch Synagogen aus dem 16. Jh. oder einen Kreuzfahrerkomplex. Im Zentrum des Viertels verlief in römisch-byzantinischer Zeit der Cardo Maximus (heute: zwischen Rehov Habad und Rehov HaYehudim), um den sich in frühislamischer Zeit das jüdische Zentrum der Stadt gruppierte. Der 8 m breite Cardo (griech. Bez. für ›Herz‹), die die Stadt in nordsüdlicher Richtung durchzog, ist auf der berühmten Mosaikkarte aus dem 6. Jh. deutlich zu sehen, welche man 1884 im heute jordanischen Madaba entdeckte.

Teilweise konnte der **Cardo** ⑯ wieder hergestellt werden. Hier kann man heute *Einkäufe* tätigen und zugleich Spitzbögen und Kreuzgewölbe aus der Kreuzfahrerzeit besichtigen. In Vitrinen im Boden sind Funde aus früheren Epochen zu sehen. Betritt man das Jüdische Viertel

Verbindung zur römischen Geschichte: Der Cardo im Jüdischen Viertel wurde von Kaiser Justinian um 530 angelegt und Ende der siebziger Jahre des 20. Jh. teils wieder freigelegt

durch das Zionstor, erreicht man rechts den Platz **Kikar Batei Mahseh**, welcher von der 1874 errichteten sefardischen *Talmud-Schule* beherrscht wird, die 1967 liebevoll restauriert wurde. In der Mitte des Platzes steht eine riesige *Säule*, die Archäologen in der Nähe gefunden haben. Südlich davon liegen die Reste der byzantinischen *Nea-Kirche*, die Kaiser Justinian im 6. Jh. errichten ließ. Die Ruine des von den Persern 614 zerstörten Got-

teshauses kann besichtigt werden. Über Rehov Bet-El und Rehov Mishmeret Ha Kehuna erreicht man den Komplex der **Sefardischen Synagogen** ⑰ (Sephardic Synagogues, So–Do 9.30–16, Fr 9.30–12.30 Uhr). Die Jordanier hatten die historischen Gebäude nach dem Unabhängigkeitskrieg von 1948 in Trümmer gelegt, die jedoch seit 1967 hervoragend restauriert wurden. Die vier aneinander grenzenden Synagogen vom

Lockruf der kulinarischen Wildnis: Fast-Food-Restaurants und Szene-Cafés sind auch im Jüdischen Viertel rund um den Cardo längst ein fester Bestandteil des Stadtbildes

Glanzstück der Sefardischen Synagogen im Jüdischen Viertel: Die Yohanan-Ben-Zakkai-Synagoge wurde zu Ehren des gleichnamigen Rabbis Anfang des 17. Jh. errichtet

Ende des 16. Jh./Anfang des 17. Jh. liegen 3 m unter dem Straßenniveau, weil die Osmanen den Juden untersagt hatten, ihre Synagogen höher als die Moscheen zu bauen. Wo es keine Außenfenster gibt, erhalten die Gebetshäuser Licht durch Öffnungen in den Steinkuppeln, die auf achteckigen Tambours ruhen. Errichtet wurden die Synagogen von Nachfahren jener sefardischen (spanischen) Juden, die 1492 die Iberische Halbinsel verlassen mussten und ins Heilige Land gekommen waren.

Das bedeutendste, größte und schönste dieser vier Gotteshäuser ist die 1606–10 erbaute **Yohanan-Ben-Zakkai-Synagoge**. Ihr Name rührt daher, dass hier vor der Zerstörung Jerusalems in Jahr 70 n. Chr. die religiöse Akademie des Rabbiners und Gelehrten Yohanan Ben Zakkai gestanden haben soll. Bei der Synagoge handelt es sich um einen leicht trapezförmigen Raum (etwa 20 x 8 m), der der gotischen Architektur in islamisch-fränkischer Ausprägung. entspricht. Er ist im Süden mit drei *Drillingsfenstern* und einer Frauenempore im Westen ausgestattet. Darüber spannen sich zwei *Kreuzgratgewölbe*. In ihre Mitte setzte man jeweils ein rosettenförmiges Medaillon, um zu vermeiden, dass die Schnittlinien einem christlichen Kreuz gleichen. In der Ostwand sind zwei flache maßwerkverkleidete *Thoranischen* eingelassen. Die beiden *Thoraschreine* wurden nach dem Vorbild Istanbuler Synagogen originalge-

treu rekonstruiert, ihre Türen schuf der israelische Künstler Bezalel Schatz. Darüber zeigt ein *Wandgemälde* von Jean David das Himmlische Jerusalem. An einem Eckfenster liegt ein Shofar (Widderhorn), der laut Legende die Ankunft des Messias ankündigen soll.

Durch eine Tür am westlichen Ende der Halle gelangt man in die **Elija-HaNavi-Synagoge**, die 1586 als erste der vier Synagogen errichtet wurde. An diesem Ort soll der Legende nach der Prophet (hebr. HaNavi) Elias an Yom Kippur gebetet haben. Der ursprüngliche Holzbau wurde ab 1835 von einem Steingebäude in traditionellem *byzantinisch-früharabischen Stil* ersetzt. Im quadratischen, 42,25 m² großen Hauptraum der Synagoge tragen vier Säulen die Bögen eines Tonnengewölbes. Daraus erwächst ein Tambour, der von einer halbkreisförmigen Kuppel bekrönt ist. Die *Eingangstür* ist eine Arbeit des israelischen Künstlers Shraga Weil. An der nordwestlichen Ecke führen Treppen zur ›*Grotte des Elias*‹ mit dem sog. Thron des Elias, auf dem der Prophet gesessen haben soll. Der originale Stuhl ist verschwunden, gezeigt wird heute eine Replik. Die jetzige Inneneinrichtung entstammt einer Synagoge aus Livorno. Sehenswert ist der mit Blumen und Blattwerk geschmückte *Thoraschrein* aus dem 16. Jh.

Zurück durch die Yohanan-Ben-Zakkai Synagoge gelangt man zum nächstjüngeren Bauteil, der **Emzai-Synagoge**, die hebräisch auch ›Kahal Katan‹ (Kleine Gemeinde) oder ›Kehilat Zion‹ (Gemeinschaft Zions) genannt wird. Sie entstand 1702–20 auf dem Hof zwischen den anderen Gebetshäusern. Zunächst war sie als Eingangshalle gedacht, dann diente sie längere Zeit als Frauenabteilung der Yohanan-Ben-Zakkai-Synagoge. Drei Kreuzgratgewölbe decken den 12,8 x 3,7 m großen, lang gestreckten Gebetsraum. Der Sage nach soll von dieser Stelle ein Tunnel zum Grab König Davids auf den Zionsberg führen.

Von hier aus hat man Zugang zur schlichten **Stambuli-Synagoge** (So–Do 9–16, Fr 9–13 Uhr), die 1740–64 von Emigranten aus Istanbul errichtet wurde. Sie diente der aschkenasischen Minderheit sowie der Moghrabi-Gemeinde. Stilistisch ähnelt sie der Elija-Synagoge, ist ebenfalls als Vierstützen-Raum mit Vierungskuppel angelegt. Die Seitenschiffe haben Kreuzgratgewölbe, im Norden und Westen wurden nachträglich Frauengalerien eingebaut. Der Innenraum ist mit Teilen einer Synagoge aus Ancona ausgestattet. Sehenswert sind ein vergoldeter, hölzerner *Thoraschrein* aus dem 17. Jh. und die *Bima*, ein erhöhter Altarraum mit vier hölzernen Säulen, die wegen ihrer Bemalung marmorgleich wirken. Die *Eingangstür* ist eine Arbeit des Israeli Buki Schwarz. Unter der Synagoge befindet sich eine *Zisterne*, die am ersten Tag des jüdischen Neujahrsfestes (hebr.

Rosh Hashana) für die Tashlih-Gebete benutzt wurde. Eine kunstvolle Inschrift über dem ursprünglichen Eingang gibt 1835 als das Jahr der Renovierung an.

Über die Rehov HaMishmeret HaKehuna gelangt man zum Kikar HaHurva (Platz der Hurva-Synagoge), an dem sich **Ramban-** und **Hurva-Synagoge** 🔞 befinden. Wochentags ist die *Ramban-Synagoge* über die Rehov HaYehudim durch das Beit Midrash zugänglich. Der Gelehrte und Kabbalist Rabbi Moshe ben Nahman (Ramban) kam 1267 nach Jerusalem, wo er maßgeblichen Anteil am Aufbau der jüdischen Gemeinde der Stadt hatte. Diese Synagoge war das erste Gotteshaus im Jüdischen Viertel. Um 1400 ließen sich Juden vom Zionsberg in unmittelbarer Umgebung der Synagoge nieder, die jedoch 1474 von Muslimen zerstört wurde. Nach ihrem Wiederaufbau wurde sie bis 1586 von allen jüdischen Gemeinschaften genutzt. Als die Muslime den Juden später die freie Religionsausübung untersagten, wurde das Bethaus zur *Käsefabrik*. 1864 erhielt das Gebäude seine ursprüngliche Funktion zurück. Mit finanzieller Unterstützung zweier Philantropen, des Briten Sir Moses Montefiore und des österreichischen Baron Alfons von Rothschild, entstand damals eine neobyzantinische Synagoge, die jedoch bald weiteren Zerstörungen zum Opfer fiel. Nach seinem Wiederaufbau im Jahre 1967 dient das zweischiffige Bauwerk nun

Heute ein beeindruckendes Mahnmal und eine Spur von Erinnerung: Nur noch ein 13 m hoher Bogen lässt erahnen, wie die Hurva-Synagoge mit ihrer mächtigen Kuppel ausgesehen hat, bevor die Jordanier sie 1949 zerstörten

Höchste Heiligkeit: Zur Klagemauer, einem Teil des zerstörten Zweiten Tempels, kommen Juden aus aller Welt zum intensiven Gebet. Zum Schutz vor religiösen Fanatikern wachen dort Soldaten

wieder als Synagoge und Beit Midrash (Lehrhaus).

Gleich neben der Ramban-Synagoge befindet sich die Ruine der *Hurva-Synagoge*. Dieses Bethaus entstand ab 1701 auf Veranlassung des aschkenasischen Rabbi Yehuda Hassid auf den Fundamenten einer im 13. Jh. zerstörten Synagoge. Sie wurde 1705 vollendet, aber bereits 1721 von Muslimen wieder zerstört. Aus dieser Zeit stammt auch der hebräische Name ›Hurva‹, ›Ruine‹. Die aschkenasischen Juden bauten die Synagoge 1856–64 neu. Sie war bis 1948 das größte aschkenasische Bethaus der Stadt, wurde während des arabisch-jüdischen Krieges 1949 zerstört und nach der Wiedervereinigung der Stadt 1967 zu einem weithin sichtbaren *Mahnmal*.

Über die Rehov HaYehudim (Judenstraße) gelangt man wieder zum Cardo, der Hauptverkehrsader des römisch-byzantinischen Jerusalem, und über die Rehov Shunei Halahot und den Kikar Ha-Midan zum **Western Wall Observation Point** ⑲. Er ist Teil der legendären **Klagemauer** (Wailing Wall/Western Wall, www.thekotel.org), die im Hebräischen schlicht als Kotel HaMa'aravi, Westmauer, bezeichnet wird. Sie ist die einzige Überrest der Befestigungsanlage des Zweiten Tempels, welcher nach der Babylonischen Gefangenschaft errichtet und von Herodes erneuert wurde. Als der

römische Kaiser Titus diesen Tempel im Jahr 70 n. Chr. zerstörte, sollen die Juden das Unheil an der letzten verbliebenen Mauer beklagt haben und begründeten so ihren deutschen Namen. Ca. 57 m der insgesamt 488 m langen und 18 m hohen aus riesigen Kalksteinquadern erbauten Mauer dienen heute als Gebetsstätte. Da das *Allerheiligste* im Westteil des Tempels lag, glaubt man, dass die Gegenwart Gottes auf die Westmauer übergegangen sei. Darum stecken fromme Juden kleine Zettelchen, auf die sie ihre Bitten schreiben, in die Ritzen der gewaltigen Mauer, die auch ›Briefkasten Gottes‹ genannt wird. Viele Eltern feiern hier die Bar Mizwa ihres Sohnes – nach ihrem 13. Geburtstag lesen die Jungen zum ersten Mal öffentlich aus der Thora – und Rekruten der israelischen Streitkräfte werden an der Mauer vereidigt. Männer müssen beim Besuch der Klagemauer ihren Kopf bedecken, Frauen ihre Arme. Und am Sabbat darf nicht fotografiert werden.

Nur wenige Meter vom zentralen Platz entfernt vermittelt das 2006 eröffnete **Zentrum der Generationen** (Generations Center, Tel. 02/627 59 58, www.the kotel.org, So–Do 8–20, Fr und vor Fei 8–12 Uhr, Kartenreservierung oft Monate im Voraus) auf unkonventionelle Weise die 3500-jährige Geschichte des jüdischen Volkes: Archäologische Funde, imposante Glasskulpturen, Lichtstrahlen und eine

Drei von vielen: An der Klagemauer beweinen die Juden den Untergang des Tempels und beten. Gefaxte Gebete an Gott steckt die israelische Telefongesellschaft in die Ritzen der Mauer

audiovisuelle Show werden dabei effektvoll in Szene gesetzt. Ferner starten hier Führungen durch das uralte **Tunnelsystem** (Tel. 02/627 13 33, www.thekotel.org, So–Do 7 Uhr bis abends, Fr und vor Fei 7–12 Uhr), das sich unterirdisch entlang der Klagemauer zieht und interessante Einblicke in die Vergangenheit gewährt.

Sieben **Tore** führen heute durch die Mauer an der Westseite des Tempelberges, die meisten stammen aus der Zeit der Mamelukken. Zu den schönsten Architekturbeispielen zählt das stalaktitengeschmückte ›*Baumwoll-Tor*‹ (Cotton Merchant's Gate). Am nördlichen Aufgang befinden sich das ›*Eisen-Tor*‹ (Iron

Orthodoxe Chassidim tragen an jüdischen Feiertagen üblicherweise Kaftan und Pelzhut

Gate) sowie das ›*Reinheits-Tor*‹ (Ablötuon Gate). Durch letzteres gelangten die Muslime zu den nahe gelegenen Badehäusern, um sich vor dem Gebet auf dem Tempelberg zu reinigen. Das Tor am Ende der Kettenstraße ist ein Doppeltor und hat gleich mehrere Namen. Zum einen heißt es ›*Kettentor*‹ (Chain Gate), aber auch ›Tor der göttlichen Gegenwart‹ oder ›Tor des Friedens‹. Die Bezeichnung ›Tor der göttlichen Gegenwart‹ erinnert an die jüdische Tradition, der zufolge sich der Geist Gottes über der Westmauer befinde. Der letzte und südlichste Aufgang von der Westseite aus ist das ›*Magreb-Tor*‹ (Moroccan Gate, Mugrabi Gate s. u.), das vermutlich im frühen 16. Jh. errichtet und nach Flüchtlingen aus Marokko (arab. Maghreb) benannt wurde. Im Norden begrenzt der sog. **Wilson-Bogen** aus herodianischer Zeit die Klagemauer. Der vollständig erhaltene Bogen wurde 1867–70 ausgegraben. Er ist 15,5 m breit, überspannt 12,8 m und ist der Auftakt eines nicht erhaltenen Viadukts zwischen Oberstadt und Tempelberg.

Der Rest eines ähnlichen Bauteils ist der *Robinson-Bogen* im Süden der Klagemauer. Ihm gegenüber führt eine Treppe hinunter zur Rehov Misgav Ladakh. Dort liegt ein **Kreuzfahrerkomplex** [20], der erst bei der Restaurierung des Jüdischen Viertels entdeckt wurde. Während des *Zweiten Kreuzzuges* (1128) errichteten deutsche Ritter vom Johanniterorden diesen Komplex, der aus einem *Gottes-*

haus, einem *Gästehaus* und einem *Krankenhaus* bestand. Die Kirche wurde teilweise restauriert, das Gästehaus in Wohnungen umgewandelt. Wo einst das ›Deutsche Hospiz‹ stand, ist heute der Archäologische Garten. Über den Basar erreicht der Besucher das **Verbrannte Haus** ㉑ (Burnt House, Tel. 02/628 72 11, Mo–Do 9–17, Fr 9–13 Uhr, letzte Show 40 Min. vor Schließung). An dieser Stelle hatten die Römer im Jahr 70 n. Chr. während der Niederschlagung des jüdischen Aufstands ein luxuriöses Wohngebäude in Brand gesteckt. In seinem modernen Nachfolgebau werden heute in einer audiovisuellen Show archäologische Funde aus dem Jüdischen Viertel gezeigt.

Das Verbrannte Haus gehört zu den Stätten des *Wohl Archaeological Museum*, dessen Zentrum sich etwas weiter südlich im **Herodianischen Viertel** ㉒ (Herodian Quarter, Kikar Hurva/1 HaKaraim, Tel. 02/ 628 34 48, So–Do 9–17, Fr 9–13 Uhr) befindet. Auf dem 600 m² großen Gelände wurden Häuser entdeckt, die aus der Zeit des Herodes (37–4 v. Chr.) stammen. 7 m unter dem heutigen Straßenniveau findet der Besucher sechs freigelegte *Villen* aus jener Zeit. Für den Wohlstand der Bewohner spricht die großzügige Ausstattung der Häuser mit aufwendigen Mosaiken, Stuckarbeiten und Möbeln. Zu dem Komplex gehören außerdem mehrere Bäder, auch Ritual-

bäder. Über die Rehov Tiferet Yisra'el, die Rehov HaYehudim und die Rehov Or HaHayyim kommt man zum **Alten Yishuv Museum** (Old Yishuv Court Museum, 6 Rehov Or HaHayyim, Tel. 02/628 46 36, So–Do 10–15, Fr 10–13 Uhr). Das Museum dokumentiert das Leben der jüdischen Gemeinde (Yishuv) in Jerusalem im 19. Jh. Zu besichtigen sind ein aschkenasisches und ein sefardisches Gästezimmer, je eine solche Synagoge sowie eine Küche und eine Werkstatt. Man sagt, in dem Gebäude sei 1534 der berühmte Kabbalist Izhak ben Shlomo Lurie Ashkenasi geboren.

◤ TOP TIPP Arabisches (Muslimisches) Viertel

Was wäre ein arabisches Viertel ohne den ›Suq‹, seinen orientalischen **Markt**? Die Eindrücke sind überwältigend: Ein Arsenal arabischer Düfte, eine Sinfonie der Farben. Gassen und Plätze ohne Namen, dazwischen Basare, auf denen man links rohes Fleisch, rechts Keramikikonen findet. Die Vielfalt ist grandios, so weit das Auge reicht Perlmutt-Kästchen, Teppiche, Schmuck, Glas- und Lederarbeiten, Töpferwaren und Handwerk aus Stroh und Messing. Man schlendert vorbei an Ständen, in denen frischer Orangensaft gepresst wird, an Läden, in die Händler zum freundlichen Plausch oder Kauf einladen. Und immer wieder kommt man vorbei an kleinen schmucklosen arabischen

Arsenal arabischer Düfte, Symphonie der Farben: Auf dem ›Suq‹, dem orientalischen Markt im Muslimischen Viertel Jerusalems, findet man alles, was die morgenländische Welt bietet

Restaurants, in denen das beste Lammfleisch gebraten wird und es den besten Salat aus frischem Gemüse gibt. Überall sieht man Araber und orthodoxe Juden, die zu ihren Moscheen, Synagogen und Yeshivot in der Altstadt drängen. Im Arabischen Viertel im *Nordosten der Altstadt* scheint die Zeit stehen geblieben zu sein, obwohl es mit fast 30 000 Einwohnern den größten Teil der Altstadt einnimmt. Überall erheben sich die Kuppeln

Märchen aus ›1001 Nacht‹: Die verwinkelten Gassen der Jerusalemer Altstadt, von der Kuppel des Felsendoms überragt

und Minarette der Moscheen, sieht man Zisternen, Badehäuser und religiöse Studienzentren, bezaubern wunderbare mamelukkische Fassaden, überraschen römische Architekturfragmente und Kreuzfahrerbauten.

Die vielen **traditionellen Häuser** mit ihren Innenhöfen (arab. Hosh) stammen größtenteils aus spätosmanischer Zeit (spätes 19. Jh.) und wurden auf den Überresten früherer Bauten errichtet. Die *Amulette*, welche man an vielen Fassaden sieht, halten nach dem Glauben der Bewohner den ›bösen Blick‹ ab. Aus demselben Grund wurden auch Türstürze und Fenster türkisfarben bemalt. Traditionelle islamische Fresken und *Inschriften*, die in der Nähe der Hauseingänge sind, begrüßen in farbenfroher Weise den Mekka-Pilger. Waren diese Inschriften früher handgemalt, so werden sie jetzt zunehmend durch kommerziell gefertigte, holzgerahmte Tafeln ersetzt. Die vielleicht schönste Straße mit religiösen und profanen Bauten der Mamelukken, die 1250–1517 über das Heilige Land herrschten, ist die **Kettenstraße** 23 (hebr. Rehov HaShalshelet, engl. Street of the Chain).

TOP TIPP ▶ **Tempelberg**

Der den Juden, Christen und Muslimen **heilige Berg Moriah** nimmt mit dem alles überragenden Felsendom rund ein Sechstel der Altstadtfläche ein. Das 750 m über dem Meeresspiegel liegende Felsplateau ist für die Juden der Ort, an dem Abraham dem König Melchisedek begegnete sowie seinen Sohn Isaak opfern wollte und an dem Salomon den Tempel errichtete. Für die Christen birgt der Berg die Erinnerung an den Tempel, den Jesus von den Geldwechslern und Händlern reinigte, ebenso an die Antonia-Festung, in der Jesus verurteilt wurde und auf seine Hinrichtung wartete. Nach islamischem Glauben schließlich hat Mohammed von diesem Felsen aus seine legendäre Himmelsreise mit dem Pferd el-Buraq angetreten. Der Tempelberg (arab. Haram es-Sharif, ›Erhabenes Heiligtum‹) untersteht heute der islamischen Geistlichkeit. Sie beobachtet misstrauisch jene orthodoxen, nicht selten militanten Juden, die darauf hoffen, einen Dritten Tempel zu errichten.

In den heiligen Bezirk gelangt man durch das **Magreb-Tor** 24 (Moroccan Gate, Mugrabi Gate, Tel. 02/622 62 50, im Winter 7.30–10.30 und 12.30–15, im Som-

Meisterwerk islamischer Baukunst und Schauplatz erbitterter Religionskämpfe: Während für die Muslime der Felsendom auf dem Tempelberg erhabenes Heiligtum ist, trauern die Juden noch immer um ihren Tempel, der einst hier stand

mer 8–11.30 und 13.30–15 Uhr). In seiner unmittelbaren Nähe finden seit 2007 höchst umstrittene Ausgrabungen und Bauarbeiten statt. Wegen der 2. Intifada war der gesamte Tempelberg zeitweise für nicht-muslimische Besucher gesperrt. Nach wie vor können viele der Bauwerke, darunter der Felsendom und die el-Aqsa-Moschee, von Nicht-Muslimen nur von außen besichtigt werden.

Geschichte Um Gott zu versöhnen, erbaute König David in der Nähe seines Palastes hinter der Stadtmauer einen Brandopferaltar. Doch er war ›ein Mann des Krieges‹ und erst sein Sohn Salomon errichtete 968 v. Chr. an der Stelle, die sein Vater bestimmt hatte, den *1. Tempel* – ›das Haus des Herrn zu Jerusalem auf dem Berg Moriah‹. Phönizische Baumeister und Steinmetze benötigten sieben Jahre, um das Bauwerk auszuführen. Das *Allerheiligste* war ein quadratischer dunkler Raum über jenem Felsenaltar, auf dem Abraham Isaak hatte opfern wollen. Hier wurde die *Bundeslade* aufbewahrt, die König David nach Jerusalem gebracht hatte. Diese Akazienholztruhe versinn-

Faszinierendes Spiel mit Mustern – prachtvoll verzierte Fassade des Felsendoms auf dem Tempelberg. Sultan Suleiman unterstrich mit kostbaren Fayencen die Eleganz des Bauwerks

bildlicht den Bund Jahwes mit den Israeliten und war daher deren *heiligstes Kultgerät.* Die Babylonier zerstörten 586 v. Chr. Jerusalem und den Tempel. Nach der Rückkehr der Juden im Jahre 516 v. Chr. begann der *Wiederaufbau* des Tempels. Die Bundeslade aber, die vor den Babyloniern auf dem Berg Nebo (im heutigen Jordanien) versteckt worden war, blieb verschwunden. Der *2. Tempel* bestand bis zum 18. Regierungsjahr von Herodes dem Großen. Um die Juden günstig zu stimmen, fing dieser im Jahre 19 v. Chr. mit dem Umbau und der *Erweiterung* des Tempels an. Erst 68 n. Chr. wurde der gigantische Bau vollendet. In seinen Ausmaßen entsprach er der Größe des heutigen Tempelbergs. Die Westseite der aus gewaltigen Quadern bestehenden *Stützmauer* des Platzes ist 490 m, die Ostseite 474 m, die Nordseite 321 m und die Südseite 283 m lang. Die *West-* oder *Klagemauer* ist aus dieser Zeit erhalten geblieben [s. S. 33].

Während des Jüdischen Krieges wurde der Tempel 70 n. Chr. von den Truppen des Titus zerstört. Als Kaiser Hadrian 136 n. Chr. auf den Ruinen einen *Jupiter-Tempel* zu errichten begann, führte die Empörung der frommen Juden zum Bar-Kokhba-Aufstand. Unter Konstantin dem Großen wurde dieser Jupiter-Tempel zerstört. Nach der Eroberung Jerusalems im Jahre 638 n. Chr. erbaute der Kalif Omar ibn el-Khattab dort, wo heute die el-Aqsa-Moschee steht, zu Ehren der Stadt Jerusalem die *Omar-Moschee.* Wie diese ausgesehen hat, wissen wir durch einen christlichen Pilger des Mittelalters: »Ein Ort des Gebets in einer quadratischen Form, den die Sarazenen roh zusammengezimmert haben, indem sie auf einigen Ruinenresten Bretter und Balken aufeinanderschichteten.« Die späteren Kalifen Abd el-Malik (reg. 685–705) und sein Sohn el-Walid (reg. 705–715) legten auf dem Tempelberg die Grundsteine für den *Felsendom* (vollendet 691) und die *el-Aqsa-Moschee* (vollendet 1187).

Besichtigung In Lobgedichten zum Ruhm der Stadt Jerusalem heißt es: »Wer im Felsendom gebetet hat, dessen Kleider duften wie Weihrauch.« Der 54 m hohe, achteckige **Felsendom** 25 (arab. Qubbet es-Sakhra, engl. Dome of the Rock) steht auf der höchsten Erhebung des Tempelplatz-Plateaus. Von allen vier Seiten führen Treppen hinauf, die von drei- bis vierbogigen Arkadenstellungen bekrönt sind. Der Felsendom gilt mit seiner vergoldeten *Kupferkuppel* (ein Geschenk des jordanischen Königs; bis 1960 war die Kuppel mit grauen Bleiplatten gedeckt) als Wahrzeichen Jerusalems und ist das bedeutendste Bauwerk der frühislamischen Zeit. Der Bau wurde als Schrein über dem Heiligen Felsen errichtet, der inmitten des Doms liegt. Der oktogonale *Grundriss* des Bauwerks zeigt eindeutig byzantinische Einflüsse, sein Durchmesser beträgt 53 m. Bis zu einer Höhe von 5,5 m ist der Außenbau mit Marmor verkleidet. Ornamente und Koranverse auf 10 000 kunstvollen, kostbaren *Fayencefliesen* schmücken die obere Zone des Baukörpers und den Tambour. Die prächtigen Fliesen stiftete ursprünglich Sultan Suleiman (16. Jh.), Anfang der 1960er-Jahre wurden diese durch neue im Originaldekor ausgetauscht.

Vier nach den Himmelsrichtungen ausgerichtete *Tore* führen in das Innere des Doms: Im Westen das Bab el-Gharb oder **Westtor** [A], im Norden das Bab ed-Djenneh oder **Paradiestor** [B], im Osten das Bab es-Silsileh oder **Kettentor** [C] und im Süden das Bab el-Kibleh oder **Tor des Gebetes** [D]. Über dem *Südportal* fordert eine Inschrift die Gläubigen auf, in Richtung Mekka zu beten. Rechts vom Eingang befinden sich Marmorbilder zweier Vögel. Sie sollen sich in Stein verwandelt haben, weil sie dem König Salomon nicht gehorchen wollten. Dem Südportal ist ein kunstvoller, achtsäuliger Portikus vorgesetzt, auf dem eine arabische Sonnenuhr aus osmanischer Zeit angebracht ist.

Das **Innere** des Doms fasziniert durch die geometrischen Proportionen des Zentralbaus und die reiche ornamentale Gestaltung. Im Zentrum der zwei konzentrischen Wandelgänge trägt der mit Fenstern versehene, mosaikgeschmückte Tambour die mächtige *Kuppel* (innerer Durchmesser ca. 20 m), deren Holzverschalung mit Stuckmalerei auf Goldgrund verziert ist. Unter diesem ornamentalen Himmelszelt liegt der **Heilige Felsen** (17,7 x 13,5 m), der von einer Balustrade umgeben ist und einige – hochverehrte – Spuren seiner heiligen Vergangenheit aufweist: Vor allem den *Fußabdruck Mohammeds*, der an dieser Stelle sein Pferd el-Buraq (Blitz) bestiegen hatte. Und als der Prophet dann gen Himmel reiten wollte, hielt der Erzengel Gabriel den Felsen fest und hinterließ seine *Fingerabdrücke*. Ein *Reliquiar* birgt drei Haare vom Barte des Propheten, bei denen die Muslime schwören, sich dabei aus auf Beschreibungen im Koran stützen.

Als heiliger Ort wird auch die viereckige *Höhle* verehrt, in der Mohammed Elias, Abraham, David und Salomon begegnet sein soll. Nach islamischer Überlieferung versammeln sich in der auch ›Seelenbrunnen‹ (arab. Bir el-Arwah, engl. Well of Souls) genannten Höhle zweimal

wöchentlich die Seelen der Verstorbenen zum Gebet. Kalif el-Malik war der Ansicht, dass dieses Allerheiligste von einer besonderen Atmosphäre umgeben sein sollte. Daher ordnete er an, den Felsen jeden Tag mit einem aromatischen Gemisch, dem ›Khuluk‹, einzureiben, damit die Gläubigen beim Durchschreiten des Felsendoms die Freuden des Paradieses genießen konnten. Die Höhle erhält ihr Licht aus einem Loch in der Decke, das dem Moriahfelsen auch den Namen ›der durchlöcherte Stein‹ gegeben hat.

Im Zentrum des Felsendoms tragen mächtige Pfeiler die Kuppel und das Dach. Dazwischen öffnen sich mosaikverzierte *Arkaden* mit von korinthischen Kapitellen bekrönten Säulen, die aus römi-

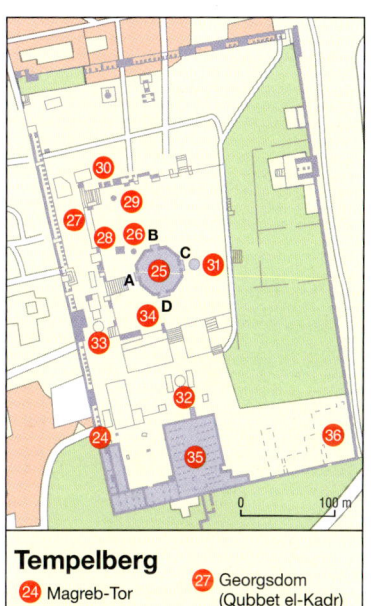

Tempelberg

24 Magreb-Tor	**27** Georgsdom (Qubbet el-Kadr)
25 Felsendom (Qubbet es-Sakhra)	**28** Himmelfahrtsdom (Qubbet el-Miraj)
A Westtor (Bab el-Gharb)	**29** Geisterdom (Qubbet el-Arwah)
B Paradiestor (Bab ed-Djenneh)	**30** Säulentor (Qanatir)
C Kettentor (Bab es-Silsileh)	**31** Kettendom (Qubbet es-Silsileh)
D Tor des Gebetes (Bab el-Kibleh)	**32** Reinigungsbrunnen (el-Qaas)
26 Gebetsnische des Propheten (Mihrab en-Nebi)	**33** Sebil Quait Bey
	34 Sommerkanzel
	35 el-Aqsa-Moschee
	36 Ställe Salomons

schen und byzantinischen Bauwerken stammen. Das ist der innere Umgang, im äußeren Umgang stützen mit kostbaren Marmorintarsien versehene Säulen, Pfeiler und Wände einen reich ornamentierten Architrav, über dem sich goldgeschmückte Bögen spannen.

Die acht Aufgänge zur Terrasse des Felsendoms führen durch jene mamelukkischen Arkaden, welche die Moslems als ›Waagschalen‹ (arab. Mawazin) bezeichnen. Sie glauben, dass dort beim Jüngsten Gericht die Waagen aufgehängt werden, um die Seelen zu wiegen. Währenddessen hält in jeder Himmelsrichtung ein Erzengel Wache.

Im Norden des Felsendoms erheben sich zahlreiche kleinere Kuppelbauten, deren Funktion und Bedeutung nur zum Teil geklärt sind. Die wichtigsten sind die **Gebetsnische des Propheten** 26 (arab. Mihrab en-Nebi) aus dem 16. Jh., der dem hl. Georg gewidmete **Georgsdom** 27 (arab. Qubbet el-Kadr) aus dem 19. Jh. und

Nordwestlich des Felsendoms befindet sich der dem hl. Georg gewidmete Georgsdom aus dem 19. Jh.

der aus dem 10. Jh. stammende oktogonale **Himmelfahrtsdom** 28 (arab. Qubbet el-Miraj, engl. Dome of the Ascension), der mit Mohammeds nächtlichem Ritt in Verbindung gebracht wird und den Kreuzfahrern als Baptisterium diente. Im achteckigen **Geisterdom** 29 (arab. Qubbet el-Arwah) aus dem 15. Jh. sollen sich nachts die Seelen verstorbener moslemischer Heiliger versammeln. Das kleine Säulenheiligtum bezeichnet die Stelle, an der Mohammed mit den Propheten des Alten und Neuen Bundes gesprochen haben soll. Dahinter befindet sich das nordwestliche **Säulentor** 30 (arab. Qanatir) mit seinen mamelukkischen Radmotiven, die schwarzen und weißen Marmor in einem Zahnschnittfries vereinen. Die Zisternen waren früher Priestern und Kultpersonal vorbehalten und wurden erst später zu Wasserspeichern umfunktioniert. Im Osten des Tempelbergplateaus steht als verkleinerte Version des Felsendoms der oktogonale **Kettendom** 31 (arab. Qubbet es-Silsileh) aus dem 8. Jh. Diesen heiligen Ort verehren die Juden als *Gerichtsplatz Davids* oder *Salomons*, die Moslems als die Stelle, an der am *Tag des Jüngsten Gerichts* die Guten von den Bösen durch eine Kette geschieden werden. Der Dom selbst wurde vermutlich unter Kalif Abd el-Malik (reg. 685–705) erbaut. Die Kreuzfahrer wandelten ihn in eine Kapelle für den hl. Jakobus um, den ersten Bischof von Jerusalem. Die kostbare *Fayenceverkleidung* stiftete Sultan Suleiman der Prächtige (1494–1566). Der Kettendom bietet sich als offene elfeckige Säulenhalle dar, die um ein inneres Sechseck läuft, dessen sechs Säulen die Kuppel tragen. Von jedem beliebigen Standpunkt aus sind alle Säulen sichtbar.

Zwischen Felsendom und der el-Aqsa-Moschee steht der **Reinigungsbrunnen** 32 (arab. el-Qaas, ›die Schale‹), an dem nur Moslems eine *rituelle Waschung* vor dem Betreten der Moschee vollziehen dürfen.

Unter den zahlreichen kleineren Kuppelbauten auf dem Tempelplatz ist noch ein *öffentlicher Brunnen* im südwestlichen Eck zu erwähnen, der **Sebil Quait Bey** 33, den der ägyptische Sultan Quait Bey 1482 stiftete. Der Brunnen steht dort, wo sich das Allerheiligste des Tempels befunden haben soll. Er ist ein klassisches Beispiel mamelukkischer Baukunst. Um alle vier Seiten verläuft ein dekoratives, rotgelbes *Steinband* mit Stalaktiten und kalligrafischen Inschriften – Zitate aus dem Koran und Hinweise auf einen früheren Brunnen. Darüber erhebt sich über schlanken Säulen die mit verschlungenen *Arabesken* verzierte Kuppel. Weitere wichtige Dekorationselemente sind die in- und gegeneinander gesetzten geometrischen Motive oder Arabesken, die vor allem in Stein oder Holz geschnitten und gelegentlich mit farbig glasierter Keramik eingelegt sind. Bevor man die erhöhte Tempelplattform nach Süden durch die Arkadenbögen zur el-Aqsa-Moschee hinab verlässt, lohnt sich auf der rechten Seite noch ein Blick auf die kunstvolle marmorne **Sommerkanzel** 34, die 1456 von Burhan ed-Din erbaut wurde.

Über 21 Stufen gelangt man nun auf den Vorplatz der **el-Aqsa-Moschee** 35 (derzeit für Nicht-Muslime geschl.). Der Grundstein zu dem größten Gebäude auf dem Tempelberg wurde vielleicht schon in der Zeit des Kalifen Abd el-Malik gelegt, die Durchführung und Fertigstellung wird aber seinem Sohn el-Walid zugeschrieben.

Die knapp 90 m lange, 60 m breite und siebenschiffige Moschee besitzt eine weithin leuchtende silberne, 17,7 m hohe *Kuppel*. Die arabische Bezeichnung ›el-Aqsa‹ bedeutet ›fernster Punkt‹ und bezieht sich auf den Koranvers über die nächtliche Reise des Propheten Mohammed. Dieser war mit seinem Wunderpferd el-Buraq hier an den – von Mekka aus gesehen – fernsten Punkt seiner Reise gelangt, um vom Heiligen Felsen des Felsendoms zum Himmel aufzusteigen.

Den ersten, vermutlich *hölzernen Bau* ließ Kalif Omar I. gleich nach der Eroberung von Jerusalem 638 auf den Resten einer byzantinischen Kirche errichten. 705 ersetzte Kalif el-Walid diesen Bau durch ein Gotteshaus aus Stein. Nach den starken Zerstörungen durch die Erdbeben 747 und 1033 erhielt die Moschee schließlich ihre endgültige Gestalt durch den Fatimiden-Kalifen ez-Zahir. Nach der Einnahme Jerusalems durch die Kreuzfahrer wurde der Tempelbezirk 1119 den Tempelrittern übergeben, die die Moschee in den *königlichen Palast* umwandelten, den sie ›Templum Salomonis‹ nannten. Im Westen und im Osten errichteten sie Erweiterungsbauten. Nach der Eroberung durch Sultan Saladin wurde der ganze Komplex wieder seiner ursprünglichen Bestimmung zugeführt. Die letzte umfassende Restaurierung erfolgte 1938–42.

Das Mittelschiff, das durch das *Hauptportal* betreten wird, ist 17 m hoch. Die

Klassisches Beispiel mamelukkischer Baukunst: Der Brunnen Sebil Quait Bey wurde von Sultan Quait Bey 1482 gestiftet

Seitenschiffe sind niedriger. Auf 81 Säulen und 33 Pfeilern ruhen Dach und Kuppel der Moschee. Im Innern erhebt sich über dem Mittelschiff ein mit Mosaiken geschmückter *Triumphbogen* (11. Jh.). Die Mosaiken in der Kuppel entstanden Ende des 12. Jh. Ein Relikt aus der Zeit der Kreuzfahrer, die einen Teil der Moschee als Kirche der Darstellung Mariens im Tempel weihten, sind nahe am Haupteingang die *Gräber* der Meuchelmörder des englischen Kanzlers und Erzbischofs von Canterbury, Thomas Becket (1118–70). Sie waren im Anschluss an ihre Tat nach Jerusalem gepilgert und dienten hier den Tempelrittern. Den von Säulen flankierten Mihrab am Kopf des Mittelschiffs, also die gen Mekka ausgerichtete *Gebetsnische*, stiftete Sultan Saladin. Daneben steht eine prächtige *Ebenholzkanzel* mit Elfenbein und Perlmutteinlagen (1168). Die im syrischen Aleppo gefertigte Kanzel, die als die schönste des ganzen Orients galt, wurde 1969 bei einem Brand

Silbernes Haupt: Die el-Aqsa-Moschee im Süden des Tempelbergs besitzt gewaltige Ausmaße (90 x 60 m)

beschädigt, ist jedoch inzwischen wieder hergestellt. Westlich vom Mihrab schließen sich die Gebetsnischen von Moses und Jesus an.

In der Südostecke des Tempelbezirks, neben der el-Aqsa-Moschee, liegt der Eingang zu den gewaltigen Gewölben, die Herodes zur Untermauerung der Tempelplattform anlegen ließ. Diese **Ställe Salomons** 36 (Solomon's Stables) bestehen aus einer rund 5000 m² großen *unterirdischen Anlage* mit 13 Schiffen und 88 Pfeilern. Der Legende nach befanden sich hier zur Zeit König Salomons die Ställe für die *Opfertiere*. In der Vorhalle soll Christus in der Wiege gelegen haben, bevor er im Tempel Gott geweiht wurde.

Eine weitere bedeutende christliche Stätte auf dem Tempelberg ist das **Goldene Tor** [s. S. 28] in der Mitte der östlichen Haram-Mauer. Das Tor reicht in seiner heutigen Gestalt vermutlich bis ins 5. Jh. zurück. Die Ausmaße des Bauwerks betragen 24,6 x 17,25 m, sechs Kuppeln zieren sein Terrassendach. Die 12 m hohe *Torhalle*, angeblich ein Geschenk der Königin von Saba an König Salomon, wird durch zwei 8,3 m hohe monolithische Säulen in zwei Gänge geteilt.

Leben im Zeichen des Glaubens: In der el-Aqsa-Moschee, dort, wo der Prophet Mohammed mit seinem Wunderpferd den fernsten Punkt seiner Reise erreicht hatte, beten heute Moslems

Filigrane Kunststücke: Exzellente Schmiedearbeiten und Wandbilder findet man in der Kathedrale des hl. Jakobus im Armenischen Viertel

TOP TIPP

Armenisches Viertel

Armenisches Jerusalem – so nennen die Armenier ihr Viertel im Südwesten der Jerusalemer Altstadt. Das Leben hier scheint gänzlich getrennt zu sein vom lauten Treiben der Stadt. Und außerhalb dieses Gebiets ahnt man nichts oder nur wenig von der *Lebensfülle* innerhalb der Steinmauern.

Die seit dem 5. Jh. in Jerusalem urkundlich erwähnten Armenier (heute ca. 3000) wohnen, beten und studieren in ›ihrer‹ Stadt hinter hohen, düsteren Mauern zwischen Jaffator und Zionstor. Den südlichen Teil des Viertels nimmt heute der Komplex des **Armenischen Klosters** (Armenian Monastery) ein. Er umfasst die Kathedrale des hl. Jakobus, das Ölbaum-Kloster, das Haus des Hannas und das theologische Seminar. Außerdem befinden sich hier die Residenz des Armenischen Patriarchats, die Gulbenkian-Bibliothek, das Armenische Museum sowie die zwei- und dreistöckigen Wohnhäuser, Schulen, Geschäfte und Werkstätten. Bis zum Ende des Ersten Weltkrieges lebten nur wenige Armenier in der Heiligen Stadt. Erst nach dem Krieg kamen sie vor allem wegen der Greueltaten der Türken zu Tausenden nach Jerusalem, wo sie bis zur Ankunft der Engländer hinter den Mauern des Klosters wohnten. Und weil für den armenischen Patriarchen sein Viertel ein *Staat im Staat* ist, werden die Außentore des gesamten Geländes um 22 Uhr geschlossen – eine späte Rückkehr ist nur mit einer Sondererlaubnis gestattet.

Im Zentrum des Viertels steht auf den Ruinen einer byzantinischen Kirche des 6. Jh. die **Kathedrale des hl. Jakobus** 37 (Cathedral of St. James, Führungen nach Anmeldung, Tel. 02/628 23 31, Mobil-Tel. 054/764 20 49). Das von einer imposanten Kuppel gedeckte Gotteshaus stammt ursprünglich wohl aus dem 10. und 11. Jh. und wurde dann in der Kreuzfahrerzeit umgebaut. Das kunstvoll gearbeitete schmiedeeiserne Gitter am *Hauptportal* des dreischiffigen Gotteshauses ist typisch für die armenische Architektur des 12. Jh. An den Wänden der *Vorhalle* (17./18. Jh.) hängen ›khatchkars‹ (Steintafeln mit Kreuzen und Inschriften), die armenische Pilger anbringen ließen – die älteste stammt aus dem Jahr 1151. Vier Pfeiler, die im Namen der Evangelisten gesalbt sind, tragen den Kirchenbau.

Die Wände der Kirche sind geschmückt von *Gemälden*, von denen manche das Leben Jesu, andere das Werk der Kirche zeigen. An der Wand links neben dem Eingang befindet sich der *Altar* mit einer Büste des hl. Jakobus des Älteren. Im

Schönheit in Hülle und Fülle: Die im 12. Jh. erbaute Markuskirche im Armenischen Viertel ist innen besonders reich ausgestattet

Innern des 17,5 x 25 m großen *Hauptschiffs* sind neben kostbaren Teppichen vergoldete Holzschnitzereien sowie Einlegearbeiten aus Perlmutt und Schildpatt zu sehen. Eine großartige Ikonostase verdeckt den Blick auf die Chorapsis. Die *Makarios-* und *Menaskapelle* – beide im linken Seitenschiff – enthalten die Schatzkammer des Patriarchats mit wertvollen *illuminierten Handschriften* aus dem 13. Jh., darunter Evangeliare des berühmten armenischen Buchillustrators Roslin. Die Kunst der illuminierten Handschrift, wie das russische Ikonenbild Ausdruck tiefer Religiosität, nimmt im armenischen Leben einen besonders hohen Stellenwert ein. Die Sammlung in der Jakobus-Kathedrale besitzt Werke von den bedeutendsten Künstlern aus allen Epochen – ein Meisterwerk stellt das älteste aller *Tetra-Evangelien* dar, welches einst im Besitz von König Gagik von Kars (11. Jh.) war. Die Illustrationen dieses prächtigen Buches lehnen sich an den byzantinischen Stil an, während Randver-

zierungen der Texte und Titelseiten eine unabhängige künstlerische Persönlichkeit zeigen. Die *Edjmiacin-Kapelle* (benannt nach dem Hauptsitz der armenischen Kirche und ihres Oberhauptes in Armenien, nur zu Gottesdiensten geöffnet: Mo–Fr 15–15.30, Sa/So 14.30–15.15 Uhr) an der Südseite, im Mittelalter Haupteingang der Kirche, schmücken prächtige Fayencen aus dem 18. Jh. In der Kapelle befinden sich *drei heilige Steine:* vom Jordan, vom Berg Tabor und vom Sinai.

Das **Armenische Museum** 38 (Tel. 02/628 23 31, Mo–Sa 9.30–16.30 Uhr) südlich der Kathedrale informiert auf zwei Stockwerken über die bald zweitausendjährige Geschichte der Armenier im Heiligen Land. Die ältesten Exponate sind *Freskenfragmente* aus dem 1. Jh. n. Chr., welche aus dem Hof des Hauses des Kaiphas [s. S. 59] stammen. Daneben glänzen *Mosaiken* aus armenischen Kirchen der byzantinischen Epoche, die am Zionsberg und in der Nähe des Damaskustores freigelegt wurden. Glanzstücke des Museums sind außerdem *liturgische Gegenstände*, die fromme Pilger der armenischen Kirche stifteten, darunter liturgische Gewänder und kostbare illuminierte Manuskripte aus dem 17.–19. Jh.

An der Stelle, an der einst das **Haus des Hannas** 39, des Schwiegervaters des im Jahre der Kreuzigung amtierenden Hohepriesters Kaiphas, gestanden haben soll, befindet sich heute eine Kapelle. An ihrer nordöstlichen Ecke stößt man auf einen eingezäunten uralten Olivenbaum, der seit dem 15. Jh. als jener Baum gilt, an den Jesus während der Geißelung gefesselt war. Daneben erhebt sich das **Ölbaum-Kloster** (arab. Dir ez-Zeitunah). An seiner nordöstlichen Außenmauer wird ein in der Mitte ausgehöhlter Stein verehrt, von dem Jesus angeblich sagte, dieser Stein werde schreien, sollten seine Jünger nicht Gott preisen.

Zur syrischen Jakobiten-Gemeinde, deren Gottesdienste noch heute in altsyrischer Sprache gehalten werden, gehört die **Markuskirche** 40 (St. Mark's Monastery, Mo–Sa 9–12 und 15.30–18 Uhr) aus dem 12. Jh. Schmuckstück des Gotteshauses ist eine Malerei auf Leder – eine Darstellung der Jungfrau mit Kind, die dem hl. Lukas zugeschrieben wird, aber wohl eher aus byzantinischer Zeit stammt. Die syrische Gemeinde beträgt knapp 70 Mitglieder und ihr ›gehört‹ das *Grab der Maria*, die *Himmelfahrtskirche* und eine *Kapelle der Grabeskirche*.

Christliches Viertel

Obwohl es im Christlichen Viertel mehr als 30 religiöse Institutionen – meist neuere Klöster, Kirchen, Schulen und Hospize – gibt, kämpfen die Jerusalemer Christen dennoch mit großen Problemen. In der Zeit der jordanischen Herrschaft nach dem Unabhängigkeitskrieg schrumpfte die christliche Bevölkerung von 25000 (1947) auf weniger als 9000 (1967). Heute leben nur noch rund 5000 Christen in der ganzen Stadt. Zudem fehlt es den Klöstern an Nachwuchs und den Kirchen an Gläubigen.

Ausgangspunkt für den Spaziergang durch das Christliche Viertel ist die **Via Dolorosa** 🔴, auch wenn der Leidensweg Christi überwiegend im Arabischen Viertel liegt. Der Begriff Via Dolorosa – ›Straße der Schmerzen‹ – verbreitete sich um 1500 als Bezeichnung für den Weg, den Jesus vom Prätorium des Pilatus bis hinauf zum Golgata nehmen musste. Da die Zahl der Kreuzweg-Stationen nicht genau überliefert war, legte die Kirche sie auf 14 fest. Von diesen Stationen, die an die Passion Christi von der Verurteilung bis zur Kreuzigung und Gablegung erinnern, sind aber nur acht in den Evangelien aufgeführt. Die anderen sechs wurden Jahrhunderte später – mehr oder weniger willkürlich – bestimmt. Die einzelnen Stationen sind durch Mauerinschriften, Kapellen oder Säulen markiert.

Für die Christen ist die Via die heiligste Straße der Welt, jährlich begehen sie Tausende von Gläubigen unter Gesängen und Gebeten. Jeden Freitag um 15 Uhr ziehen die *Franziskaner* betend den Kreuzweg entlang. Der Leidensweg beginnt im muslimischen Altstadtviertel auf dem Gelände der früheren *Antonia-Festung* in der Nähe des Löwentors und endet mit den letzten fünf Stationen in der *Grabeskirche*.

I. Station (Jesus wird von Pilatus zum Tode verurteilt): Nach christlicher Tradition verurteilte der römische Prokurator *Pontius Pilatus* in der Antonia-Festung Jesus zum Tode (Joh. 18,28). Nach dem jüdischen Aufstand ließ der Feldherr und spätere Kaiser Titus im Jahre 70 n. Chr. die Burg schleifen. Ein Minarett überragt den erhöhten Platz.

II. Station (Jesus nimmt das Kreuz auf): Gegenüber der el-Omariya-Schule befindet sich die franziskanische *Geißelungskapelle*, die 1929 im Stil der Kreuzfahrerzeit neu errichtet wurde. Zur zweiten Station gehören auch die *Verurteilungskapelle*, die 1903 von Wendelin Hinterkeuser auf den Mauern einer byzantinischen Kirche erbaut wurde, sowie das *Kloster der Schwestern von Zion* und der *Ecce-Homo-Bogen*. Pilatus soll Christus nach Geißelung und Dornenkrönung mit den

Von brüderlichem Teilen keine Spur: Sechs Konfessionsgruppen wachen gemeinsam, aber wenig gemeinschaftlich über die Grabeskirche mit den letzten Stationen der Via Dolorosa

In der Osterzeit ausverkauft: Viele Touristen begehen den Leidensweg samt Kreuz. Die Via Dolorosa führt durch das Arabische und das Christliche Viertel bis zur Grabeskirche – Franziskanermönche führen die Prozession an

Worten »Ecce homo!« (»Seht, welch' ein Mensch!«) vorgeführt haben. Als erwiesen gilt, dass der Bogen aus der hadrianischen Zeit (2. Jh. n. Chr.) stammt und Teil eines Triumphbogens war. Die Metallkuppel der **Ecce-Homo-Basilika** beherrscht die Via Dolorosa. Das mehrgeschossige Kloster wurde 1856–68 vom Architekten Henri Daumet geschaffen. In der *Krypta* sieht man das Pflaster, auf dem Jesus gestanden haben soll, als er verurteilt, verspottet und mit der Dornenkrone gekrönt wurde. Von der Krypta aus hat man Zugang zu einer 52 m langen, 15 m breiten und bis 13 m tiefen *Zisterne* aus hellenistischer Zeit.

III. Station (Jesus fällt zum ersten Mal): Der Weg zur dritten Station führte wahrscheinlich durch das Tyropöon-Tal. Wo Jesus zum ersten Mal unter der Last des Kreuzes zu Fall kam, errichtete die polnische Gemeinde 1947 eine kleine *Kapelle*. Das Geld dafür sammelten polnische Soldaten, die im Zweiten Weltkrieg im Heiligen Land gedient hatten. Das *Hochrelief* im Bogen über dem Türsturz stellt den stürzenden Jesus dar und ist eine Arbeit des Polen Thaddeus Zielinsky. Ein kleines Museum befindet sich neben der Kapelle.

IV. Station (Jesus begegnet seiner Mutter): Die vierte Station, welche in der Bibel nicht überliefert ist, erinnert an die Begegnung Jesu mit seiner Mutter. Hier stehen die *Kapelle von der Ohnmacht Unserer Lieben Frau* (20. Jh.) und die armenische *Kirche der Schmerzen Mariä* (1881), in der laut Überlieferung das Zusammentreffen zwischen Jesus und Maria stattgefunden haben soll. Ein riesiges byzantinisches *Bodenmosaik* (4.–6. Jh.) schmückt die Krypta, die Fußabdrücke am Boden sollen von Maria stammen. Das *Hochrelief* an der Eingangstür, das die Begegnung von Mutter und Sohn darstellt, ist eine Arbeit von Thaddeus Zielinsky.

V. Station (Simon von Kyrene hilft Jesus): An jener Stelle, an der Simon, ein Jude aus Libyen, das Kreuz für den erschöpften Jesus trug, erhebt sich eine *Franziskanerkapelle* (1881).

VI. Station (Veronika reicht Jesus das Schweißtuch): Hier soll Veronika das Gesicht Jesu mit ihrem Schweißtuch gereinigt haben (das berühmte ›Schweißtuch der Veronika‹ befindet sich in Rom). An dieser Stelle steht heute die griechisch-orthodoxe **Kirche der hl. Veronika**. In ihrem Innern sind Reste eines tiefer gelegenen Gebäudes zu erkennen, die wahrscheinlich zu einem byzantinischen Kloster aus dem 6. Jh. gehörten.

VII. Station (Jesus fällt zum zweiten Mal): Wo die Via Dolorosa auf die überdachte Basarstraße Suq Khan Ez-Zeit (Ölpressenstraße) stößt, erinnert eine rötliche römische *Säule* im Innern der *Franziskanerkapelle* (1875) an den zweiten Sturz Jesu. Die Säule stammt aus der Aelia Capitolina Hadrians und gehörte ursprünglich zum ›Urteilstor‹ (Porta Judiciaria), an dem die Todesurteile angeschlagen waren und durch das Jesus die ummauerte Stadt verlassen hat.

VIII. Station (Jesus spricht zu den weinenden Frauen): An der Außenmauer des griechisch-orthodoxen *Klosters St. Charalambos* bezeichnet ein Stein mit einem eingravierten Kreuz und der Aufschrift IC XC NIKA (Jesus Christus siegt) den Ort, an dem Jesus zu den klagenden Frauen sprach: »Weint nicht über mich.«

IX. Station (Jesus fällt zum dritten Mal): Von der Basarstraße Suq Khan Ez-Zeit führt eine Treppe auf eine Plattform oberhalb der Grabeskirche. An ihrem Rand befinden sich *Klosterzellen* äthiopischer Mönche und der Zugang zu einer koptischen Kirche. Diese 9. Station ist die letzte Station außerhalb der Grabeskirche. Der Schaft einer römischen *Säule* am Eingang der koptischen Kirche markiert die Stelle, an der Jesus zum dritten Mal unter der Last des Kreuzes stürzte.

TOP TIPP **X. bis XIV. Station:** Die letzten fünf Stationen liegen in der **Grabeskirche** 42 (Church of the Holy Sepulchre, tgl 4.30–19 Uhr). Am Eingang zur Kalvarienbergkapelle (Golgata) rechts vom Kircheneingang gelegen, markiert ein Mosaik mit der Darstellung des Isaakopfers die **X. Station** (Jesus wird seiner Kleider beraubt). Oben steht rechts der *Kreuzannagelungsaltar*, die **XI. Station**. Die **XII. Station** mit dem griechisch-orthodoxen Kreuzigungsaltar links gemahnt an die Aufstellung des Kreuzes und den Tod Jesu. Die *Golgatastätte* – wegen ihrer Form auch ›Schädelstätte‹ genannt – wurde 1937 mit herrlichen Mosaiken renoviert. Nach römisch-katholischer Überlieferung wurde Jesus vor der Grablegung auf dem *Salbungsstein* im Eingangsbereich der Grabeskirche einbalsamiert. Die Griechisch-Orthodoxen glauben hingegen, dass an dieser Stelle, die durch eine rötliche Kalksteinplatte aus dem Jahre 1810 gekennzeichnet ist, Jesus vom Kreuz abgenommen und in

Heiligste Stätte der Christen: In der Grabeskirche sollen sich Kreuzigung, Grablegung und Auferstehung Jesu ereignet haben. Die rechte Tür des Doppeltores (Südfassade) wurde von Sultan Saladin zugemauert

den Schoß seiner tränenüberströmten Mutter gelegt wurde (**XIII. Station**). Die letzte, **XIV. Station** des Leidensweges ist das *Christusgrab* im Zentrum der Grabeskirche.

Ein schmaler Gang führt in der *Grabeskapelle* zum Grab, das mit einer Marmorplatte bedeckt ist. In der wegen ihrer vielen Kapellen und Krypten, Grotten und Gärtchen, Türmen und Toren äußerst unübersichtlichen, wenngleich reizvollen Grabeskirche wachen Katholiken, Griechisch-Orthodoxe, Äthiopier, Armenier, Syrer und Kopten seit Hunderten von Jahren eifersüchtig und mitunter wenig christlich über ihre Besitztümer. 1852 versuchte der türkische Sultan, dem unheiligen Streit ein Ende zu setzen. Er verkündete eine Besitzregelung, die bis zum heutigen Tage gilt: Die griechisch-orthodoxe Kirche stellt den Hauptpartner am Grabe Christi dar, die römisch-katholischen Lateiner und die Armenier hingegen sind ›Junioren‹, und die restlichen

religiösen Gemeinschaften werden gerade noch geduldet. So kontrollieren die Kopten eine Kapelle, einige Passagen und Wandelgänge. Die syrischen Jakobiter besitzen eine Kapelle hinter der Grabstätte und die Äthiopier beten in einer kleinen Andachtsstätte sowie in luftiger Höhe auf dem Kirchendach. Die Armenier wahren ihre Rechte besonders verbissen. Jedesmal, wenn Gläubige anderer Konfessionen durch den ›armenischen Sektor‹ der Grabeskirche ziehen, schwenken Messdiener umgehend Weihrauchgefäße, um ihren Teil zu ›desinfizieren‹.

Das Gebiet um den Golgata-Felsen wurde schon im 1. Jh. n. Chr. von den ersten Christen als die Stätte verehrt, an der Jesus gekreuzigt und begraben wurde. Als im Jahre 326 Helena, die Mutter des byzantinischen Kaisers Konstantin des Großen, in Begleitung des Bischofs Makarios das Heilige Land besuchte, veranlasste sie ihren Sohn, den Venustempel aus der Zeit Kaiser Hadrians abzureißen

Grabeskirche

A Doppeltor
B Grabplatte für Philippe d'Aubigny
C Salbungsstein
D Adamskapelle
E Golgatafelsen

F Kreuzannagelungsaltar
G Schmerzenskapelle
H Heiliges Grab
I Engelskapelle
K Kapelle der Kopten

L Grab des Joseph von Arimathäa
M Nabel der Welt
N Kapelle der Kleiderverteilung
O Helena-Kapelle
P Kreuzauffindungskapelle

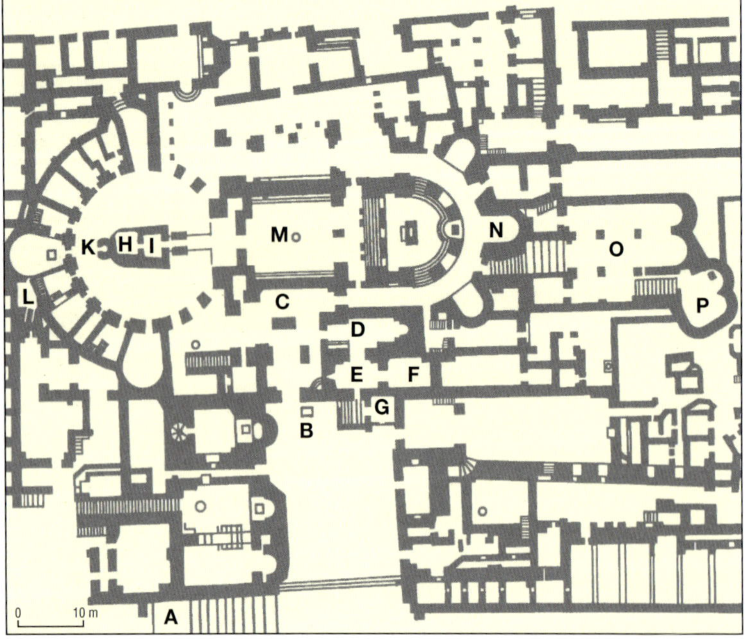

Hier endete das Leiden Jesu: Mit der viel besuchten Golgatakapelle in der Grabeskirche wird der Ort bezeichnet, an dem der Sohn Gottes am Kreuz hingerichtet wurde

und eine prächtige Basilika zu bauen. Diese etwa 335 vollendete und ›Anastasis‹ (griech. für Auferstehung) genannte Kirche war etwa doppelt so groß wie das heutige Gotteshaus und umfasste das Heilige Grab, den davor liegenden Garten sowie den Hügel von Golgata.

Der **Bau** wurde 614 von den Persern gebrandschatzt und 746 von einem Erdbeben zerstört, später abermals errichtet und 1009 vom Kalifen el-Hakim Stein für Stein abgetragen, wobei auch das Felsengrab fast vollständig abgebrochen wurde. Erst nach der Einnahme Jerusalems am 15. Juli 1099 begannen die Kreuzfahrer mit dem Neubau der Grabeskirche nach Art abendländischer Domarchitektur. 1149 wurde das Gotteshaus geweiht und erhielt den Namen Grabeskirche. Unter dem französischen Baumeister Jordan hat man das bislang freistehende Golgata als *erhöhte Seitenkapelle* in das Langhaus einbezogen.

1555 wurde die Grabeskirche von den Franziskanern renoviert. Als 1808 der alte Kreuzfahrerbau beinahe völlig niederbrannte, wurde eine deutliche *Umgestaltung* geplant, doch sind die umfangreichen Restaurierungsarbeiten bis zum heutigen Tag nicht abgeschlossen – erst 1995 haben sich die einzelnen Glaubensgemeinschaften über die Ausführung der notwendigen Arbeiten geeinigt.

Die nahezu unveränderte romanische *Südfassade*, die durch zwei übereinander liegende Reihen spitzbogiger Säulenarkaden geschmückt wird, geht auf die Kreuzfahrer zurück. Das **Doppeltor** [A], von dem das rechte Tor 1187 von Sultan Saladin zugemauert wurde, ist dem Goldenen Tor [s. S. 27] des Tempelberges nachempfunden. Die beiden großen Fenster darüber begeistern wegen ihrer reichen Verzierung. Die Form der *Kapitelle*, die sich an beiden Seiten des Eingangs und an den Emporenfenstern befinden, kommt in Europa äußerst selten vor, während sie in den palästinensischen und syrischen Kirchen des 5.–11. Jh. weit verbreitet ist. Die Skulpturen wurden vermutlich von einheimischen Steinmetzen ausgeführt. Sie bezogen die ihnen vertrauten geometrischen Dekorationen ein und erreichten auf diese Weise eine einzigartige Verschmelzung westlicher und östlicher Kunst.

Durch den Vorhof gelangt man zum Hauptportal. Links davon erhebt sich der *Glockenturm* der Kreuzfahrer, dessen obere Stockwerke im 16. Jh. bei einem Erdbeben einstürzten. Vor dem Portal sieht man die **Grabplatte für Philippe d'Aubigny** [B] († 1236), einen der Mitunterzeichner der Magna Charta. Im Vorraum, zwischen Golgata und dem Ort der Auferstehung, befindet sich die erste heilige Stätte – der **Salbungsstein** [C]. Auf der rötlichen Kalksteinplatte (1810) soll der Leichnam Jesu vor der Grablegung gesalbt worden sein. Die Trennwand zum

Der Salbungsstein in der Grabeskirche: Auf der rötlichen Kalksteinplatte soll der Leichnam Jesu vor der Grablegung gesalbt worden sein

Hauptschiff (Katholikon) ist mit Ikonen geschmückt, welche Kreuzabnahme und Grablegung darstellen. Unter der Golgatakapelle liegt die griechisch-orthodoxe **Adamskapelle** [D], in welcher ein Schädel gefunden wurde, der angeblich von

Auf mittelalterlichen Landkarten das Zentrum der Welt: Die Schale mit der umflochtenen Halbkugel markiert den ›Nabel der Welt‹

Adam stammt. Unter einer Glasscheibe wird in der Apsis jener Felsspalt gezeigt, durch den das Blut Jesu vom Kreuz auf den Schädel Adams floss, um ihn von der Paradiessünde zu reinigen. Über der Adamskapelle erhebt sich der 5 m hohe **Golgatafelsen** [E] mit den letzten Stationen der Via Dolorosa. Er bezeichnet den Ort, an dem Jesus am Kreuz hingerichtet wurde und ist nach dem Heiligen Grab die heiligste Stätte der Basilika. Mosaiken und Gemälde der einzelnen Altäre zeigen die in den Evangelien und Apokryphen überlieferten Ereignisse. Das Mosaik über dem rechten Altar, dem **Kreuzannagelungsaltar** [F], zeigt Jesus am Kreuz sowie Maria, die in Leid erstarrt ist. Die Deckenmosaike – mit Ausnahme des noch mittelalterlichen Christusovals – stammen von d'Archiardi. Der Altartisch (1588), ein Geschenk des Großherzogs von Toskana, wurde von Portigiani gefertigt. Rechts neben dem Altar eröffnet ein kleines Fenster den Blick in die **Schmerzenskapelle** [G], auch Frankenkapelle genannt, die in der Kreuzfahrerzeit vom Vorhof der Grabeskirche aus zugänglich war. Der Pilger kann an der täglichen Prozession der Franziskaner, die um 16 Uhr in der *Erscheinungskapelle* beginnt, teilnehmen. Besonders eindrucksvoll ist die Prozession an den Samstagen der Fastenzeit. Vom Golgata erreicht man über den Salbungsstein die düstere Rotunde, deren rund 50 m hohe Kuppel das

Heilige Grab [**H**] überspannt. Die Rotunde stellt den ältesten Teil der konstantinischen Anlage dar. Das Grab Jesu lag (nach Mt 27,59–60) im Felsengrab des reichen Arimathäers Josef, das mit einem großen Verschlussstein versiegelt wurde. Nach Joh 19,17–20 wurde Jesus außerhalb der damaligen Stadtmauern von Jerusalem gekreuzigt. Die jetzige Grabeskirche befindet sich aber innerhalb der Stadtmauern, was ständig zu Spekulationen über die *Authentizität* führte. Doch haben genaue Untersuchungen ergeben, dass zu Jesu Zeiten eine zweite Mauer bestand und die Hinrichtungsstätte somit außerhalb der damaligen Stadt liegt. Gräber hatten als unreine Orte immer außerhalb der jüdischen Städte zu sein. Der über dem Jesusgrab errichtete Bau ist ein im türkischen Rokokostil gehaltener Kiosk (1810), der 8,3 m lang und je 5,9 m breit und hoch ist. Über dem Eingang hängen vier Reihen von Lampen, die den drei Hauptbesitzern der Kirche, den Katholiken, den Griechisch-Orthodoxen sowie den Armeniern, gehören. Die Vorhalle der Grabkapelle wird auch als **Engelskapelle** [**I**] bezeichnet, da hier der Überlieferung nach der Osterengel saß, der den Frauen verkündete, dass Jesus auferstanden sei. In der **Kapelle der Kopten** [**K**] kann man auf der Rückseite des Heiligen Grabes am Altarsockel ein Stück vom Felsengrab sehen.

Ein kleiner Durchgang führt zum **Grab des Josef von Arimathäa** [**L**], einer jüdischen Grabkammer aus dem 1. Jh. n. Chr. Durch den sog. Kaiserbogen kommt man in das Katholikon, die Hauptkirche der Griechisch-Orthodoxen und früher das Mittelschiff der Kreuzfahrerkirche. Die Marmorschale mit einer umflochtenen Halbkugel exakt unter der Kuppel markiert den **Nabel der Welt** [**M**], der auf zahlreichen mittelalterlichen Landkarten als Mittelpunkt der Welt überliefert ist. Zwischen der **Kapelle der Kleiderverteilung** [**N**] und der Kapelle der Beschimpfungen geleiten Stufen in die armenische **Helena-Kapelle** [**O**] hinab, die ehemalige Krypta des konstantinischen Martyrion. In die Wand haben die Kreuzfahrer unter Gottfried von Bouillon ihre Kreuze eingeritzt. Die Seitenwände der Kapelle, die Nord- und Südmauern, bildeten einst das Fundament des Mittelschiffes der konstantinischen Basilika aus dem 4. Jh. Die Kuppel, die auf vier Säulen ruht, welche zum Teil aus dem 7. Jh. stammen, errichteten die Kreuzfahrer. Das Bodenmosaik eines zeitgenössischen Künstlers ruft den Völkermord an den Armeniern in Erinnerung. Vom südlichen Seitenschiff der Helena-Kapelle führen 13 Stufen in die römisch-katholische **Kreuzauffindungskapelle** [**P**], eine ehemalige Zisterne, in der die hl. Helena angeblich das Kreuz Christi fand.

Gegenüber dem Südportal der Grabeskirche erhebt sich der viereckige Turm der Saladinschen **el-Omar-Moschee** 43 aus dem Jahr 1193, das Minarett entstand 1465. Nördlich der Grabeskirche baute Saladin an der Stelle des Patriar-

Pilgerströme ohne Ende: Die Grabeskirche, die über mehrere Stockwerke 30 Kapellen beherbergt, zieht Tag für Tag Scharen von Gläubigen an

chenpalastes der Kreuzfahrer die **el-Khanga-Moschee** 44, deren Minarett aus dem Jahr 1418 stammt.

Der Name des heute ummauerten *Muristan-Viertels* südlich der Grabeskirche geht auf ein Hospiz (pers. Muristan) zurück, das Karl der Große Anfang des 9. Jh. schaffen ließ. 1896 schenkte Sultan Abdulhamid II. dem Deutschen Reich den östlichen Teil und der griechisch-orthodoxen Gemeinde den westlichen Teil des Muristan. Kaiser Wilhelm I. ließ hier 1893–98 die lutherische **Erlöserkirche** 45 (Church of the Redeemer, Tel. 02/627 61 11, Mo–Sa 9–13 und 13.30–17 Uhr) als Basilika im Stil der Kreuzfahrerzeit (12. Jh.) errichten. Das *Nordportal* mit seinen Tierkreiszeichen, Monatssymbolen, fränkischen Säulen und Kapitellen stammt aus der Vorgängerkirche Maria Latina. Von dem 46 m hohen neoromanischen *Glockenturm* (177 Stufen) hat man einen herrlichen *Rundblick* auf die Altstadt, den Tempelberg und den Ölberg. Ganz in der Nähe des Gotteshauses liegen drei farb- und geruchsintensive Märkte: der *Fleischmarkt* (Suq el-Lahamin), der *Gewürzmarkt* (Suq el-Attarin) und der *Stoffmarkt* (Suq el-Hawatjat), der auch ›Markt der vornehmen Herren‹ genannt wird.

Gegenüber der Erlöserkirche steht das russische **Alexander-Hospiz** 46. Beim Bau der angeschlossenen Kirche im 19. Jh. fanden Archäologen Reste eines *Triumph-bogens,* den Kaiser Hadrian am Eingang des Forums der Aelia Capitolina im Jahre 136 erbaute, sowie einen *Mauerrest* mit Torschwelle, vermutlich Teil der zweiten Stadtmauer Jerusalems.

Über den Suq Khan Ez-Zeit gelangt man zu einer Treppe, die zum **Äthiopischen Kloster** 47 (Ethiopian Monastery) und dem *Koptischen Patriarchat* führt. Auf dem Dach der Grabeskirche, genau über der Helena-Kapelle, befindet sich das äthiopische Kloster Deir al-Sultan, das aus etwa 20 weiß getünchten Lehmhütten besteht, in denen äthiopische Mönche leben. Übrigens wurde ab 1874 nördlich außerhalb der Mauern der Altstadt mit dem Bau des ummauerten *äthiopische Stadtteil*s begonnen. Angeblich soll Salomon dieses Gebiet einst Saba zur Hochzeit geschenkt haben. Neben *Mönchskloster* und *Hospiz* gibt es hier eine große **Kirche** (Besuche tagsüber; Spende erbeten) mit rundem Grundriss, die Lehmkirchen im Hochland von Äthiopien ähnelt. Bei der alljährlichen Zeremonie, die als ›Suche nach dem Leib Christi‹ bezeichnet wird und vermutlich aus dem Isis-Kult im alten Ägypten stammt, gehen die Teilnehmer in der Dunkelheit mit brennenden Kerzen umher.

Nördlich des franziskanischen Casa-Nova-Hospizes ist im **Salvatorkloster** 48 (Franciscan Friary) die ›Kustodie des Heiligen Landes‹ (Custodia Terrae Sanctae)

Ort der Muße und Besinnung im Muristan-Viertel: Der Kreuzgang der evangelisch-lutherischen Erlöserkirche wurde bei der Erneuerung durch mittelalterliche Bauglieder ergänzt

Innere Einkehr inmitten der hektischen Großstadt: Im Äthiopischen Viertel, mit dessen Errichtung 1874 begonnen wurde, leben äthiopische Mönche in Klostergebäuden aus Lehm

untergebracht, die Zentralstelle zur Verwaltung der katholischen Stätten. Der umfangreiche Klosterkomplex besteht aus Wohnungen, einem Waisenhaus, einem Altersheim, einer Bibliothek, einem Archiv, einer Druckerei sowie zahlreichen Lehrwerkstätten. Die Salvatorkirche links vom Klostereingang diente 300 Jahre lang als Pfarrkirche. Um die wachsende Zahl der Gläubigen zu fassen, ließ Kaiser Franz Joseph I. von Österreich 1882–85 eine neue Kirche bauen.

Die griechisch-orthodoxe **Kirche Johannes' des Täufers** 49 (Church of St. John the Baptist, Rehov Muristan, tgl. 8–12 und 14.30–18 Uhr) im äußersten Südwesten des Muristan-Viertels wurde im 11. Jh. über einem byzantinischen Vorgängerbau errichtet und im 12. Jh. von den Kreuzfahrern erneuert. Die Unterkirche aus dem 5. Jh. ist der älteste erhaltene Kirchenbau Jerusalems. Die heutige Fassade mit den beiden kleinen Glockentürmen wurde nachträglich gestaltet. Seit dem 14. Jh. wird hier im *Haus des Zebedäus* des Vaters der Apostel Jakobus und Johannes gedacht.

Ölberg und Garten Gethsemane

Schriften berichten, dass bei der Ankunft des Messias die verstorbenen Juden aus aller Welt unter der Erde zum Tempelberg kriechen werden. Wer sich diese beschwerliche Reise ersparen wollte, machte sich in früheren Zeiten auf nach Jerusalem, um hier zu sterben und begra-

ben zu werden. Über Jahrhunderte hinweg wünschten sich fromme Juden nichts sehnlicher, als am **Ölberg** (arab. et-Tur, engl. Mount of Olives), im Osten der Stadt, bestattet zu werden, sodass heute der jüdische Friedhof einen guten Teil des Berges bedeckt. Auf dem Ölberg machte Jesus halt, als er aus Galiläa über Jericho und Bethanien zum Pessahfest nach Jerusalem kam. Und hier ereignete

Die Kirche Johannes' des Täufers dient heute den griechisch-orthodoxen Christen

sich später auch die Himmelfahrt Christi. Der Berg selbst und der unter ihm liegende **Garten Gethsemane** sind – ihrer religiösen Bedeutung entsprechend – buchstäblich mit Kirchen übersät. Gethsemane (Ölpresse) bezeichnet den Ort, an dem Jesus im Kreise seiner schlafenden Jünger und in Todesangst betend die letzte Nacht vor der Gefangennahme verbrachte. Die uralten *Olivenbäume* des Gartens von Gethsemane sollen zum Teil noch aus dem 1. Jh. stammen. Bereits im 4. Jh. stand hier eine Kirche mit prächtigem Mosaikfußboden, von dem noch Reste erhalten sind. Über dieser byzantinischen Kirche und dem Nachfolgebau, einer Basilika der Kreuzfahrerzeit, erhebt sich heute die **Kirche der Nationen** 50 (Church of All Nations, Basilica of the Agony, Tel. 02/627 32 64, tgl. 8–12 und 14–17.30 Uhr). Ihre Fassade ziert im dreieckigen Giebelfeld ein schönes *Mosaik*, das Jesus als Vermittler zwischen Gott und den Menschen darstellt. In der Zone darunter stehen zwischen den *Arkadenbögen* des Portikus *Statuen* der vier Evangelisten. Hohe Alabasterfenster und arabische Kuppeln vervollständigen das Äußere. Die dreischiffige Kirche wurde 1924 von Antonio Barluzzi im Auftrag von zwölf Nationen erbaut. Vor dem Hauptal-

Andrang auf die letzte Ruhestätte: Ein frommer Jude wünscht sich nichts sehnlicher, als auf dem Ölberg bestattet zu werden

tar ist ein Teil des sog. › *Todesangstfelsens* ‹ sichtbar, auf dem Jesus gekniet haben soll. Die Einfriedung des Felsens erinnert an die Dornenkrone Christi. Kuppeln und Apsiden sind mit Mosaiken geschmückt, die Künstler der zwölf Nationen schufen.

Nicht weit entfernt liegt die mehrfach restaurierte **Grotte von Gethsemane** 51, (Grotto of Gethsemane, Tel. 02/627 88 44) in der Jesus festgenommen wurde. Ihre Wände zieren Reste von *Mosaiken* aus dem 4. oder 5. Jh., und *Wandmalereien* aus der Kreuzfahrerzeit. Gleich neben der Grotte verehren Christen und Muslime das **Grab der Maria** (Church of the Tomb of the Virgin, Mo–Sa 6–12 und 14.30–17

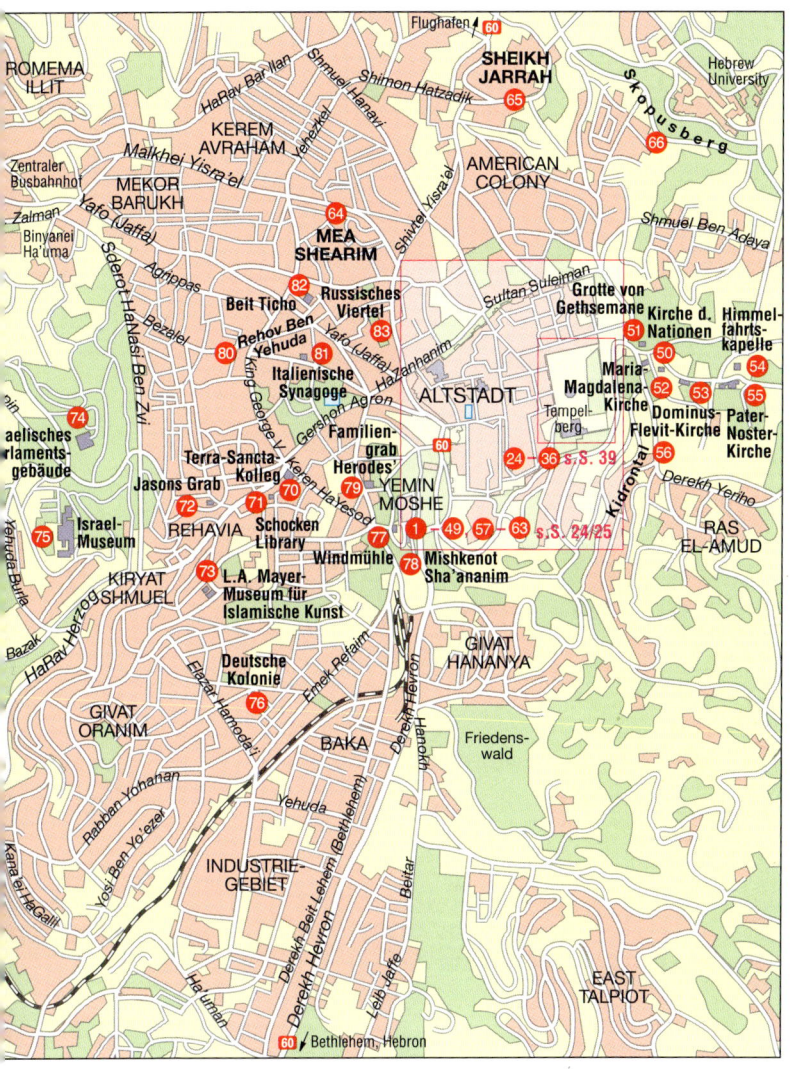

Uhr), heute im Besitz der griechisch-orthodoxen Kirche mit Rechten für Armenier und Kopten. Vom Mariengrab aus dem 12. Jh. ist lediglich das frühgotische Portal erhalten. Im Innern führen 47 breite Marmorstufen hinab zur kreuzförmigen byzantinischen *Krypta* (4. Jh.) mit der Grabkapelle. Hinter einer Glasscheibe sieht man die *Felsbank*, auf der der Leichnam Mariens gelegen haben soll.

Den Weg vom Garten Gethsemane auf den Ölberg weisen die charakteristischen vergoldeten Zwiebeltürme der russischorthodoxen **Maria-Magdalena-Kirche** 52 (Church of Mary Magdalene, Tel. 02/627 43 71, Di/Do 10–12 Uhr). Zar Alexan-

der III. hatte die Kirche 1885–88 erbauen lassen, zum Andenken an seine Mutter Elisabeth, die später in der Krypta beigesetzt wurde. An die *Tränen Jesu* erinnert wenig weiter die schwarze Kuppel mit den vier Tränenfläschchen der **Dominus-Flevit-Kirche** 53 (tgl. 8–12 und 14.30–17 Uhr). Hier soll Jesus am Palmsonntag beim Anblick Jerusalems geweint haben, da er den *Untergang der Stadt* voraussah. Die moderne Kirche erbaute Antonio Barluzzi in den 1950er-Jahren über den Ruinen einer byzantinischen Kirche, von der noch einige *Mosaiken* und *Säulen* erhalten sind. Im Innern drücken Reliefbilder und Symbole Christi Traurigkeit

aus. Durch die Fenster des Gotteshauses hat man einen herrlichen Blick auf Felsendom und Altstadt.

Wo Jesus gen Himmel aufgefahren sein soll, ließ im Jahre 376 die fromme Römerin Pomenia die **Himmelfahrtskapelle** 54 (Chapel of the Ascension, tgl. 8–16.30/18 Uhr) errichten. Sie wurde aufgrund ihrer Lage ›Imbomon‹ (griech. für ›auf dem Hügel‹) genannt. Auf den Ruinen dieser byzantinischen Kirche erstellten die Kreuzfahrer dann um 1150 einen achteckigen Zentralbau mit einem nach oben geöffneten Kegeldach. Nach der Vertreibung der Christen wandelten die Muslime 1198 die Kapelle in eine *Moschee* mit Kuppel um, die Mamelukken schließlich mauerten die bis dahin offenen Arkaden zu. Noch heute verwalten die Jerusalemer Moslems den Bau. Beachtenswert sind die fein gearbeiteten *Kapitelle* der eingestellten Säulen. Ihr Stil weist sie als Werke burgundischer Steinmetze aus. Im Innern der schmucklosen Kirche zeigt ein eingefriedeter Fels eine Vertiefung, die der *Fußabdruck des auferstandenen Jesu* sein soll. Das Recht, Kirche der Himmelfahrt zu sein, beanspruchen auch das benachbarte **Russisch-orthodoxe Kloster** und die **Griechisch-orthodoxe Kirche**. Zum Fest Christi Himmelfahrt dürfen die Katholiken einen Gottesdienst in der Kapelle halten, die Orthodoxen feiern im Hof. Neben der Himmelfahrtskirche erinnert eine kleine Moschee mit Minarett daran, dass der gesamte Ölberg jahrhundertelang in arabischem Besitz war.

Wenige Meter unterhalb der Himmelfahrtskapelle liegt die **Pater-Noster-Kirche** 55. Die Kreuzritter erbauten an dieser Stelle, an der Jesus seine Jünger das Vaterunser gelehrt haben soll, eine Kirche, die jedoch Ende des 12. Jh. zerstört wurde. Die französische Prinzessin Aurélie de la Tour d'Auvergne ließ schließlich 1874 ein neues Gotteshaus errichten, dessen Vorhalle und Kreuzgang mit armenischen *Majolikafliesen* geschmückt sind. Sie tragen das *Vaterunser* – in 80 Sprachen übersetzt. Erst zu Beginn des 20. Jh. fand man bei Ausgrabungen unweit der Pater-Noster-Kirche die Reste der dreischiffigen ›Eleona‹, der **Ölbaumbasilika**. Sie war den Jüngern und der Auferstehung geweiht und eine der drei Hauptkirchen der konstantinischen Zeit (neben Grabeskirche und Geburtsbasilika). Die Eleona wurde mehrfach zerstört und im 12. Jh. nach dem Bau der Pater-Noster-Kirche aufgegeben. Jedoch hatte Aurelie de la Tour d'Auvergne im 19. Jh. hier ein Kloster errichten lassen, das jedoch 1920 abgerissen wurde. Ein damals begonnener Kirchenneubau wurde aus Geldmangel nie vollendet, doch die zur Eleona gehörende *Grotte der Unterweisung* ist im Rahmen dieser Arbeiten renoviert worden.

Kidrontal, Hinnomtal und Berg Zion

Das ›dunkle‹ (hebr. kidron) Bachtal zwischen Tempel- und Ölberg bildete in der israelitischen Königszeit die östliche Stadtgrenze. Zur Zeit der Könige von Juda war das **Kidrontal** 56 (arab. Wadi al-Joz, engl. Kidron Valley) Begräbnisstätte für das einfache Volk. In der jüdischen, christlichen und muslimischen Tradition wurde es mit dem Tal Josaphat gleichgesetzt, in dem das Jüngste Gericht über die ›Völker‹ (Heiden) stattfinden wird. Die *Grabanlagen* links der Straße zählen zu den bedeutendsten Monumenten ihrer Art in Jerusalem: Das 1925 entdeckte, 15 m hohe **Abshalom-Grabmal** vom Ende der Hasmonäerzeit (1. Jh. v. Chr.) besteht aus einem *Monolith* von 6 m Seitenlänge und 6,5 m Höhe. Dieser würfelförmige Unterbau wird von einem runden, konisch zulaufenden *Spitzturm* gekrönt. Eine Öffnung im Kranzgesims des Unterbaus bezeichnet die jüdische Tradition als ›Yad‹, ›Hand Gottes‹. Abshalom, der dritte Sohn König Davids, erhob sich gegen seinen Vater und wurde König in Jerusalem. Orthodoxe Juden werfen deshalb noch immer voll Zorn Steine auf das Grab, um ihre Abscheu gegen den Frevler zu bekunden. Hinter dem Abshalom-Monument befindet sich das sog. **Josaphatgrab**, eine aus acht Grabkammern bestehende Anlage auch aus dem 1. Jh. v. Chr. 25 m südlich liegt das imposante Grab der bedeutenden hasmonäischen Priesterfamilie Bnei Hezir vom Anfang des 2. Jh. v. Ch. Im Volksmund wird es auch **Jakobusgrab** genannt. Die Christen hielten es für das Grab des Apostels Jakobus, der nicht weit von hier den *Märtyrertod* erlitten hatte. Nach jüdischer Legende soll sich dort der vom Aussatz befallene König Usija nach seiner Absetzung zurückgezogen haben. Diese Anlage ist das älteste der vier Monumental-

◁ *Demonstration von Einigkeit am Ölberg: zwölf Länder gaben die Kirche der Nationen in Auftrag. Dahinter die russisch-orthodoxe Maria-Magdalena-Kirche*

Hier soll die Muttergottes gestorben sein: Auf dem Berg Zion ist die 1906 geweihte Kirche Dormitio Sanctae Mariä dem ›Heimgang Mariä‹ gewidmet. Ein freistehender Glockenturm ragt daneben auf

gräber im Kidrontal. Die schlichte *Fassade* zeigt zwei eingestellte Säulen und einen dorischen Architrav, dahinter sieht man eine zentrale *Grabkammer* mit mehreren in den Fels getriebenen ›Kokhim‹, also Schiebegräbern, welche in die Wände von Katakomben gehauen sind. Daneben erkennt man das **Grab des Saharja**: Das 9 m hohe, vollständig aus dem Fels geschlagene Monument mit pyramidenförmigem Dach (1. Jh. v. Chr.) wird in der Tradition mit dem Propheten Zacharias in Verbindung gebracht. Die Technik, Gräber aus dem anstehenden Felsgestein heraus zu schlagen, erinnert an die Baukunst der Nabatäer im Negev und im jordanischen Petra.

Die **Gihon-Quelle** 57 (Gihon Spring) ist die einzige Ganzjahresquelle der Stadt und entspringt in einer Grotte am Fuß des Berges *Ofel* im südlichen Kidrontal. Sie wird heute von den Christen ›Marienquelle‹ und von den Moslems ›Quelle der Mutter der Stufen‹ genannt, da 32 Stufen zu ihr hinunter führen. König Hiskia (725–697 v. Chr.) hatte von der Quelle (hebr. gihon = hervorsprudeln) einen über 500 m langen Tunnel erbauen lassen, um die Stadt mit Wasser zu versorgen. Südlich von Gihon befindet sich der **Teich Siloah** 58 (Pool of Siloam), mit dessen Wasser Jesus einen Blinden geheilt haben soll. Zur Erinnerung an das Wunder errichtete

die byzantinische Kaiserin Eudokia (5. Jh.) eine *Kirche*. Das Gotteshaus wurde 614 n. Chr. bis auf einige Säulenstümpfe dem Erdboden gleichgemacht, heute erhebt sich hier eine kleine *Moschee*. Fromme Juden pilgern zu *Rosh HaShana* (Sept./Okt.) an den Teich, um die Tashlik-Zeremonie (hebr. tashlik = ›Du sollst werfen‹) abzuhalten, in deren Verlauf sie ihre Sünden im Wasser versenken. Allerdings steht inzwischen fest, dass es sich bei dem traditionell genutzten Gewässer nicht um den biblischen Teich Siloah, sondern um eine spätere Anlage handelt. Die Überreste des zu Jesu Lebzeiten genutzten Wasserreservoirs – u. a. eine 120 m lange Treppenanlage – entdeckten Archäologen 2004 im südöstlich gelegenen Stadtteil Silwan.

Im **Hinnomtal** 59 südlich der Altstadt befand sich die *Kultstätte Tofet*, wo dem Ammonitergott Moloch Kinderopfer dargebracht wurden. Am Südhang des Hinnomtales erreicht man das griechisch-orthodoxe Kloster des hl. Onuphrius, auch **Haceldama-Kloster** genannt. Die Höhle, in der Onuphrius (4./5. Jh.) unablässig gebetet haben soll, liegt auf dem Abu Tor nördlich des Hinnomtales. Wo im 19. Jh. sefardische Juden in ihren einfachen Häusern lebten und in ihre schöne Synagoge gegenüber der Zitadelle gingen, hielten in den 20er- und 30er-Jahren des 20. Jh. arabische Handwerker mit Werkstätten und Märkten Einzug. Jetzt ist die Gegend ein beliebtes Künstlerviertel mit Ateliers und Galerien (Juwelen, Leder, Malerei, Skulpturen).

Der **Berg Zion**, das Hochplateau zwischen Jaffator und Hinnomtal, trägt seinen Namen erst seit byzantinischer Zeit. Als Zion hatten die Israeliten zuerst die Stadt Davids auf dem Südosthügel und später die Stadt Salomons auf dem Tempelberg Moriah bezeichnet. Schließlich wurde jener südwestliche Bergrücken Zion genannt, auf dem Juden und Christen die Stadt Davids vermuteten.

Das markanteste Bauwerk des Zionberges, die **Kirche Dormitio Sanctae Mariä** 60 (Hagia Maria Sion Abbey), ist dem ›Heimgang Mariä‹ geweiht, da die Muttergottes auf dem Berg Zion gestorben sein soll. Der monumentale Zentralbau im neoromanischen Stil mit seinem freistehenden, hoch aufragenden *Glockenturm* wurde im Auftrag Kaiser Wilhelms II. und des Kölner Erzbischofs vom Dombaumeister Heinrich Renard errichtet. Das Innere der 1906 geweihten Kirche wird beherrscht von dem byzantinisch anmutenden *Apsismosaik*, das Maria mit dem Jesuskind zeigt. In der *Krypta* erinnert eine steinerne Liegefigur an die entschlafene Muttergottes. Das Kuppelmosaik stellt Christus dar, der seine Mutter zu sich ruft. Die Inschrift lautet: »Stehe auf, meine Freundin, und komm, meine Schöne, komm her.« Während des Israel-

Festivals im Frühling und während der ›Liturgica‹ der Weihnachtswoche werden in der Kirche sehr beliebte *Konzerte* veranstaltet.

Ursprünglich beherrschte die *Hagia Sion*, eine fünfschiffige byzantinische Basilika im Süden der heutigen Kirche, den Zionsberg. Sie war im 4. Jh. über der kleineren ›Mutter aller Kirchen‹ an jenem Ort errichtet worden, an dem das Letzte Abendmahl stattgefunden haben soll. Im Laufe der Geschichte wurde die Zionskirche mehrfach zerstört. Die Perser brannten sie 614 nieder, Kreuzfahrer bauten auf den Ruinen die Basilika St. Maria vom Berge Zion, in deren Nordschiff die Kapelle Mariä Heimgang und in deren Südschiff über dem Davidsgrab der rechteckige Abendmahlssaal (Coenaculum) lag. Im 14. Jh. schließlich wurden Reste der Basilika in ein zweistöckiges, heute noch erhaltenes Gebäude integriert. Das verwandelten die Türken 1551 in eine Moschee. In dem Gebäude ist der ehem. Abendmahlssaal, das **Coenaculum** 61, bedeutend, ein karger zweischiffiger Raum mit hochgotischem Kreuzrippengewölbe. In seine gen Mekka gerichtete Wand fügten die Moslems 1928 eine kunstvoll aus Stein gearbeitete Gebetsnische ein. Die arabischen Schriftzeichen an den Wänden ringsum erinnern an die spätere Verwendung als Moschee. Unter dem Abendmahlssaal liegt der *Saal der Fußwaschung*, der seit 1948 als Synagoge genutzt wird. In einem Nebenraum ver-

Gotik in Hochblüte: Das Coenaculum (Abendmahlssaal) auf dem Berg Zion beeindruckt wegen seines gut erhaltenen Gewölbes zahlreiche Besucher

Im Haus des Kaiphas auf dem Zionsberg wurde Jesus dem Hohen Rat vorgeführt

ehren die Juden das **Grab Davids**, einen Steinsarg, den eine schwarze bestickte Decke umhüllt und der mit silbernen Thorakronen geschmückt ist. Die Wände zieren alte armenische Fliesen.

Etwas weiter östlich erinnert der **Keller des Holocaust** an die Ermordung von sechs Millionen Juden durch die Nationalsozialisten. Im Hof der Gedenkstätte sind Plaketten mit Namen der ausgelöschten jüdischen Gemeinden zu sehen.

Am Osthang des Zionsberges steht auf herodianischen und frühchristlichen Fundamenten die 1931 geweihte **Kirche St. Peter in Gallicantu** 62 (St. Peter zum Hahnenschrei), die an die dreimalige Verleugnung Jesu durch Petrus erinnern soll. Eine *Grotte*, in die man von der Unterkirche blicken kann, wird als der Ort bezeichnet, an dem Jesus von dem Hohenpriester Kaiphas gefangen gehalten wurde. Beim Neubau wurden in den Felsen gehauene Keller, Zisternen und Ställe freigelegt, die aus der Zeit des Herodes stammen. Die *Mosaiken* zeigen das Bekenntnis Jesu vor dem Hohen Rat, den reuigen Schächer am Kreuz sowie Maria Magdalena und andere Büßer. Über dem *Altar* der Unterkirche künden Posaunenengel die Wiederkunft Christi an.

Wahrscheinlicher jedoch ist, dass sich das **Haus des Kaiphas** 63, in das Jesus nach seiner Gefangennahme geführt

wurde, vor dem Zionstor – bei den Ruinen einer armenischen Kirche aus dem 15. Jh. – befand.

Mea Shearim

Nordwestlich der Altstadt liegt **Mea Shearim** 64, das Viertel der ›hundert Tore‹. Es war nach Yemin Moshe der zweite jüdische Stadtteil, der außerhalb Alt-Jerusalems entstand. Schon an den Zugängen zum Viertel sieht man Hinweistafeln, die um die Beachtung der Sitten jener streng orthodoxen Juden, die hier leben, bitten. So sollte man angemessen gekleidet sein und nicht fotografieren oder filmen, auch wenn man bei mancher Straßenszene nur allzu gerne zur Kamera greifen würde: schwarz gekleidete Männer mit Bärten und Schläfenlocken eilen die Straßen entlang, die Frauen tragen schwarze Gewänder und Perücken (Sheitl), überall spielen Kinder. Es gibt kein Radio, kein Fernsehen, kein Kino und keine Zeitungen, trotzdem verbreiten sich Nachrichten hier in Windeseile – von Mund zu Mund oder durch Plakate an den Häuserwänden. In diesem Viertel beherrschen die *jüdischen Feiertage* das ganze Leben. Kaum einer der Bewohner aber weiß, dass dieses Dorf des 19. Jh., in dem sich vor allem Einwanderer aus Osteuropa niederließen, auf den süddeutschen Protestanten und Architekten *Conrad Schick* zurückgeht, der zahlreiche Gebäude in der Heiligen Stadt entwarf.

Sheikh Yarrah

Wenige Kilometer nordöstlich von Mea Shearim wartet der Stadtteil **Sheikh Yarrah** 65 mit prächtigen Sommerresidenzen auf, die sich wohlhabende Araber Ende des 19. und zu Beginn des 20 Jh. errichten ließen. Hier haben christlich-syrische Architekten wie Spyro Houris und Petassis u. a. Fliesen als Schmuck für Tür- und Fensterrahmungen eingeführt, etwa bei der **Villa Nashashibi** in der Nähe des legendären American Colony Hotels (s. u.). Das frühere Haus des Geschäftsmanns Raba el-Husseini ist ein besonders schönes Beispiel für die Prachtfülle arabischer Villen des späten 19. Jh. Der Innenhof und die bewundernswerte Holzdecke zeugen von einem Luxus, den man häufiger in Syrien oder in der Türkei antrifft. Links liegt in einem Garten der **Sanhedrin-Friedhof** (So–Fr 9 Uhr bis Sonnenuntergang) mit den Gräbern für die Mitglieder des Hohen Rates aus der Zeit des zweiten Tempels.

Skopusberg

Nordöstlich der Altstadt kann man auf dem 829 m hohen **Skopusberg** 66 (Har HaZofim, Führungen So–Do 9, 10, 11 Uhr) einen *britischen Soldatenfriedhof* sowie das alte *Hadassah-Hospital* besichtigen. Das Krankenhaus ist eines der bekanntesten Werke des Architekten Erich Mendelsohn im Bauhaus-Stil. Rundum befinden sich mehrere Studentenwohnheime, die in der vorlesungsfreien Zeit auch Touristen aufnehmen, sowie Gebäude der *Hebräischen Universität* (Führungen durch den Campus in englischer Sprache tgl. 11 Uhr, Tel. 02/658 51 11). Auf dem Campus wechseln sich Bauten aus den 1920er-Jahren mit modernen Institutsgebäuden und Grünanlagen ab. Immer wieder eröffnen sich Ausblicke auf Jerusalems Altstadt zur einen und der Wüste zur anderen Seite. Von der *Panoramastraße* aus hat man einen herrlichen Blick auf el-Aqsa-Moschee und Felsendom.

Herzl-Berg und Yad Vashem

Leuchtend rot grüßt Alexander Calders Skulptur ›Hommage an Jerusalem‹ (1977) vom **Herzl-Berg** 67 im Westen Jerusalems. Daneben erinnert das **Herzl-Museum** (Tel. 02/632 15 15, www.herzl.org.il, So–Do 8.45–16.30, Fr 8.45–13.30 Uhr, Anmeldung empfohlen) an den Begründer des politischen Zionismus, Theodor Herzl. Historische Filmaufnahmen und persönliche Erinnerungsstücke dokumentieren das bewegten Leben und Werk dieses für Israel so bedeutsamen Mannes. Ferner kann man auf dem Berg die Gräber von Herzl, Yitzhak Rabin und anderen israelischen Politikern sowie einen israelischen Soldatenfriedhof besuchen.

TOP TIPP Nahebei befindet sich der Komplex von **Yad Vashem** 68 (Ha-Zikharon, Tel. 02/644 34 00, www.yadvashem. org, So–Do 9–17 Uhr), ›Ein Denkmal und ein Name‹ (Jesaia 56,5), die schmerzlichste Gedenkstätte aller Juden. Seit 1957 erinnert es an die von deutschen Nationalsozialisten in den 1940er-Jahren systematisch betriebene Vernichtung (hebr. Shoa) von mehr als 6 Millionen europäischer Juden. Entlang der *Allee der Gerechten* sind Bäume zum Gedenken an jene Nichtjuden gepflanzt, die während der Nazi-Zeit das Leben von Juden retteten. Im öffentlichen Leben Israels hat Yad Vashem eine politische und religiöse Funktion.

Der Komplex besteht aus einem *Dokumentationszentrum* mit über 50 Mio. Dokumenten, einem *Forschungszentrum*, einer *Gedenkstätte* zur Erinnerung an die während der Nazizeit ermordeten Kinder, einer *Synagoge*, einem *Kunstmuseum* mit Arbeiten jüdischer KZ-Insassen und dem

›Please do not irritate our feelings‹: Wer nicht weiß, wie er sich im ultraorthodoxen jüdischen Viertel Mea Shearim zu verhalten hat, lese aufmerksam die Hinweistafeln

Erinnerung an das Entsetzliche – Israels zentrale Gedenkstätte Yad Vashem besitzt über 50 Mio. Dokumente, 80 000 Fotos, 100 000 Bücher und 1000 Filmen zu Leben, Geschichte und Sterben der während des deutschen Nationalsozialismus gemordeten Juden

Holocaust History Museum (So–Mi 9–17, Do 9–20, Fr und vor Fei 9–14 Uhr) in Form einer 180 m langen Betonröhre. Das Konzept der Dauerausstellung stellt die Einzelschicksale verfolgter und ermordeter Juden ins Zentrum. Im *Ohel-Yiskor* (›Zelt der Erinnerung‹), einem großen Betonbau mit zeltförmigem Dach, sind in den Steinboden die Namen der 22 größten Konzentrationslager eingemeißelt. Auf dem Vorplatz ragt weithin sichtbar die 30 m hohe ›Säule der Erinnerung‹ empor, ein *Eisenbahnwaggon* erinnert an die Deportationen von Juden. Im ›Tal der zerstörten Gemeinden‹ wird der von den Nazis dezimierten und ausgelöschten jüdischen Gemeinden gedacht.

En Kerem

Vom Herzl-Berg nach Westen zu senkt sich die Straße in die Talmulde zur Quelle des Weinberges, hebr. **En Kerem** 69. Zu jener im Lukas-Evangelium erwähnten ›Stadt in Juda‹ machte sich Maria auf, um ihre schwangere Verwandte Elisabeth zu besuchen. Der Geburtsort Johannes' des Täufers liegt wie eine grüne Oase in einer landschaftlich überaus reizvollen Gegend. En Kerem ist heute eine blühende *Künstlerkolonie* mit Galerien und Restaurants. Ein schmaler Weg führt zur **Kirche der Begegnung** (Church of Visitation, tgl. 8–12 und 14.30–17/18 Uhr) der Franziskaner, die an der Stelle erbaut wurde, wo sich Maria und Elisabeth begegnet sein sollen. Die Unterkirche ist byzantinisch, darüber bauten die Kreuzfahrer ein zweites Gotteshaus. Nach dem Niedergang des Lateinischen Königreichs verfiel die Doppelkirche. 1679 erwarben die

Franziskaner das ganze Gelände, doch erst 1862 durften sie die Unterkirche restaurieren. 1939–55 errichtete der italienische Architekt Antonio Barluzzi darüber die moderne Oberkirche. An ihrer Fassade zeigt ein *Mosaik* die Ankunft Mariens in En Kerem. Ihr Lobgesang (Magnificat) ist – in 42 Sprachen übersetzt – auf einer Mauer gegenüber der Kirche angebracht. Die Krypta gilt als Haus der Elisabeth: eine *Wohngrotte* mit Ziehbrunnen in der Mitte, die Wände mit Darstellungen biblischer Frauengestalten bemalt. Treppenstufen führen von außen zur Oberkirche. Sie birgt ein herrliches *Fußbodenmosaik* mit Flora und Fauna der Erde und des Meeres. Das erste Fresko an der Südwand zeigt das Konzil von Ephesus im Jahre 431 mit der Verkündigung Mariä, weitere Wandmalereien mit Darstellungen der Ehrennamen Mariens folgen.

Oberhalb der Kirche der Begegnung liegt das russische Nonnenkloster **Mar Zakarija**. Etwa 2 km entfernt erhebt sich das Franziskanerkloster **St. Johannis in der Wildnis**. In einer zur Kapelle umgestalteten *Grotte* wird der Ort verehrt, an dem sich der Täufer in der Einsamkeit auf seine Mission vorbereitete. Die *Venusstatue* vor der spanischen Kirche für Johannes den Täufer zeigt, dass hier schon in römischer Zeit ein Kultplatz war.

Für die **Synagoge** (So–Do 8–14, Fr 8–12.45 Uhr) oberhalb des Dorfes En Kerem schuf *Marc Chagall* zwölf Glasfenster mit Themen zu Jakobssegen (Gen 49) und Mosessegen (Dtn 33). Die Synagoge, die zum Hadassah-Klinikum gehört, ist eine Arbeit des amerikanischen Architekten Joseph Neufeld von 1962.

TOP TIPP Gartenstädte

Die ›Gartenstädte‹ bildeten den Ausgangspunkt für die Entwicklung des modernen Wohnungsbaus in Jerusalem. Die Idee stammt vom Architekten Richard Kaufmann, der ähnliche Projekte schon in England und Deutschland umgesetzt hatte. Den Grund für die Siedlungen kaufte die Hahsharat HaYishuv, die Palästinensische Landentwicklungsgesellschaft. Die neuen Stadtviertel *Talpiot* (1922), *Rehavia* (1924), *Kiryat Moshe* (1925) und *Bayit Vegan* (1928) bedeuteten in planerischer und materieller Hinsicht einen klaren Bruch mit den überfüllten, gettoartigen traditionellen Stadtvierteln. Das symmetrische Straßennetz erleichtert den Zugang und gewährleistet eine gute Infrastruktur. Private und öffentliche Bereiche sind klar voneinander getrennt, sodass die Privatsphäre jedes einzelnen Bewohners gewahrt bleibt. Aus ideologischen Gründen wurde der Bau hauptsächlich von Arbeitern der *Histadrut*, eines Jüdischen Arbeiterbunds, ausgeführt.

In Talpiot befindet sich das **Shai Agnon Haus** (Rehov Klausner 16, Tel. 02/671 64 98, So–Do 9–13 Uhr) des Literaturnobelpreisträgers von 1966, Samuel Josef Agnon (1889–1970). In dem ehem. Wohnhaus des Schriftstellers befindet sich eine große Bibliothek, die alten Möbel und der Schreibtisch des Hausherrn.

Ein eindrucksvolles Gebäude in Rehavia, deutlich näher an der Altstadt, ist das **Terra-Sancta-Kolleg 70**, das der italienische Architekt Antonio Barluzzi 1927 für die katholische Kirche als Institut für Höhere Studien geschaffen hatte. In den baumbestandenen Straßen ringsum, die nach großen Philosophen, Literaten und Ärzten benannt sind, kann man überall Häuser im *israelischen Bauhaus-Stil* und herrliche Innenhöfe entdecken. Beispielsweise befanden sich in einer restaurierten griechischen **Schleifmühle** in der Rehov Ramban in den 1930er-Jahren Büro und Wohnung des Architekten Erich Mendelsohn. Dieser hatte 1934–36 Ecke Rehov Balfour/Rehov Smolenskin eine Villa für den deutschen Warenhausmogul Salman Schocken entworfen, heute die Residenz des israelischen Premiers. Daneben, in der einstigen Bibliothek von Schocken, die ebenfalls nach Plänen von Erich Mendelsohn entstand, schließt sich die *Rubin Academy of Music and Dance* an. In der Rehov Balfour 6 zeigt die **Schocken Library 71** (Tel. 02/563 68 57, www.

schocken-jts.org.il, So–Do 9–15.30 Uhr) seltene hebräische Drucke und Manuskripte. In der Rehov Alfasi 10 steht eine kleine Steinpyramide, die als **Jasons Grab 72** bekannt ist. Der reiche Reeder oder Kapitän Jason hatte sich hier zu Beginn des 1. Jh. v. Chr. ein prächtiges Grab errichten lassen, das aber erst geplündert und dann durch das große Erdbeben von 31 v. Chr. gänzlich zerstört wurde. In der Neuzeit wurde die Pyramide über dem Vorraum wurde wieder aufgebaut, dessen Wände Kohlezeichnungen von Schiffen und Inschriften zieren.

Südlich, in der Rehov Markus, befindet sich das *Jerusalem Sherover-Theater,* und unweit davon liegt das **L. A. Mayer-Museum für Islamische Kunst 73** (L. A. Mayer Memorial Museum for Islamic Art, 2 Rehov HaPalmah, Tel. 02/566 12 91, www.islamicart.co.il, So/Mo, Mi/Do 10–15, Di 10– 18, Fr/Sa/Fei 10–14 Uhr). Das 1973 zur Erinnerung an den Orientalisten Leo Ary Mayer (1895–1959) gegründete Museum besitzt neben einer prachtvollen *Uhrensammlung* wertvolle *Keramik* aus Persien und Syrien, Elfenbein-Schachspiele (8.– 10. Jh.) aus Persien sowie prächtige gold- und silberdurchwirkte Gewänder. Zum Museum gehören darüber hinaus ein vorzügliches *Archiv*, eine *Forschungsbibliothek* sowie eine *Foto-Sammlung* zur Kunst und Architektur des Islam.

Ein herrlicher Fußweg führt von hier westwärts, zunächst zur *Knesset,* dem israelischen Parlament auf dem Regie-

Die kleine Steinpyramide, die als Jasons Grab gilt, birgt Schiffszeichnungen und eine Inschrift mit Jasons Namen

Sicherheit ist alles: Um die Abgeordneten zu schützen, zeigt sich die Knesset – das Israelische Parlamentsgebäude auf dem Regierungshügel Kiryat Ben Gurion – fensterlos

rungshügel Kiryat Ben Gurion. Das von den Architekten Joseph Klarwein und Dov Karmi entworfene **Israelische Parlamentsgebäude** 🔴74 (Derekh Ruppin, Tel. 02/675 34 20, www.knesset.gov.il, Besichtigung So und Do 8.30–14.30 Uhr, Pass erforderlich) wurde 1966 eingeweiht. Vor dem *Haupteingang* steht eine 5 m hohe und 4 m breite massive Bronzemenora des in Dortmund geborenen Bildhauers Benno Elkan (1877–1960). 29 Reliefs auf den sieben Armen des Leuchters zeigen Szenen aus der jüdischen Geschichte. Die *Eingangshalle* der Knesset dominiert ein überlebensgroßes Bild von Theodor Herzl, dem Begründer des Zionismus, im *Empfangssaal* sieht der Besucher Wandteppiche (mit Motiven aus der jüdischen Geschichte von der Erschaffung der Welt bis zur Gegenwart) und Bodenmosaike von Marc Chagall. Die Wand im Sitzungssaal gestaltete der einheimische Bildhauer Dani Karavan.

Alle Erwartungen übertrifft das **Israel-Museum** 🔴75 (Sderot Ruppin, wg. Modernisierung sind bis 2009/10 jeweils nur Teile der Ausstellung zu sehen, Infos unter Tel. 02/670 88 11, www.english.imjnet.org.il, Mo, Mi/Do, Sa/So 10–17, Di 16–21, Fr 10–14 Uhr), das südwestlich der Knesset liegt. Jährlich strömt mehr als eine Million Besucher nach Givat Ram, um die in sechs Abteilungen didaktisch hervorragend aufbereiteten Exponate zu bewundern. Der Besuch des Museums beginnt mit dem **Schrein des Buches**,

der den optischen Mittelpunkt der Anlage darstellt. Seine mit leuchtend weißen Porzellanplatten gedeckte Kuppel erinnert an die Verschlüsse jener Tonkrüge, in denen man die berühmten *Qumranrollen* entdeckte (Architekten: Frederick J. Kiesler/Armand P. Bartos). Um den mächtigen stilisierten Griff einer Thorarolle werden in Schaukästen Kopien der über 2000 Jahre alten ›Schriftrollen vom Toten Meer‹ aufbewahrt, die 1947 in Qumran [s. S. 78] gefunden wurden. Sie sind in hebräischer Sprache verfasst und als älteste biblische Handschriften für die Forschung von großer Bedeutung. Im Untergeschoss und im Gang werden Kultgegenstände und Münzen, Dokumente und Briefe aus der Zeit Bar Kokhbas (Führer des letzten Aufstands der Juden gegen die Römer 132–135) gezeigt. Außerhalb des Gebäudes wurde ein eindrucksvolles *Modell von Jerusalem zur Zeit des Zweiten Tempels* im Maßstab 1:50 aufgebaut.

Im Hauptgebäude trifft der Besucher auf die Abteilung für **Judaica und jüdische Ethnografie**, in der mehr als 10 000 jüdische Kult- und Kunstgegenstände, Schmuckarbeiten und Trachten der unterschiedlichen jüdischen Gemeinschaften zu sehen sind. Zu den Glanzstücken zählen zwei vollständige Rekonstruktionen historischer Gebäude: eine barocke Synagoge aus Vittorio Veneto (Italien) und eine kleine Holzsynagoge mit bemalter Holzdecke aus dem deutschen Ort Horb bei Bamberg.

Das **Bezalel-Kunstmuseum** auf dem Gelände beeindruckt durch seine exzellenten Gemälde aller *abendländischen Schulen*, v. a. flämischer und holländischer Meister, sowie durch die *Impressionistensammlung* mit Werken von Cézanne, van Gogh und Renoir. Auch die *Kunst des 20. Jh.* ist vertreten darunter bedeutende Arbeiten des Kubismus, Expressionismus und Surrealismus bis hin zur Pop Art, .sowie Arbeiten *jüdischer Künstler* wie Moritz Oppenheim, Maurycy Gottlieb, Bezal Schatz (Sohn von Boris Schatz, Gründer der Bezalel-Akademie), Josef Israels, Reuven Rubin und Sinonah Troger. Zu *Zeitgenössischer Kunst* sind im Haus Werke von so namhaften Künstlern wie Dan Flavin, Bill Viola oder Roy Lichtenstein vertreten. Die *Grafiksammlung* besitzt über 50 000 Werke von Dürer bis Dada, außerdem erzählen Kunst- und Kultgegenstände – Masken aus Afrika, Tonfiguren aus Amerika, Schnitzereien aus Ozeanien, Keramik aus Asien – von der großen weiten Welt. Wem das alles noch nicht genug ist, sollte im *Weisbord Exhibition Pavilion* eine der interessanten Wechselausstellungen besuchen.

Einen großen Teil der Anlage des Gesamtmuseums nimmt das **Archäologische und Biblische Bronfman-Museum** (Samuel Bronfman Biblical and Archeological Museum) mit Grabungsfunden aus der Vorgeschichte, aus der kanaanitischen und israelitischen, der römischen und byzantinischen Epoche, des Islam und der Kreuzfahrerzeit ein.

Im **Jugendmuseum** können Kinder malen oder an Kursen teilnehmen. Ausstellungen mit didaktischem Charakter führen in die Geschichte, aber auch in die Moderne Kunst ein, und im Innenhof ist ein *Spielgarten* angelegt. Im **Kunst-Garten**, einer von dem Japaner Isamu Noguchi angelegten Kiesfläche, die sich über fünf Terrassen hinzieht, werden *Skulpturen* von Rodin, Lipchitz, Picasso, Moore u. a. gezeigt.

Gegenüber dem Israel-Museum liegt das **Bible Lands Museum** (25 Rehov Granot, Tel. 02/56110 66, www.blmj.org, So, Mo, Di, Do 9.30–17.30, Mi 9.30–21.30, Fr 9.30–14 Uhr). Der schmucklose Bau (Architekt: Ze'ev Schoenberg) birgt die einzigartige Sammlung von Elie Borowskii (1913–2003), einem der bedeutendsten Händler für Antike Kunst. Ausgestellt sind etwa 2500 *Stücke* aus sumerischer, babylonischer, israelitischer, ägyptischer, persischer und byzantinischer Zeit.

Von der Welt der Museen bietet sich ein kurzer Ausflug in die Welt der deutschen *Templer* an. Protestantische Pietisten aus Württemberg legten nordwestlich der Rehov Emek Refaim um 1873 eine **Deutsche Kolonie** 76 an. Die Kolonie wurde nach dem Muster eines deutschen Straßendorfes gebaut, die Bewohner lebten vom Ackerbau und gründeten außerdem eine deutsche Schule. Noch immer findet man an den Häusern *Bibelsprüche* in deutscher Sprache. Nach der Machtergreifung Hitlers in Deutschland traten viele Templer in die NSDAP ein. Die Briten

Symbolische Architektur: Im Schrein des Buches werden die berühmten Schriftrollen von Qumran aufbewahrt und gezeigt. Er ist dank seiner weißen Kuppel und dem schwarzen Vorbau zumindest optisch der Mittelpunkt des Israel-Museums

– in ihrer Eigenschaft als Mandatsmacht in Palästina – internierten die Deutschen nach Ausbruch des Zweiten Weltkrieges und brachten sie schließlich nach Australien. Nach dem Krieg ging der Besitz der Templer im Zuge der ›Wiedergutmachung‹ an den Israelischen Staat. In den letzten Jahren wurde Emek Refa'im, das Tal der Geister, wie die ehem. Deutsche Kolonie auch genannt wird, zu einem lebendigen Viertel mit kleinen Buchläden, schicken Cafés und flippigen Bars. Hinter einem Tor mit der Nr. 39 befindet sich der Eingang zum Templerfriedhof.

Oberhalb des Yemin-Moshe-Viertels und gegenüber dem Zionsberg liegt eine weithin sichtbare **Windmühle** 🄍. Der englische Philantrop Sir Moses Montefiore hatte sie 1857 bauen lassen, um eine preiswertere Mehlversorgung im *Yemin-Moshe-Viertel* zu sichern. Ebenso ließ er 1855 in der Nähe das lang gezogene, flache Wohngebäude **Mishkenot Sha'ananim** 🄎 (Tel. 02/629 22 22, www.mishkenot.org.il) errichten, das Familien menschenwürdige Unterkünfte außerhalb der Stadtmauern bieten sollte. Seit 2001 beherbergt der Komplex das *Konrad Adenauer Conference Centre* (Tel. 02/629 22 20), in dem regelmäßig Kulturveranstaltungen stattfinden. Das Yemin-Moshe-Viertel ist heute ein beliebtes Wohngebiet für Künstler mit zum Teil sehr guten Restaurants [s. S. 68].

Südlich vom King David Hotel bezeichnet in der Rehov Abu ein großer, runder Stein den Eingang zum **Familiengrab**

Herodes' 🄏. Ein schmaler Durchgang führt zu vier, nach den Himmelsrichtungen ausgerichteten Grabkammern, welche alle mit behauenem Stein verkleidet sind. Die Anlage, die erst 1892 entdeckt wurde, hatten die Briten während des Zweiten Weltkrieges als *Luftschutzbunker* zweckentfremdet. Das Grab könnte übrigens für die Beerdigung von Herodes' Vater Antipater (43 v. Chr.) errichtet worden sein. Herodes hatte für sich selbst eine gewaltige Grabanlage auf dem *Berg Herodion* [Nr. 4] bei Bethlehem erbauen lassen.

Zwischen King George Street und Jaffa Street

Das 1869 von sieben (hebr. Shiva) Juden als dritte jüdische Siedlung außerhalb der Altstadtmauern angelegte Viertel **Nahalat Shiv'a**, das sich zwischen King George Street und Jaffa Street erstreckt, wurde vor einigen Jahren liebevoll restauriert. Zunächst war geplant, die Gebäude abzureißen. Glücklicherweise besann man sich eines Besseren, denn Nahalat Shiv'a mit seinen kleinen Häusern, zauberhaften Innenhöfen, Zisternen und Synagogen gedieh zu einem malerischen ›Dorf‹ in der Nähe des belebten Kikar HaZion und der viel befahrenen Rehov Yafo. Westlich vom Kikar HaZion verläuft die Fußgängerzone der **Rehov Ben Yehuda** 🄐 mit Cafés, Fast-Food-Restaurants und Souvenirgeschäften. Zwischen der Rehov Ben Yehuda und der Rehov Hillel befindet sich im ehemaligen

Jerusalem kann sich auch ganz unheilig geben: Shopping-Rummel in der Rehov Ben Yehuda. Wer glaubt, dass alles Weltliche aus der Stadt verbannt wurde, der irrt

Stadt in der Stadt: Mitte des 19. Jh. entstand für die vielen Pilger aus der Heimat hinter einer Mauer das Russische Viertel mit Kathedrale, Krankenhaus und Herbergen

Deutschen Hospiz (1886), etwas versteckt gelegen, eine der schönsten Synagogen Jerusalems: die **Italienische Synagoge** ⑧ (Tel. 02/624 16 10, www.jija.org, So, Di/ Mi 9–17, Mo 9–14, Do/Fr 9–13 Uhr). Sie war ursprünglich 1710 unter Verwendung älterer Elemente in Conegliano Veneto in der Nähe von Venedig errichtet worden war. 1952 baute man sie in der Heiligen Stadt *originalgetreu* wieder auf. Sie besitzt prunkvolle Leuchter, einen prächtig verzierten Thoraschrein sowie kunstvoll gearbeitete Bänke und ist Bestandteil des *Nahon Museums of Italian Jewish Art*.

Über die Rehov Yafo erreicht man das Museum und Café **Beit Ticho** ⑧ (Rehov HaRav Kook, Tel. 02/624 50 68, So/Mo, Mi/ Do 10–17, Di 10–22, Fr 10–14 Uhr). In dem malerischen Wohnhaus (1860) des Arztehepaars Abraham und Anna Ticho werden Ölgemälde und Zeichnungen von Anna Ticho (1894–1980) sowie kostbare Hanukka-Lampen ausgestellt.

Weiter östlich erstreckt sich das **Russische Viertel** ⑧ (Russian Compound). 1860 erwarben russische Pilger das große Gelände, auf dem sie *Unterkünfte*, eine *russisch-orthodoxe Kathedrale* sowie ein *Hospiz* errichteten. Hier liegt eine eingefriedete 12 m hohe *Säule*, die wohl für den Bau des herodianischen Tempels bestimmt und beim Transport zerbrochen war. Diese Säule heißt auch ›Finger Ogs‹, nach dem Ammoniterkönig Og, Herrscher von Bashan zur Zeit Moses.

ℹ️ Praktische Hinweise

Information

Staatliches Tourismusbüro, Jaffator, Jerusalem, Tel. 02/627 14 22, Fax 02/627 13 62, www.jerusalem.muni.il

Christliches Informationsbüro, Jaffator, Jerusalem, Tel. 02/627 26 92, Fax 02/628 64 17, www.cicts.org

Stadtbesichtigung

TOP TIPP **Bus 99**, Tel. 03/694 88 88 oder 050/842 24 72, www.egged.co.il. Kommentierte Rundfahrt (Bandaufnahme über Kopfhörer auch auf deutsch) im roten Hop-on-hop-off-Doppeldeckerbus zu vielen Sehenswürdigkeiten Jerusalems (26 Stationen). Abfahrt So–Do 9, 11, 13.30, 15.45, Fr 9, 11, 13.30 Uhr ab dem Zentralen Busbahnhof. Tickets im Bus oder an Hotelrezeptionen.

Auch lohnt sich eine Führung durch die Altstadt, das Jüdische Viertel und die westliche Neustadt.

Zion Walking Tours, im Jaffator, gegenüber dem Davidturm der Zitadelle, Jerusalem, Tel. 02/627 75 88, Fax 02/626 15 61, http://zionwt.dsites1.co.il

Spaziergang durch Jerusalem, Tel. 02/531 46 00 oder Municipal Hotline 106, http://tour.jerusalem.muni.il. Jeden Sa 10 Uhr, kostenlos, veranstaltet vom Tourismusbüro. Startpunkt am Eingang zum Russian Compound, Jaffa Street 26.

Palast für fünf – Hotel für viele: 1840 für einen Pascha und vier Frauen gebaut, ist das ›American Colony‹ heute eines der führenden Hotels der Stadt

Hotels

TOP TIPP *******American Colony**, Nablus Road, Derekh Shekhem, Jerusalem, Tel. 02/627 97 77, Fax 02/627 97 79, www.americancolony.com. Geradezu legendäres Traditionshotel mit tadellosem Service und luxuriösen Zimmern. Sehr beliebt bei in- und ausländischen Journalisten, Politikern, Geschäftsleuten.

TOP TIPP *******King David**, 23 Rehov Ha Melekh David, Jerusalem, Tel. 02/620 88 88, Fax 02/620 88 82, www.danhotels.com. Im Bau des Schweizer Architekten Emil Vogt nächtigen Könige und Scheichs, Präsidenten und Premiers. Ein ›Muss‹ ist das Terrassen-Restaurant.

***YMCA, 26 Rehov HaMelekh David, Jerusalem, Tel. 02/569 26 92, Fax 02/623 51 92, www.jerusalemymca.org. Trotz der stolzen Zimmerpreise zieht der 50 m hohe Turm in der Altstadt mehr Gäste an, als in dem Bau aus den 1930er-Jahren übernachten können. Vom Glockenturm aus herrlicher Blick über die Stadt und die Judäische Wüste.

***Mount Scopus, 10 Sheikh Jarrah St., Jerusalem, Tel. 02/582 88 91, Fax 02/582 88 25. Elegantes Familienhotel in architektonisch interessantem Viertel. Erstklassige Aussicht.

Little House in Bakah, 1 Yehuda St., Bakah, Jerusalem, Tel. 02/673 79 44, Fax 02/673 79 55, www.o-niv.com/bakah. Einfaches, günstiges B & B in einer renovierten Villa etwas südlich der Altstadt.

Restaurants

TOP TIPP **Arabesque**, Nablus Road (im Hotel American Colony), Derekh Shekhem, Jerusalem, Tel. 02/627 97 77. In diesem Sultanspalast mit herrlichem Innenhof trifft ›man‹ sich dezent zu (Geheim)-Verhandlungen. ›Sehen und gesehen werden‹ heißt es dagegen beim samstäglichen Schlemmerbuffet (Reservierung empfohlen).

Beit Maierdorf, Hebrew University Faculty Club, Mount Scopus, Jerusalem, Tel. 02/588 22 44. Universitätsgasthaus, von der Terrasse hat man einen herrlichen Blick auf Altstadt und Felsendom.

La Guta, 18 Rehov Rivlin, Jerusalem, Tel. 02/623 23 22. Französisch-orientalische Küche im Ausgehviertel Nahlat Shivah.

Pasha, 13 Rehov Shimon Hazadik, Jerusalem, Tel. 02/582 51 62. Freundliche Atmosphäre und feine orientalische Küche genießen die Gäste dieses Restaurants in der Nähe des Hotels American Colony.

Spaghettim, 35 Rehov Hillel, Jerusalem, Tel. 02/623 55 47. Gutes Essen und Anwärter auf den Titel sympathischsten Italienern der Stadt, vielleicht, aber sicher der sympathischste.

Bars und Cafés

TOP TIPP **Beit Ticho**, 7 Rehov HaRav Kook, Jerusalem, Tel. 02/624 50 68. Torten am Nachmittag und kleine Mahlzeiten am Abend. Wer nur auf einen Kaffee vorbeikommt, hat mehr Zeit für den schönen Garten und die hier ausgestellten Bilder der Anna Ticho.

Shanti, 4 Nahalt Shiva (im Innenhof), Jerusalem, Tel. 02/624 34 34. Beliebtes Bar-Restaurant mit orientalischen und französischen Spezialitäten.

Nachtleben

Vor Jahrzehnten undenkbar, heute gefeiert: In der Heiligen Stadt bieten Nachtcafés, Szenekneipen und Diskotheken willkommene Ablenkung vom Alltag. Die In-Treffs liegen in Nahlat Shiva (zwischen Kikar HaZion, Ben Yehuda und Jaffa Street), im Industrieviertel Talpiyot oder im Russian Compound.

Haoman 17, 17 Rehov Haoman (Talpiyot), Jerusalem, Tel. 02/678 16 58. Internationale DJs legen House, Trip-Hop und Acid Jazz auf, die Sushi-Bar sorgt für Stärkung.

Rey, 7 Rehov Koresh (Nahalt Shiva), Jerusalem, Tel. 02/622 27 20. Beliebter Nachtklub, freitags Funknight.

Rund um Jerusalem:
Burgen, Berge, Biblisches

Wer Jerusalem in nördlicher, östlicher oder südlicher Richtung verlässt, befindet sich fast immer in der **Westbank**, die seit 1967 von Israel besetzt ist und die nach einem erfolgreichen Friedensschluss mit den Palästinensern das Kernland des neuen Palästinenserstaates sein wird. Die Westbank mit den Tälern von Samaria im Norden und den Hügeln von Judäa im Süden bildet das geografische Zentrum des historischen *Palästina*, vor allem aber den Mittelpunkt der politischen Spannungen. Denn das Westjordanland, um das die drei Hauptreligionen und zwei Völker streiten, liegt im Herzen des Heiligen Landes. Nicht weit von Jerusalem befindet sich etwa das von den Christen verehrte **Bethlehem**, das von den Juden und Arabern gleichermaßen beansprucht wird. **Hebron** – die neue ›Hauptstadt‹ der Palästinenser – sowie viele **Wallfahrtsorte**, die einer oder allen drei Glaubensgemeinschaften heilig sind.

2 Bethlehem

Geburtsstadt von König David und Jesus im Westjordanland.

An der Hauptstraße 60, 12 km südl. von Jerusalem, im palästinensischen Autonomiegebiet

An heiligen Stätten wird jeder Quadratzentimeter eifersüchtig bewacht. So herrschen die Griechisch-Orthodoxen in Bethlehem, das in einer hügeligen, fruchtbaren Landschaft liegt, über den Großteil der festungsähnlichen Geburtskirche. Die Armenier besitzen hier lediglich eine kleine Seitenkapelle, und die Katholiken müssen sich mit einer Nische in der Geburtsgrotte begnügen.

Geschichte Im 14. Jh. v. Chr. wird Bethlehem, das ›Haus der (kanaanitischen Fruchtbarkeitsgöttin) Lahama‹, zum ersten Mal urkundlich erwähnt. In der *Bibel* erscheint Bethlehem erstmals im Zusammenhang mit Rahel, Jakobs Lieblingsfrau, die ›starb und auf dem Weg nach Efrat, d. h. Bethlehem, begraben wurde‹. Und weil König David gegen Ende des 11. Jh. v. Chr. in Bethlehem geboren und hier vom Propheten Samuel zum König gesalbt wurde, gilt die Stadt als **Stammsitz des Hauses David** und als Brennpunkt messianischer Hoffnungen. Als 326

n. Chr. auch in Palästina das Christentum Staatsreligion wurde, ließ Kaiser Konstantin (reg. 306–337) auf Bitten seiner Mutter Helena über der **Geburtshöhle Jesu** eine fünfschiffige Basilika errichten. Auf den Trümmern der nach einem Samaritaneraufstand schwer beschädigten konstantinischen Kirche ließ Kaiser Justinian zwischen 500 und 550 eine Basilika bauen, die in ihrer Form im Wesentlichen bis

Glocken, die an die Stätte der Geburt rufen: Im Mittelpunkt des Krippenplatzes von Bethlehem steht die berühmte Geburtskirche

heute unverändert ist. Zur Zeit der Kreuzfahrer wurde diese Geburtskirche gründlich restauriert und 1100 Balduin I. hier zum ersten König von Jerusalem gekrönt. Nach Auseinandersetzungen unter den Glaubensgemeinschaften setzten die Türken 1757 die Griechisch-Orthodoxen als Wächter über die Basilika und einen Teil der Grotte ein.

Seit 1995 untersteht die Stadt (30 000 Einw.) der palästinensischen Autonomiebehörde. Bethlehem leidet sehr unter der 2003–2005 erbauten ›Israelischen Sperranlage‹, einer bis zu 9 m hohen massiven Mauer, die unmittelbar im Norden der Stadt verläuft. Der früher rege Tourismus ist dadurch stark zurückgegangen.

Besichtigung Den Mittelpunkt des Ortes bildet der **Krippenplatz** (Manger Square), um den sich Cafés, Restaurants und Andenkenläden reihen. Die **Geburtskirche** (Church of Nativity, tgl. 6–18 Uhr) zeigt sich vom Vorplatz als festungsartiges Gebäude. In die *Vorhalle* führten ursprünglich drei Portale, die bis auf eine kleine Öffnung zugemauert wurden, um Räuber und berittene Soldaten am Betreten der Kirche zu hindern. Durch das nur 1,25 m hohe **Tor der Demut** [A] kommt man gebückt in den **Narthex** [B]. Die Tür in der Mitte dieser Vorhalle zeigt Reste armenischer *Holzschnitzerei* sowie zwei *Inschriften*. Im Inneren der Basilika gliedern vier Reihen mit je elf Säulen, deren korinthische Kapitelle ursprünglich vergoldet waren, den 54 m langen und 46 m breiten, rechteckigen Bau in ein Hauptschiff sowie zwei breite und zwei schmälere Seitenschiffe. Zwei Öffnungen im Mittelschiff erlauben einen Blick auf die Fragmente eines 16,4 m langen und 6,8 m breiten **Mosaikteppichs** [C], der aus konstantinischer Zeit stammt und ca. 60 cm unter dem justinianischen Kirchenboden liegt. Zum Chor hin sind noch zwei Mosaikquadrate erhalten, deren nördliches das griechische Wort für ›Fisch‹, ein Sinnbild für Christus, zeigt. Über einige Stufen gelangt man in die Vierung. Chor und Querhaus werden durch halbrunde Räume (Konchen) abgeschlossen. Im nördlichen Bereich findet man die armenischen **Altäre der Heiligen Drei Könige** [D] und der **Jungfrau Maria** [E]. Im südlichen Teil sieht man den **Altar der Beschneidung** [F], welcher ebenso wie der **Hauptaltar** [G] den Griechen gehört. Rechts und links des Chors führen Treppen in die von den Christen verehrte, 12,3 m lange und 3,15 m breite **Geburtsgrotte** [H] hinunter. Hier steht der Altar, unter dem ein *silberner Stern* den Ort der Geburt angibt: »Hic de virgine Maria Jesus Christus natus est.« (Hier wurde Jesus Christus von der Jungfrau Maria geboren). Der ursprüngliche Stern war 1847 geraubt und 1852 von Sultan Abdul-Medshid I. neu gestiftet worden. Die 32 silbernen *Votivlampen* über dem Stern sollen die Zweige der christlichen Kirche symbolisieren. Die mittelal-

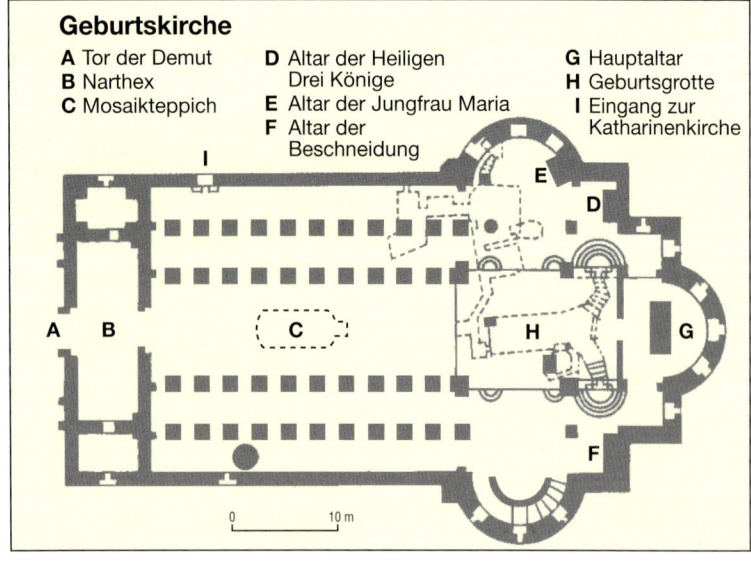

Geburtskirche

A Tor der Demut
B Narthex
C Mosaikteppich
D Altar der Heiligen Drei Könige
E Altar der Jungfrau Maria
F Altar der Beschneidung
G Hauptaltar
H Geburtsgrotte
I Eingang zur Katharinenkirche

0   10 m

Andächtige Stille: Viele Besucher strömen in das Innere der Geburtskirche, deren Raum durch wuchtige Säulen gegliedert wird

terliche Ausschmückung der Geburtsgrotte fiel 1860 einem Brand zum Opfer.
Über drei Stufen gelangt man in die *Krip-
pen-* oder *Magiergrotte*, in der die Hirten
einst das Jesuskind anbeteten.

Im nördlichen Seitenschiff liegt der
Eingang zur Katharinenkirche [I] (tgl.
5–12 und 14–16 Uhr) der Franziskaner, in
der am 24. Dezember die *Mitternachts-
messe* gelesen wird. Unter dem dreischiffigen Gotteshaus verläuft ein weit ver-
zweigtes Grottensystem. In einer der
Grotten hat der Kirchenvater Hieronymus
(um 348–420) seine berühmte *lateinische
Bibelübersetzung* (Vulgata) vollendet.

Vom Kikar Manger erreicht man über
die ›Milchgrottenstraße‹ eine kleine, mit
Perlmuttarbeiten verzierte Kapelle aus
dem Jahr 1872, die sich über der ›**Milchgrotte**‹ (tgl. 8–13 und 14–16.30 Uhr) erhebt.
Hier soll sich die Heilige Familie vor der
Flucht nach Ägypten versteckt haben und
ein Tropfen der Muttermilch Marias einen
Felsen weiß gefärbt haben.

Am nördlichen Ortsende von Bethlehem liegt links das weiß getünchte **Grab
der Rahel**, der von Juden, Christen und
Muslimen gleichermaßen verehrten Lieblingsfrau Jakobs. Mahmud Pasha ließ den
Bau 1623 überkuppeln und an den Seiten
hochmauern, 1841 veranlasste der englische Philanthrop Sir Moses Montefiore
die Renovierung und einen Anbau. Vom
narthexähnlichen Längsraum gelangt
man durch eine niedrige Pforte in den
überwölbten, viereckigen Raum mit dem
Kenotaph der Rahel.

i Praktische Hinweise

Information

Ministerium für Tourismus, Old Municipal Bldg., Al-Mahd-Square, Bethlehem,
Tel. 02/274 15 81, Fax 02/274 37 53,

Angesichts der angespannten politischen Lage sind die Telefonleitungen
oft gestört. Man sollte den Ausflug nach
Bethlehem von Jerusalem aus machen.

*Der Legende nach war die ›Milchgrotte‹
Station der Heiligen Familie auf ihrer Flucht*

Frauen müssen draußen bleiben: Im Sabaskloster beten Mönche seit mehr als 1500 Jahren. Weiblichen Besuchern ist nur ein Blick vom ›Frauenturm‹ (Bildmitte oben) gestattet

3 Mar Saba   Sabaskloster

Seit über 1500 Jahren beten und leben hier Mönche zum Lobe des Herrn.

18 km östl. von Bethlehem, im palästinensischen Autonomiegebiet

Fährt man zum traditionsreichen griechisch-orthodoxen Kloster des hl. Sabas, so sieht man schon von Weitem den ›Frauenturm‹. Weibliche Besucher müssen das Sabaskloster von diesem Turm aus besichtigen, da nur Männer im eigentlichen Klosterkomplex Zutritt haben. Früher diente der ›Frauenturm‹ den Mönchen als Aussichtspunkt, um nahende Räuberbanden frühzeitig auszumachen. Heute befindet sich das Kloster im palästinensischen Autonomiegebiet.

Geschichte   478 ließ sich der hl. Sabas (439–532) in einer winzigen Höhle im *Kidrontal* – gegenüber dem jetzigen Kloster – nieder. Mehrere Mönche gesellten sich zu ihm, und so wurde 492 das nach Sabas benannte Kloster gegründet. 614 zerstörten die Perser, 636 die Araber die Anlage; das Kloster blieb jedoch weiterhin bestehen. 712 zog sich Johannes von Damaskus hierher zurück und schrieb u. a. sein theologisches Hauptwerk ›Quelle der Erkenntnis‹. Alten Chroniken zufolge sollen übrigens in den Höhlen rund um das Kloster zeitweise mehr als 5000 Mönche (!) gelebt haben. Heute ist es lediglich noch knapp ein Dutzend.

Besichtigung   In der *Empfangshalle* beginnt die Führung. Über eine Treppe hinter dem Eingangstor gelangt man zu einem Platz, in dessen Mitte die kleine *Kreuzkuppelkirche* mit dem **Grabmal des hl. Sabas** steht, welches im 17. Jh. restauriert wurde. 700 Jahre nach seinem Tod nahmen die Kreuzfahrer die sterblichen Überreste Sabas' nach Venedig mit. Von dort wurden sie 1964 in einer feierlichen Prozession nach Mar Saba zurückgebracht. In der labyrinthischen Klosteranlage sollte man außerdem das mit Heiligenbildern geschmückte **Refektorium** besichtigen, ebenso die an die Höhle des hl. Sabas angebaute **Kapelle** (tgl. 8–16 Uhr), welche mit Ikonen und Fresken verziert ist. Hier werden in Wandschränken die *Schädel* jener Mönche aufbewahrt, die im Jahr 614 von den Persern getötet worden waren.

4 Herodion

Einst Palast, heute Nationalpark.

Östl. der Straße 356, ca. 16 km südl. von Jerusalem, im palästinensischen Autonomiegebiet

Auf dem **Jebel el-Faradis** (Berg des Paradieses) am Rand der Judäischen Wüste befindet sich die weithin sichtbare Burg Herodion, von der schon im Mittelalter zahlreiche Pilger staunend berichtet haben. Diese Bergfeste gilt neben den Bauten in Caesarea, Masada, dem Tempel von Jerusalem und der Kolonnadenstraße im syrischen Antiochia als eines der großartigsten Bauwerke *König Herodes'*. Archäologen und Historiker sind sich einig, dass die um 20 v. Chr. errichtete Burg zumindest vier Funktionen erfüllen sollte: Erinnerungsbau, Palast, Feste und Grablege. Eine spektakuläre Entdeckung machten Archäologen im Frühjahr 2007, als sie in der Ostflanke des Herodion Hügels die Fundamente eines Mausoleums sowie die Bruchstücke eines mit Rosetten verzierten, steinernen Sarkophags ausgruben. Dabei handelt es sich mit größter Wahrscheinlichkeit um das legendäre *Grab des Herodes*.

Ein breiter Fußweg führt zum **königlichen Palast** (So–Do 9–17, Fr 9–13 Uhr), den eine doppelte konzentrische Ringmauer mit vier halbrund vorspringenden Wehrtürmen schützt. Nach den neuen Ausgrabungen am Fuße des Berges sind die Ruinen der *Festung*, ein überkuppeltes *Badehaus*, die steinernen Bänke einer *antiken Synagoge* sowie die Ruinen einer *byzantinischen Kapelle* aus dem 5./6. Jh. zu besichtigen. Einst sollen hier weitere prachtvolle Bauten gestanden haben, ebenso gab es einen künstlich angelegten *Teich*. Von der Burg hat man einen *großartigen Panoramablick* auf die Judäische Wüste und das Tote Meer im Süden und Osten, auf Jerusalem im Norden und auf Bethlehem im Nordwesten.

Seit 1973 wird am Herodion die sog. **Unterstadt** ausgegraben. Dabei fand sich ein *Palast* und ein *Wasserbecken* mit Teilen eines Rundbaus in seiner Mitte.

5 Hebron Hevron/El-Khalil

Religiöses Zentrum des Islam im südlichen Westjordanland.

An der Straße 60, 31 km südl. von Jerusalem, im palästinensischen Autonomiegebiet

Juden leben hier seit dem Tag, an dem der Erzvater Abraham in diese Stadt zog. Und immer gefährlich. Aber seit militante Siedler im jüdischen Stadtteil *Kiryat Arba* ihr ›Land der Verheißung‹ einklagen, kommt die Stadt aus den traurigen Schlagzeilen nicht mehr heraus. Das jüdische Leben von einst endete im August 1929, als fanatische Araber 67 Menschen umbrachten und fast 300 Einwohner Hebrons schwer verwundeten. Im Februar 1994 beging dann ein ultraorthodoxer jüdischer Arzt ein Massaker, bei dem zahlreiche Araber ums Leben kamen.

Leider sind auch heute gewalttätige Auseinandersetzungen an der Tagesordnung, deshalb sollte man sich vor einer Fahrt nach Hebron (130 000 Einw.) bei der Touristeninformation in Jerusalem [s. S. 67] nach der aktuellen Lage erkundigen.

Geschichte Nach jüdischer Überlieferung gilt Hebron (hebr. Hevron = ›Bündnisort‹) als eine der ältesten Städte der Welt. Hier kaufte Abraham für sich und seine Frau Sara eine Grabstätte, hier wur-

Gruß aus der Antike: Das von Juden, Christen und Muslimen verehrte Heiligtum el-Khalil in Hebron mit der Grabstätte der Erzväter liegt hinter hohen Umfassungsmauern

Einstimmung auf das Heilige: Durch die dreischiffige Jawuliya-Moschee aus mamelukkischer Zeit gelangt man in das Innere des Haram el-Khalil in Hebron

den Isaak und Rebekka, Jakob und Lea begraben. Und hier sollen Adam und Eva nach der Vertreibung aus dem Paradies Rast gemacht haben. Weil der Kirchenvater Hieronymus die Stadt Hebron – in Anlehnung an biblische Berichte und Traditionen – ›Stadt der vier Männer‹ (gemeint sind Adam, Abraham, Isaak, und Jakob) nannte, heißt Hebron auch *Kiryat Arba* (Stadt der Vier).

Ab 1948 war der Ort mit dem übrigen Westjordanland von Jordanien militärisch besetzt. Nach dem ›Sechs-Tage-Krieg‹ 1967 und der Besetzung des Westjordanlands durch Israel erhielten die Juden erstmals wieder Zutritt zum Heiligtum von Makhpela.

Besichtigung In der Stadtmitte erhebt sich über der *Höhle Makhpela* das von Juden, Christen und Muslimen gleichermaßen verehrte **Haram el-Khalil** (So–Do 7.30–11.30, 13–14.30 und 15.30–17 Uhr, Sa nur nachmittags), was ›Heiligtum des Freundes‹ bedeutet. Üblicherweise ist ›Freund‹ die Bezeichnung für Abraham. Der Haram el-Khalil besteht aus einem 34 x 59 m großen, rechteckigen Bezirk, der mit einer bis zu 29 m hohen, fensterlosen Umfassungsmauer aus herodianischer Zeit umgeben ist.

Zu Recht zählt das Gebäude zu den vollkommensten Bauwerken aus der An-

tike, die in Palästina erhalten geblieben sind. Die bis zu 2,7 m dicken, behauenen Quader (Bosse) stammen arabischer Überlieferung nach aus dem Salomonischen Tempel in Jerusalem. Der festungsartige Bau aus herodianischer, fränkischer und islamischer Zeit steht über einer Höhle und integriert eine ehem. Kirche, eine Moschee und eine Synagoge. Über der Höhle von Makhpela (hebr. Me'arat HaMakhpela), die Abraham zu seinem Familiengrab bestimmt hatte, ließ Kaiser Justinian in byzantinischer Zeit eine *Kirche* errichten. Die Muslime verwandelten diese später in eine *Moschee*, die sie nach dem auch von ihnen verehrten Stammvater Abraham (arab. Ibrahim) benannten. Aus der Moschee wurde unter den Franken die *Kreuzfahrerfeste* ›Castellum ad Sanctum Abraham‹. Die Kreuzfahrer drangen 1119 auch in die Höhle darunter ein, in der sie angeblich die Skelette der Patriarchen fanden. Zur Zeit der Mamelukkenherrschaft war übrigens Juden und Christen das Betreten des wieder zur Moschee gewordenen Heiligtums untersagt. Vermutlich Anfang des 16. Jh. erkauften sich die Juden aber das Recht, fünf bzw. sieben Stufen an der Nordwesttreppe hinauf gehen zu dürfen. Von dort aus konnten dann durch ein Loch in der Umfassungsmauer *Bittschriften* in die Höhle geworfen werden.

Der Eingang in das Bauwerk befindet sich heute im Westen. Über eine Treppe gelangt man zunächst in die *Jawuliya-Moschee* aus mamelukkischer Zeit. Sie liegt noch außerhalb der herodianischen Mauer. Von dort kommt man in den eigentlichen ›heiligen Bezirk‹. Im überdachten Vorhof der *Ibrahim-Moschee* stehen die Kenotaphe Abrahams und Saras, im nächsten Raum kann man die Grabmäler Isaaks und Rebekkas besichtigen. Die prächtige geschnitzte Kanzel aus Zedernholz rechts von der Gebetsnische zählt zu den seltenen Beispielen ayyubidischer Holzschnitzkunst (12. Jh.). Einer Inschrift zufolge soll sie im Jahr 1091 für die Husain-Moschee in Ashqelon geschaffen worden sein. Rechts vom Minbar führt eine Öffnung an der Südostwand zur eigentlichen *Höhle* hinunter.

Weitere Sehenswürdigkeit in Hebron ist ein kleines **Archäologisches Museum** (Rehov HaMelekh Abdalla; So–Do 8–14 Uhr). Am Stadtrand von Hebron steht die alte, annähernd versteinerte ›**Abrahams-eiche**‹ (hebr. Eshel Avraham). An dieser Stelle sollen drei Engel Abraham über die bevorstehende Geburt seines Sohnes Isaak unterrichtet haben.

Ausflug

Wenige Kilometer südlich von Hebron (ab *Es Samun* Feldweg in östliche Richtung) liegt die byzantinische Ruinenstadt **Hurbat Suseya**. Besucher können durch die Gassen der vollständig erhaltenen Siedlung schlendern und in *Höhlenwohnungen* Handwerkern beim Töpfern, und Weben zuschauen. Die ab 1969 ausgegrabene und restaurierte *Synagoge* aus dem 5. Jh. besitzt sehenswerte Mosaiken.

6 Abu Gosh

Straßenräuber und sakrale Schätze.

An der Hauptstraße 1, 13 km westl. von Jerusalem

Das arabische Dorf Abu Gosh liegt an der Stelle des biblischen *Kiryat Yearim*, dessen moderner Name auf den um 1770 aus dem Hedschas eingewanderten Beduinenscheich Abu Gosh zurückgeht. Dieser *gefürchtete Wegelagerer* hatte es besonders auf die Pilger abgesehen, die auf dem Weg in die Heilige Stadt waren.

Wegen seiner **Quelle** war der Ort vermutlich schon vor der Ankunft der Beduinen besiedelt. In römischer Zeit gab es

hier ein *Wasserreservoir*, das die Christen später mit dem Ort gleichsetzten, wo Jesus und die Emmausjünger nach der Auferstehung das gemeinsame Mahl eingenommen haben sollen.

Hier errichteten die Kreuzfahrer eine dreischiffige **Kirche** (Crusaders Church), die neben der St.-Anna-Kirche in Jerusalem [s. S. 26] zu den besterhaltenen Kreuzfahrerkirchen im Heiligen Land zählt. Die mustergültig restaurierte Basilika im romanischen Stil stellt ein hervorragendes Beispiel für die monumentale Sakralarchitektur der Kreuzfahrer im 12. Jh. dar. Mit ihren bis zu 4 m dicken Außenmauern aus antiken Quadern hat das Gotteshaus Festungscharakter. Ein Stein links neben dem *Kirchenportal* trägt die Inschrift »Vexillatio Leg(ionis) X. Fre(tensis)«. Das erinnert daran, dass die Kirche auf dem Gelände eines einstigen römischen Kastells errichtet wurde, in dem die X. Legion Fretensis stationiert war. Im *Hauptschiff* ist besonders der romanische Skulpturenschmuck sehenswert, der der armenischen Jakobuskirche [s. S. 43] sowie der Grabeskirche in Jerusalem [s. S. 47] nachempfunden ist. Die byzantinischen Fresken, die mit griechischen und lateinischen Inschriften versehen waren, sind fast alle zerstört.

Die für den Ort so wichtige Quelle (Mo–Mi und Fr/Sa 8.30–11 und 14.30–17.30 Uhr) entspringt übrigens in der *Krypta* der Kreuzfahrerkirche.

7 St.-Georg-Kloster

Kloster in wildromantischer Felsenlandschaft.

Abseits der Straße 90, ca. 20 km nordöstl. von Jerusalem, im palästinensischen Autonomiegebiet

Ein Schild an der Hauptstraße von Jerusalem nach Jericho weist den Weg zum Kloster des hl. Georg (Sommer tgl. 8–12 und 15–17, Sa 9–12 Uhr), das wie ein Schwalbennest am nördlichen Felshang des *Wadi Kilt* zu kleben scheint.

In frühchristlicher Zeit ließen sich in den Höhlen der Kilt-Schlucht erste Einsiedler nieder. Die eigentliche Gründung des Klosters aber erfolgte erst 480 n. Chr. durch den ägyptischen Priester *Johannes von Theben*. Zum Kloster gehörten damals mehrere große Kirchen, Zellen und Höhlen für mehr als 300 Mönche. 614 wurde die Anlage von den Persern zerstört und erst Ende des 19. Jh. wieder aufgebaut. Seit dieser Zeit leben wieder Mönche im Kloster, und in den letzten Jahren sind erneut Eremiten in die Höhlen rund um das Kloster eingezogen.

Über einen steinigen Fahrweg (Fußmarsch ca. 1$^1/_2$ Std.) gelangt man zu diesem malerisch gelegenen griechisch-orthodoxen Wüstenkloster. Eine lange Treppe führt zum Eingang, an dem man von den Mönchen freundlich empfangen wird. Sie zeigen dem Besucher die schmale, der Jungfrau Maria geweihte **Hauptkirche**, die zahlreiche *Gemälde* mit biblischen Szenen sowie großartige *Ikonen* und *Votivgeschenke* besitzt. Der *Mosaikfußboden* zeigt einen schwarz-weißen doppelköpfigen byzantinischen Adler. Von hier führt ein Korridor in die viereckige **Kuppelkirche** des *hl. Johannes von Theben* und des *hl. Georg von Koziba*. Das Grab des hl. Georg befindet sich in der Kapelle, sein Schädel ruht unter Glas in einem gepolsterten Kasten. Ein langer *Reliquienschrein* enthält die Schädel jener Mönche, die von den Persern ermordet wurden. Nach einer alten Überlieferung hat in der **Grotte** über der Kirche 3$^1/_2$ Jahre lang der Prophet Elias gelebt und soll dort von Raben ernährt worden sein. Außerhalb der Klostermauern befindet sich eine weitere Grotte, in der mehr als 3000 aufgestellte Schädel und verstreute Knochenhaufen an die verstorbenen Mönche des Klosters erinnern.

8 Jericho   Yeriho/El-Riha

Im Garten der Früchte: Die älteste und tiefstgelegene Stadt der Welt.

An der Hauptstraße 90, 36 km nordöstl. von Jerusalem, im palästinensischen Autonomiegebiet

Obwohl Jericho mit ca. 25 000 Einwohnern eine eher kleine Stadt ist, so stellt es sich doch in vielerlei Hinsicht als Ort der Superlative dar. Die wasserreichste *Großoase Vorderasiens* ist nicht nur die Welt älteste, sondern auch tiefstgelegene (250 m unter d. M.) Stadt der Erde. Aufgrund des milden Klimas und wegen der vielen Quellen gedeihen in der Umgebung von Jericho Orangen, Bananen und Datteln. Auf dem Besichtigungsprogramm stehen das biblische Jericho, die Ausgrabungsstätte des 10 000 Jahre alten Tell es-Sultan, die aus hellenistisch-römischer Zeit stammende Siedlung mit

dem Palast des Herodes und der sog. Hisham-Palast aus arabischer Zeit.

Geschichte Zwischen der wasserreichen Elisa-Quelle (arab. Ain es-Sultan) und der modernen Stadt Jericho errichteten im 9. Jtd. v. Chr. Nomaden auf dem 307 x 160 m großen Tell es-Sultan die älteste bekannte stadtähnliche Siedlung. Im 8. Jtd. v. Chr. hatte Jericho bereits den Charakter einer befestigten Stadt mit Wallgraben, mächtigen Mauern und Türmen. Die berühmte Hyksosmauer (18.–16. Jh. v. Chr.) stürzte angeblich durch Posaunenschall und Feldgeschrei ein, als die Israeliten im 13. Jh. v. Chr. die Stadt eroberten. Das hellenistisch-römische Jericho wurde während der jüdischen Aufstände (66–70 n. Chr.) von Vespasian zerstört; Kaiser Hadrian baute die Stadt 135 n. Chr. wieder auf. In dieser Zeit entstanden in und um Jericho zahlreiche Männer- und Frauenklöster für Mönche und Pilger sowie Höhlen und Lauren für die vielen Einsiedler. Nach der Zerstörung der Stadt im Jahre 634 durch die Araber errichteten die Omayyaden einige prächtige Bauten. Als die Kreuzfahrer 1099 die Stadt eroberten und die *Taufstelle Jesu* am Jordan bei el-Maghtas unzählige Pilger anzog, setzte ein kurzer wirtschaftlicher Aufschwung ein. Doch 1187 zerstörte Saladin die Stadt, die auch unter den Mamelukken und Türken unbedeutend blieb. Seit dem Gaza-Jericho-Abkommen 2005 [s. S. 17] hofft die Region auf bessere wirtschaftliche Chancen.

Besichtigung Auf dem 25 m hohen Ausgrabungshügel **Tell es-Sultan** (der gut ausgeschilderte archäologische Parcours ist im Sommer tgl. 8–18, im Winter tgl. 8–17 Uhr zu besichtigen) am nordwestlichen Rand der Stadt wurden seit dem Beginn des 20. Jh. Erd- und Steinschichten von insgesamt 23 übereinander liegenden Städten freigelegt. Da fast alle Funde heute im Rockefeller Museum in Jerusalem [s. S. 27] zu bewundern sind, sieht man nur noch Reste der *neolithischen Stadt* (um 7000 v. Chr.), etwa den 8,25 m hohen *Befestigungsturm* aus massiven Bruchsteinen. Der Durchmesser des ältesten bekannten Turms der Welt beträgt 8 bis 10 m, im Inneren führte eine Treppe auf das Dach hinauf. Im Norden des Tell sind in einem großen Graben die eindrucksvollen Reste der 6 m hohen, geböschten *bronzezeitlichen Hyksosmauer* aus gestampfter Erde zu sehen.

In unmittelbarer Nähe des Ausgrabungshügels, und noch vor der Abfahrt zum Hisham-Palast, liegen unter einem 1936 erbauten Haus die Reste einer 10 x 13 m großen, dreischiffigen **Synagoge** aus dem 6./7. Jh. In ihrem Mittelschiff sieht man ein dreiteiliges *Mosaik*, das u. a. einen Thoraschrein und eine Menora zeigt. Außerdem liest man: »Shalom al Yisrael – Friede für Israel.«

Seit jeher hatten reiche Jerusalemer den Winter in Jericho verbracht, wo sie sich prächtige Paläste errichteten. Auch der baubegeisterte *Herodes der Große* fühlte sich von dem milden Klima angezogen und ließ sich auf dem heutigen Tulul Abu el-Alayik (›Hügel des Vaters der Blutegel‹), 2,5 km westlich von Jericho, beim Ausfluss des *Wadi Kilt* einen prächtigen **Winterpalast** errichten. Mehrere Gebäude, Bassins und Gärten wurden hier angelegt, das Wasser dafür ließ Herodes eigens über ein Aquädukt aus dem Tal herankommen.

Auch der 10. Herrscher der Omayyaden, der Kalif Hisham Ibn Abd el-Malik, ließ sich im 8. Jh. hier ein fantastisches Jagdschloss errichten. Nur 2 km nordwestlich des Tell es-Sultan liegen die Ruinen des sehenswerten **Hisham-Palastes** (arab. Khirbet al-Mafjar, im Sommer tgl. 8–17, im Winter tgl. 8–16 Uhr). Noch vor der Fertigstellung wurde das Bauwerk durch ein Erdbeben 746 zerstört. Den Palast, der zwischen 1935 und 1948 in einer spektakulären Kampagne ausgegraben wurde, betritt man über einen mit Archi-

Fenster ohne Aufgabe: Nur noch Ruinen geben einen Eindruck davon, wie der Hisham-Palast (8. Jh.) in Jericho einmal ausgesehen hat

tekturfragmenten geschmückten Vorhof. Von hier aus führt ein Tor in den quadratischen Innenhof des ehemaligen Palastes. Über einige Stufen erreicht man die luxuriöse unterirdische *Badeanlage* im Westflügel. Im Nordwesteck schließt sich ein kleiner Raum an, vermutlich ein *Ruhe-* oder *Empfangsraum* des Kalifen. Hier sind feine Stuckornamente sowie ein hervorragend erhaltenes farbiges Mosaik zu bewundern, das neben einem Baum mit Früchten drei Gazellen und einen Löwen zeigt. Viele Funde aus dem Hisham-Palast befinden sich heute im Rockefeller-Museum in Jerusalem.

Dem Rahmen angemessen: Großartige Mosaike lassen noch heute erahnen, wie prachtvoll das Jagdschloss des Hisham ausgestattet war

Vom Toten Meer zum Roten Meer: die Wüste lebt

Nur 30 km östlich von Jerusalem befindet sich das Tote Meer. Baden ohne unterzugehen: Das **Tote Meer**, der mit 410 m unter dem Meeresspiegel tiefstgelegene Binnensee der Erde, hat dank seines hohen Salzgehalts von durchschnittlich 28 % diese ›tragende‹ Eigenschaft. Das einzigartige Schwimmerlebnis kann man in den Strandbädern von Enot Zukim bei Qumran, En Gedi, Neve Zohar und En Boqeq genießen. Am südwestlichen Ufer des Toten Meeres beginnt die Judäische Wüste, die weiter südlich in den Negev übergeht. Dieser reicht bis an die Ufer des Roten Meeres.

Die **Wüste Negev**, ›die Trockene‹, nimmt 60 % des israelischen Gebietes ein, hier leben jedoch nur 10 % der Bevölkerung. Im Norden und Westen als staubige Ebene ausgebildet, zeigt der Negev im Süden mit verblüffenden Felsformationen, schroffen Gebirgen und mondähnlichen Erosionskratern, wie dem *Makhtesh Gadol* und *Makhtesh Ramon*, ein abwechslungsreicheres Gesicht. Wenn es im Winter und Frühjahr zu Regenfällen kommt, verwandeln sich die **Wadis**, die ausgetrockneten Flussbetten, in Sturzbäche – und bald darauf erblüht die Wüste. Riesigen Farbteppichen gleich überzieht die Wüstenvegetation dann Hügel und Täler. Seit 1990 wird an der Verwirklichung des Traumes von *David Ben Gurion* gearbeitet, der die Zukunft Israels in der Wüste sah: Über 25 000 ›Olim Hadashim‹ (Neueinwanderer) sind inzwischen angesiedelt worden, vor allem russische und georgische Juden. Mittlerweile leben im Negev etwa 600 000 Menschen. Zur Bereicherung ihrer Umwelt wurden zwei große Waldparks angelegt. Westlich von *Ofaqim* liegt ein grünes Paradies mit Tamarisken, Dattelpalmen und Pfefferbäumen. Und nahe der ägyptischen Grenze erstreckt sich der ›Friedenswald‹ von *Besor,* ein 180 ha großes Erholungsgebiet.

9 Qumran

Wohnstatt der jüdischen Gemeinschaft der Essener oder geheimer Tresor für geistige Schätze?

Westl. der Straße 90, am Nordwestufer des Toten Meeres, im palästinensischen Autonomiegebiet

Im Frühsommer 1947 machte ein beduinischer Hirte bei der Suche nach seiner Ziege eine der spektakulärsten archäologischen Entdeckungen dieses Jahrhunderts. In einer Höhle nördlich des Wadi Qumran fand er Tonkrüge mit **Schriftrollen** aus Ziegen- und Schafshäuten bzw. Papyrus. Bei diesen und weiteren in den folgenden Jahren entdeckten Handschriften handelt es sich um die ältesten

erhaltenen *Bibel-Manuskripte.* Sie stammen aus der Zeit vom 1. Jh. v. Chr. bis 1. Jh. n. Chr. und umfassen (bis auf das Buch Esther) alle Teile des Alten Testaments. Die berühmteste Handschrift ist die Rolle mit dem vollständigen Text des *Buches Jesaja.* Insgesamt handelt es sich um 900 Rollen, von denen längst nicht alle entziffert sind. Im *Schrein des Buches* im Jerusalemer Israel-Museum [s. S. 64] sind diese kostbaren Dokumente untergebracht und teils zu sehen.

Nach der Auffindung der Schriftrollen im 20. Jh. begann man vor Ort eine Siedlung auszugraben, die man lange für ein **Dorf der Essener**, zumindest aber für ein **Kloster von Wüstenmönchen** hielt. Neuere Grabungsberichte gehen jedoch davon aus, dass es sich hier um einen

Gutshof handelte, in dem ca. 100 Töpfer, Parfümhersteller und Dattelbauern gelebt haben sollen, darunter auch Frauen und Kinder. Die Anlage bestand seit dem 2. Jh. v. Chr. und wurde 68 n. Chr. von römischen Truppen zerstört. Nach der Besetzung Israels durch die Römer im Jahr 70 n. Chr. verbrachten Priester und Sektierer zahllose Schriftrollen aus den Synagogen und Bibliotheken Jerusalems und der Umgebung in den unwegsamen Wüstenort. So fand man dort z. B. vom 5. Buch Mose nicht weniger als 27 Abschriften und von den Psalmen sogar 36.

Neben dem Ausgrabungsgelände steht ein *Besucherzentrum* (Fax 02/994 22 35, www.parks.org.il, April–Sept. Sa–Do 8–17, Fr 8–16 Uhr, Okt.–März Sa–Do 8–16, Fr 8–15 Uhr). In Richtung Osten trifft man auf einen Friedhof mit mehr als 1000 Gräbern. Ein steiler Fußweg führt von der alten Siedlung zu den von **Höhlen** geradezu durchlöcherten Felsen, die jahrhundertelang Aufbewahrungsort der Schriftrollen vom Toten Meer waren.

Schatztruhe: In den Höhlen der Essener nördlich des Wadi Qumram fand man die berühmten Bibel-Manuskripte (1. Jh. v. Chr. bis 1. Jh. n. Chr.)

10 En Gedi

Die Oase mit ihrer üppigen tropischen Vegetation liegt am Rand der Judäischen Wüste – ein Paradies mit Kibbuz und Moorbädern.

An der Straße 90, am Westufer des Toten Meeres

Im Hohenlied heißt es: ›Mein Geliebter ist mir wie eine Cypertraube in den Weinbergen von En Gedi.‹

Auch wenn heute die ›Cypertraube‹ (Hennastrauch) aus En Gedi verschwunden ist – der **Naturpark** (Tel. 07/658 42 85, www.parks.org.il, April–Sept. Sa–Do 8–17, Fr 8–16 Uhr, Okt.–März Sa–Do 8–16, Fr 8–15 Uhr) dieser Oase, die *Ein Gedi Nature Reserve* am Westufer des Toten Meeres, ist noch immer ein Abenteuer für das Auge und eine willkommene Erholung für das Gemüt. Hier ist alles im Überfluss vorhanden: eine üppige Natur mit romantischen Quellen, Wasserbecken, die zum Baden einladen, ein 185 m hoher Wasserfall, Höhlen, große Christusdornbäume, Urwälder von Riesenschilf, das die Felshänge emporklettert, und überall Weiden. Mit etwas Glück macht man auf den Wanderungen sogar Bekanntschaft mit Leoparden und Wüstensteinböcken oder der arabischen Nachtigall.

Der schon in der Bibel erwähnte Ort **En Gedi** (›Quelle des Böckleins‹) war von

Welt der Wüstenklöster

Der Hölle gleich ist die öde und ungastliche Wüste unter sengender Sonne und gnadenlos blauem Himmel: Eine Gegend geschaffen für Halluzinationen, Fantasmagorien und religiöse Fieberträume. In diese Wüste haben sich seit Jahrhunderten Menschen zurückgezogen, um im Lande Jesu, fern der materialistischen Welt, ein kontemplatives Leben zu führen. Der ›Weg in die Wüste‹, der bald zu einer Massenbewegung wurde, geht auf den aus Kleinasien stammenden Mönch **Chariton von Palästina** († um 350) zurück. Dieser ›Lehrer der Wüste‹ gründete drei Mönchskolonien, deren Lage sich verblüffend ähnelt: karstige Höhlen in der Nähe ganzjährig fließender Quellen. Von den 140 klösterlichen Gemeinschaften haben sich im Gebiet zwischen Jerusalem, Jericho und dem Toten Meer bis heute einige Wüstenklöster erhalten, die einen Eindruck von der Lebensweise der frühesten Mönche vermitteln. Einige dieser Klöster sind von Jerusalem und Jericho zu erreichen und auf Besucher eingestellt: **Mar Saba** [s. S. 72], das **St.-Georg-Kloster** [s. S. 75], **Deir el-Qarantal** (4 km nordwestl. von Jericho) und **Deir Hajla** (südöstl. von Jericho). In der Nähe dieser Klöster lebten noch bis in die siebziger Jahre des 20. Jh. einige Mönche in nur durch Leitern zugänglichen Höhlen.

prähistorischer Zeit bis zum Aufstand Bar Kokhbas besiedelt und galt seit den Tagen König Sauls als die schönste Oase am Toten Meer. Hier wurde der Balsambaum angepflanzt, den die Königin von Saba als Setzling zusammen mit anderen Geschenken dem König Salomon übersandte. Das *Balsamharz* wurde für die Einbalsamierungen und den Totenkult gebraucht und war als Zutat zum heiligen Öl, als Heilmittel bei der Behandlung von Wunden und als Gegengift bei Schlangenbissen begehrt. Außerdem war es für die Herstellung von Parfüm unentbehrlich.

Am Zusammenfluss des Nahal David und des Nahal Arugot liegt seit 1953 der besonders bei Touristen beliebte **Kibbuz En Gedi**, dem ein Institut für die Erforschung der Tier- und Pflanzenwelt angeschlossen ist. Nördlich von hier, auf dem **Tell Goren**, erstreckte sich im 7. Jh. v.– 5. Jh. n. Chr. die Siedlung von En Gedi. Die nahe gelegene *Synagoge* ist wegen ihrer Mosaikböden sehenswert. Weitere Ausgrabungen in der Oase brachten einen *Tempel* des 4. Jtd., ein *römisches Kastell* und eine *israelitische Festung* zum Vorschein.

Wer den hinsichtlich Geologie, Fauna und Flora beeindruckenden Naturpark erwandern möchte, erhält in der *En Gedi SPNI Field School* (mit Übernachtungs-

Am Westufer des Toten Meeres trifft man im Naturpark En Gedi mit etwas Glück sogar auf Leoparden und Wüstensteinböcke

möglichkeit, Tel. 08/658 43 50, www.aspni. org, So–Fr 8–16.30 Uhr) Informationen und Kartenmaterial.

 TOP TIPP Unterhalb der Oase lockt das **Tote Meer** mit einzigartigen Schwimmerlebnissen und Schlammbädern. Seinen Beinamen ›tot‹ trägt das Meer zu Recht, da weder Pflanzen noch Tiere in dem äußerst mineralienhaltigen Wasser überleben können. Wasser, Schlamm und Wüstenklima helfen jedoch besonders bei Hautkrankheiten, so dass sich in En Gedi, aber auch in En Boqeq (Ein Bokek) zahlreiche Kurkliniken befinden.

Über 920 km^2 erstreckt sich die Wasserfläche des Sees, der vom Jordan gespeist wird, jedoch keinen Abfluss hat. Die hohe Verdunstung – bei Temperaturen bis zu 45°C beträgt sie bis zu 25 mm pro Tag – lässt den Wasserspiegel immer weiter sinken. Es ist geplant, mit Hilfe eines Kanals vom Mittelmeer das Austrocknen des Salzmeeres (hebr. Yam HaMelah) zu verhindern.

ℹ️ Praktische Hinweise

Information

Touristeninformation am Toten Meer, En Boqeq (Ein Bokek), Tel. 08/997 50 10, www.deadsea.co.il

Hotel

TOP TIPP **Kibbuz Guesthouse En Gedi**, En Gedi, Tel. 08/659 42 30, Fax 08/658 42 31, www.ein-gedi.co.il. Auf einem Felsen über dem Toten Meer gelegen. In der Nähe befindet sich *En Gedi Spa*, eine moderne Kuranlage am Meer mit heißen Schwefelquellen und schwarzem Heilschlamm.

11 Masada

TOP TIPP *Die ›uneinnehmbare‹ Festung des Herodes war im Jahr 73 n. Chr. letztes Bollwerk des jüdischen Aufstands gegen die Römer.*
An der Straße 19

Unübersehbar erhebt sich der 410 m hohe schiffsförmige Felsblock fast senkrecht über dem Toten Meer: Ein stolzer und trutziger Berg in einer öden Landschaft, in der die Zeit stehen geblieben zu sein scheint. Die sich selbst zur natürlichen Mauer aufrichtenden Flanken schützen ein Plateau von 600 m Länge und max. 320 m Breite.

Der Aufstieg sollte möglichst frühmorgens begonnen werden. Über den ›Schlangenpfad‹ brauchen trainierte Besucher mindestens 45 Min. Gutes Schuhwerk, Sonnenschutz und Getränke sind dabei unerlässlich. Im Westen führt eine Teerstraße von Arad aus zur *römischen Rampe*, die man nur zu Fuß ersteigen kann (15 Min.). Den Osteingang erschließt eine Seilbahn vom Toten Meer aus.

Geschichte »Masada wird nie wieder fallen« – so heißt es heute. Und da in Israel alles Geschichte, die Vergangenheit immer gegenwärtig ist, wissen die jungen Rekruten bei ihrer Vereidigung auf dem Felsen einen Bogen zu schlagen vom Fall der Festung Masada im Jahre 73 n. Chr. bis zur Shoa. Auch wenn der ›**Mythos Masada**‹ etwas entzaubert wurde – für jeden Israeli bedeutet Masada etwas Besonderes. 36–30 v. Chr. errichtete *König Herodes* auf dem Felsen am Rande der Judäischen Wüste eine **Fluchtburg** mit prächtigen Residenzbauten. Dass die Festung ein Jahrhundert später den Juden als Bollwerk gegen die Römer dienen würde, hatte er sicher nicht voraussehen können. Nach seinem Tod richteten die Römer hier eine kleine Garnison ein.

Nachdem fanatische Zeloten 66 n. Chr. den Jerusalemer Königspalast gestürmt und die römische Besatzung niedergemetzelt hatten, eroberte vier Jahre später *Titus* in einer Strafaktion Jerusalem und ließ den Tempel, den Mittelpunkt des religiösen und politischen Lebens der Juden, zerstören. Masada war jetzt letzte Zuflucht der *Juden* in ihrem aussichtslosen Kampf gegen Rom und um ihre Selbstständigkeit. Am 2. Mai 73 fiel nach vierjähriger *Belagerung* die als uneinnehmbar geltende Festung. Die Römer hatten Tausende von jüdischen Kriegsgefangenen gezwungen eine Rampe zu bauen, über die sie ihre Kriegsmaschinen gegen die Mauern der Festung rollen konnten. Der römisch-jüdische Geschichtsschreiber *Flavius Josephus*, obwohl kein Augenzeuge der Kämpfe, berichtete, dass die mehr als 950 Männer, Frauen und Kinder in der jüdischen Bergfestung der Belagerung durch 15 000 römische Soldaten widerstanden, bis sie den Massenselbstmord der Kapitulation vorzogen. Sie hatten nur so lange Widerstand leisten können, weil, wie Flavius Josephus schrieb, ›sie den flachen Gipfel des Tafelberges landwirtschaftlich genutzt hatten‹. Israelische Archäologen

Besucher erkunden die Reste der Burg, die Herodes über dem Toten Meer errichten ließ

konnten nachweisen, dass vor 2000 Jahren das Klima weit milder und regenreicher war und die Bewohner demnach Ackerbau treiben und so ihren Nahrungsbedarf decken konnten. Andere archäologische Funde indes stellen den Bericht von Flavius Josephus in Frage. Vielleicht haben er und spätere Historiker die Geschichte bewusst verfälscht, um den ›Mythos Masada‹ vom tapferen Widerstand der Juden zu vergrößern.

Besichtigung 1955 begann im Auftrag der *Israel Exploration Society* eine groß angelegte Ausgrabung auf der Bergfestung (hebr. HaMesad). Aber erst in zwei spektakulären Grabungskampagnen von *Yigael Yadin* (1963–65) wurde der ›Mythos Masada‹ einer wissenschaftlichen Prüfung unterzogen.

Die herodianischen Bauten im heutigen **Nationalpark Masada** (Tel. 08/658 42 07, www.parks.org.il, April–Sept. Sa–Do 8–17, Fr 8–16 Uhr, Okt.–März Sa–Do 8–16, Fr 8–15 Uhr) bedecken hauptsächlich den nördlichen Teil des Plateaus, das von einer 1300 m langen *Kasemattenmauer* umgeben ist. Diese war durch Trennwände in Kammern unterteilt; hier befanden sich Mannschafts- und Vorratsräume sowie Arsenale. Der Rundgang beginnt bei der Gipfelstation der Seilbahn am **Osttor** der Festung. Im Norden stehen die Reste teilweise rekonstruierter

Wie neu: Im Westpalast von Masada entdeckte man einen gut erhaltenen Mosaikboden

Lagerhäuser, daneben liegt eine große römische **Thermenanlage** mit Caldarium und Frigidarium (Warmbad und Kaltbad). Stufen führen zum **Nordpalast** (›Drei-Terrassenpalast‹) des Herodes, der erst 1955 entdeckt wurde. Dieser bauwütige und prunksüchtige König hatte sich etwas ganz Besonderes einfallen lassen: Drei kostbar ausgestattete Palastvillen mit unterschiedlichem Grundriss (Rechteck mit Halbkreis, Kreis und Quadrat) schmiegen sich in drei Stufen übereinander an den Felssporn, dessen Spitze von einer über 17 m hohen Mauer gestützt wird. Auf derselben Ebene wie Badehaus und Lagerräume, jedoch direkt an der Felskante, ›kleben‹ die Reste von Zimmern und einer großen, halbrunden Terrasse. 20 m darunter sieht man im Mittelteil des ›hängenden‹ Palastes die Überreste eines kreisrunden Gebäudes, wahrscheinlich eine Art Tholos (Rundbau mit Säulenumgang) oder Pavillon, von dem aus man die grandiose Aussicht genoss. Nochmals 15 m tiefer liegt die untere Terrasse mit quadratischem Säulenumgang, die von einer gewaltigen Mauer gestützt wird. Das Stützmauerwerk bildet eine Art von doppelter Brüstung, die zwei Reihen von Säulen trug. Die Felder zwischen den Säulen zeigen Wandputz mit aufgemalter Marmorimitation im Stil der Zeit. Im Osten und Westen schlossen sich kleine Seitengelasse an: an der Ostseite ein winziges *Bad*, an der Westseite ein Treppengang, der zur mittleren Terrasse hinauf führte. Südwestlich des hängenden Palastes wurden die meisten der gewaltigen **Zisternen** von Masada aus dem Felsen geschlagen.

Der **Westpalast** (›Palast für offizielle Anlässe‹) am Westrand der Festung umfasste eine Fläche von fast 4000 m². Die hufeisenförmige Anlage um einen Innenhof besteht aus den königlichen Wohn- und Repräsentationsräumen in der südwestlichen Ecke, einem Wirtschaftsflügel im nördlichen Teil sowie Vorrats- und Verwaltungsräumen. Westlich des Verwaltungsbaus liegen die Reste der **Synagoge** (14 x 11 m), die zu den ältesten Gotteshäusern Israels gehört. Der Eingang befindet sich im Osten. In dem Fußboden eines später angefügten Raumes wurde ein *Versteck* aus der Zeit der römischen Belagerung entdeckt, in dem neben hebräisch beschrifteten Ostraka (Scherben von zerbrochenen Gefäßen, die in der Antike als Schreibmaterial verwendet wurden) zwei Fragmente aus Ezechiel 37 (Vision der verdorrten Gebeine) und 2. Buch Mose 33 (Segensworte und Tod des Mose) zum Vorschein kamen.

Im 5. Jh. ließen sich auf Masada byzantinische Mönche nieder und errichteten eine kleine **Kapelle**, die im Wesentlichen aus einem Langhaus mit einer Apsis besteht. In einem Nebenraum nördlich des Kapellenschiffs wurde ein polychromes *Mosaik* aufgedeckt: Es zeigt Rundfelder mit Darstellungen von Rosetten, Zweigen, Früchten, Weintrauben, einen Korb mit Broten sowie ein Kreuz.

ℹ **Praktische Hinweise**

Attraktionen

Seilbahn, Osteingang (Totes Meer), Tel. 08/658 42 08, www.parks.org.il, tgl. 8–16/17 Uhr

›**Sound & Light Show**‹, Westeingang (Arad), März–Okt. Di/Do 19 Uhr (40 Min.)

12 Arad

Reißbrettstadt am Nordrand der Wüste und Ruinen einer kanaanitischen Festungsstadt.

An der Straße 31

Arad ist typisch für das ganze Land, denn in Israel entsteht eine Stadt so gut wie immer dort, wo bereits ein antiker Ort bestanden hat. 15 km vom Westufer des Toten Meeres entfernt liegt in völlig grundwasserloser Gegend das seit 1961 planmäßig für 50 000 Einwohner als Arbeiter- und Industriestadt errichtete **moderne Arad** (arab. für ›hart‹). Wo ursprünglich ein Touristenzentrum und Erholungsgebiet für Asthmatiker entstehen sollte, haben sich bis heute etwa 28 000 Menschen niedergelassen.

Architektonisch passt sich Arad der Wüste an: Häuser umdrängen die Plätze, die Gehwege liegen im Schatten der Gebäude und überall wachsen Pflanzen, die nicht viel Wasser brauchen. Über die unwirtliche Lebenswelt der Judäischen Wüste informiert das **Arad Museum** (28 Rehov Ben Yair, So–Do 8–16, Fr 8–15 Uhr) mit seinem Besucherzentrum. In den Ausstellungsräumen zeigen überdies israelische Künstler ihre Arbeiten.

Knapp 10 km westlich der modernen Stadt liegt auf einem relativ niedrigen Bergrücken das **biblische Arad** (www. parks.org.il, April–Sept. tgl. 8–17, Okt.–März tgl. 8–16 Uhr), das seit dem 4. Jtd. v. Chr. kontinuierlich besiedelt war. Vom Parkplatz auf der Ostseite steigt man zur ehem. Hauptstadt des östlichen Negev auf. Die 1962–84 ausgegrabene Siedlung gilt als eine der besterhaltenen bronzezeitlichen Städte im Heiligen Land. Seine Blüte erlebte Arad um 1900 v. Chr., als die mächtigen kanaanitischen Herrscher ihre Stadt mit einer 1180 m langen und bis zu 2,5 m dicken, hufeisenförmigen Befestigungsmauer und elf halbrunden Türmen schützten. Die freigelegten Häuser und Paläste zeugen von der einstigen Pracht. Die öffentlichen Bauten standen am unteren, die Privathäuser am oberen Teil des Hügels, voneinander getrennt durch großzügige Straßen und Plätze.

Am höchstgelegenen Teil der Stadt befindet sich die um 1100 v. Chr. errichtete israelitische **Zitadelle**. Das Heiligtum in der nordwestlichen Ecke der Zitadelle ist der älteste bekannte israelitische **Tempel** (Mitte des 10. Jh. v. Chr.). Während man früher der Auffassung war, dass der Doppeltempel mit seinem dreiteiligen Aufbau eine Replik des Jerusalemer Tempels sei, nimmt man heute an, dass er in der Tradition eines älteren Heiligtums steht.

ℹ Praktische Hinweise

Hotels

****Margoa**, 87 Mo'av, Arad, Tel. 08/ 995 12 22, Fax 08/995 77 78, www.mar goa.com. Kurhotel außerhalb der Stadt, herrliche Aussicht auf die Wüste.

***Yefe Nof Arad**, Rehov Mo'av (Ende), Arad, Tel. 08/995 70 56, Fax 08/995 47 53. Hotel (118 Zimmer) mit Swimmingpool.

13 Be'er Sheva

Retortenstadt in der Wüste mit biblischer Vergangenheit.

An der Straße 60, 50 km südwestl. von Hebron

Für eine erfolgreiche Besiedlung der Wüste und als eine historische Herausforderung des Zionismus steht Be'er Sheva, was soviel wie ›Sieben Brunnen‹ oder ›Eidbrunnen‹ bedeutet. Die Stadt ist Zentrum des israelischen Süddistrikts und mit etwa 200 000 Einwohnern auch einer der größten Orte des Landes.

Geschichte Im biblischen Be'er Sheva (ca. 7 km vom heutigen Zentrum) schlossen der Patriarch Abraham und der Philisterkönig Abimelekh am ›Eidbrunnen‹ einen Bund, der Abrahams Stamm die exklusive Nutzung eines Brunnens zusprach. Nach ihrer Rückkehr aus der babylonischen Gefangenschaft siedelten erneut Juden in der Stadt, welche in römisch-byzantinischer Zeit nur noch als *Garnisonsstützpunkt* diente. Im 8. Jh. n. Chr. befand sich hier lediglich eine *Karawanserei* mit Beduinenmarkt. Zu Beginn des 20. Jh. errichteten die Türken die heutige ›Altstadt‹ auf Schachbrettgrundriss und legten im Ersten Weltkrieg eine Eisenbahnlinie an. Nach der Gründung des israelischen Staates verließen die Araber die Stadt, in die vor allem jüdische Einwanderer aus Nordafrika und neuerdings aus den GUS-Staaten zogen.

Dem Ortsnamen alle Ehre gemacht: Be'er Sheva (›Sieben Brunnen‹) mit einem Exemplar

Besichtigung 7 km östlich der heutigen Stadt liegt die Ausgrabungsstätte **Tell Be'er Sheva** (Tel. 08/646 72 86, www.parks.org.il, Sa–Do 8–15.45, Fr 8–14.45 Uhr), die 2005 zum UNESCO Weltkulturerbe erklärt wurde. Besucher wandeln hier zwischen den Überresten einer israelitischen Siedlung aus dem 10. Jh. v. Chr. und gewinnen Einblicke in die damalige Stadtplanung. Noch gut zu erkennen sind etwa Stadtmauern und Straßen, Wasserleitungen und der mit 70 m tiefste Brunnen Israels.

In der modernen Universitätsstadt Be'er Sheva lohnt ein Spaziergang durch die neueren Wohnviertel wie z. B. **Aleph**, das 1950 im Stil englischer Gartenstädte entstand. Die zweistöckigen Häuser wurden in Fertigbauweise vorgefertigt und dann mit Hilfe eines Krans auf die Fundamente gesetzt.

Die **Siedlung Dalet** aus dem Jahr 1956 zeigt den Übergang zu einer Bauweise mit dicht gedrängtem städtischen Charakter. Mit dem **Negev-Einkaufszentrum** aus den Jahren 1956–66 – angeblich das zweitgrößte seiner Art in Israel – versuchten die Architekten einen Mikrokosmos städtischen Lebens und Treibens zu schaffen und gleichzeitig Schutz vor der brennenden Sonne, der großen Hitze und dem Wüstenstaub zu bieten.

Der restaurierte **Abrahamsbrunnen** am Südrand der Stadt (Ecke Derekh Hevron und Rehov HaAzmaut) stammt aus dem 19. Jh., in seiner Nähe wurden Reste einer vorchristlichen Siedlung gefunden. Ganz in der Nähe, an der Derekh Hevron, findet jeden Donnerstag ein **Beduinenmarkt** statt. Jedoch sind hier mittlerweile nur noch wenige Beduinen mit ihren Waren anzutreffen, der Markt hat sich zu einem Umschlagplatz für billige Flohmarktartikel entwickelt.

In einem der wenigen älteren Gebäude der Stadt, dem 1906 in Stein und Glas erbauten sog. Gouverneurshaus, zeigt das **Negev Museum** (60 Rehov HaAzmaut, Tel. 08/620 65 70, So, Mo, Mi, Do 8.30–15.30, Di 8.30–14 und 16–18, Sa 10–13 Uhr) zeitgenössische, meist israelische Kunst. Auch die **Avraham Baron Art Gallery** (Zalman Aranne Central Library, New Campus of the Ben Gurion University, So–Do 9.30–19, Fr 9.30–12.30 Uhr) ist ein Forum junger israelischer Künstler.

Nördlich von Be'er Sheva liegt der **Wald der deutschen Länder** (German States' Forest), den der jüdische Nationalfonds 1991 anlegen ließ. Mittlerweile wurden hier – auch mit Spenden – mehr als 420 000 Bäume gepflanzt.

Der *Kibbuz Lahav* dokumentiert in dem 1975 nördlich von Be'er Sheva eröffneten **Joe Alon Center** (Tel. 08/991 33 22, www.joealon.org.il, So–Do 9–16, Fr 9–14 Uhr) die Beduinenkultur des Negev und des Sinai.

ℹ️ Praktische Hinweise

Information

Tourismusbüro, 1 Derekh Jecron, Be'er Sheva, Tel. 08/623 46 13, Fax 08/628 87 92

Hotel

****Desert Inn**, Shdeat Tuvjahu, Be'er Sheva, Tel. 08/642 49 22, Fax 08/641 27 72. Mit Garten und Schwimmbad.

14 Mamshit

›Pforte zum Negev‹ und nordöstlichste Stadt der Nabatäer.

Südl. der Straße 25, 44 km südöstl. von Be'er Sheva

6 km südöstlich von Dimona liegt die Ruinenstadt Mamshit aus dem 1. Jh. n. Chr. Als nordöstlichste der Nabatäerstädte beherrschte Mamshit die Karawanenstraße zwischen Elat und Gaza. Sie war die einzige vollständig ummauerte Stadt der Nabatäer, deren Blüte ironischerweise

Auf dem Beduinenmarkt von Be'er Sheva gibt es vom Kleid bis zum Kamelsattel (fast) alles

Landschaft von Gottes Gnaden und Lebensraum der Zukunft: Die Wüste Negev soll verstärkt bewohnbar gemacht werden

erst mit dem Untergang ihres Reiches begann. Aus dieser Zeit stammen die zwei byzantinischen Kirchen und die schlichten zwei- bis dreistöckigen, festungsartigen Wohnhäuser, deren größtes eine Grundfläche von mehr als 2000 m² hat.

Durch das byzantinische Nordtor betritt man die *Ruinenstadt*, die liebevoll als **Mamshit National Park** (Tel. 08/655 64 78, www.parks.org.il, tgl. 8–16/17 Uhr) hergerichtet wurde. Vorbei am großzügigen **Residenzpalast** und einigen Verwaltungsgebäuden führt der Weg zur dreischiffigen **Niluskirche** (Westkirche) vom Anfang des 5. Jh. An den Erbauer, den hl. Nilus d. Ä., der 426 auf dem Sinai starb, erinnert eine Inschrift im Mosaikboden des Mittelschiffes. Die kleine Basilika (15 x 25 m) mit vier Säulen je Reihe, einer zentralen Apsis und den Nebenräumen besitzt im Mittelschiff und im Altarraum großartige *Mosaike* mit geometrischen Mustern sowie Darstellungen von Vögeln und Fruchtkörben.

Einer Basilika ähnlich sind auch die angrenzenden **Pferdeställe** mit bogenförmigen Nischen und Futtertrögen. In der Nähe einer ehem. britischen Polizeistation erhebt sich die Ostkirche oder **Kirche der Heiligen und Märtyrer** (So–Do 8–16, Fr 8–15, Sa 8–17 Uhr) aus dem Jahr 427. Über eine große Treppe erreicht man das Atrium mit Säulenumgang. Die dreischiffige Säulenbasilika mit zentraler Apsis und zwei rechteckigen Seitenräumen

gilt als eine der ältesten Kirchen des Negev. Besonders eindrucksvoll sind die wieder aufgerichteten *Säulen* mit ihren schönen Kapitellen. Vorzügliche *Mosaike* schmücken Hauptschiff und Atrium. Zum Ausgrabungsgelände gehören außerdem die Reste römischer **Thermen** und eines **Wasserreservoirs**.

Südlich der Straße 25 liegt der **Makhtesh Gadol** (Großer Krater), weiter östlich der **Makhtesh Katan** (Kleiner Krater). Die im 2. Jh. von römischen Ingenieuren gebaute **Ma'ale Aqrabbim** (Straße der Skorpione) ist wohl die spektakulärste Straße im südlichen Teil der Wüste. Sie fällt in einer Reihe von steilen Kurven ab, die Schwindel erregend schnell aufeinanderfolgen. Auf der rechten Seite erheben sich die Höhenzüge des Negev.

15 ## Shivta *Subeita*

Nabatäische Großstadt im Negev mit sehenswerten Kirchenruinen.
Südöstl. der Straße 211

Abseits der Hauptverkehrsstraßen und gut geschützt im Innern des Negev liegt die Ruinenstadt Shivta (arab. Subeita) im **Shivta National Park** (www.parks.org.il). In der von den Nabatäern im 1. Jh. v. Chr. gegründeten Stadt lebten zeitweise bis zu 7000 Einwohner, die durch Landwirtschaft und ausgeklügelte Wasserversor-

In der im 1. Jh. v. Chr. gegründeten Wüstenstadt Shivta zeugen sehenswerte Ruinen von der einstigen Bedeutung des Ortes

gung reich geworden waren. Aus dieser Zeit sind zahlreiche Wohnhäuser und ein doppeltes Wasserreservoir erhalten und teilweise restauriert. In byzantinischer Zeit war Shivta ein religiöser Anziehungspunkt, wovon Kirchen- und Klosterbauten des 4.–6. Jh. zeugen.

Der Rundgang beginnt mit der **Südkirche** (350–400 n. Chr.). Die Türstürze der Portale zeigen christliche Symbole. Zwei Reihen zu je acht Säulen gliedern die dreischiffige Basilika, die in Apsiden endet. An der nördlichen Außenseite des benachbarten **Baptisteriums** ist ein *Mihrab* (Gebetsnische) aus dem 7. Jh. eingelassen, der zur kleinen, im Norden angebauten **Moschee** gehört. Die kufischen Inschriften auf den Steinbogenstücken stammen aus dem 9. Jh.

Weiter nördlich liegen die Reste der **Mittelkirche**. Sie stammt aus dem 6. Jh. und besaß einen narthexähnlichen Vorbau, drei Portale und drei Schiffe mit Dreiapsidenabschluss. Vorbei an einer zweistöckigen **Weinpresse** und am ehem. **Handwerkerviertel** der Stadt führt der Weg zur eindrucksvollen St.-Georg-Kirche oder **Nordkirche** (April–Sept. 8–17, Okt.–März 8–16 Uhr) mit den angrenzenden Klosterbauten, einer der schönsten und am besten erhaltenen Kirchen des Negev. Die dreischiffige Anlage entstand zwischen dem 6. und 8. Jh.

16 Avdat

Die bedeutende Nabatäerstadt besaß ein ausgeklügeltes Bewässerungssystem.

An der Hauptstraße 40

Wo sich die Handelsstraßen aus Petra, Gaza und Elat kreuzten, lag die größte und prächtigste der sechs Nabatäerstädte, die ihre Blütezeit im 1. Jh. n. Chr. erlebte. Die Stadt lag strategisch günstig und besaß ein ausgeklügeltes Bewässerungssystem. Das Netz von Zisternen sowie Landwirtschaft und Handel mit Gewürzen, Parfüm und Stoffen aus Indien und Südarabien machten die Stadt reich. An der Stelle eines nabatäischen Militärlagers errichteten die Byzantiner im 3. Jh. n. Chr. eine mächtige, 61 x 41 m große Akropolis. An ihrem Westrand befand sich der Tempel, für den der Felsen um einige Meter künstlich verlängert werden musste. Avdat ist heute ein **Nationalpark** (Tel. 08/655 15 11, www.parks.org.il, April–Sept. tgl. 8–17, Okt.–März 8–16 Uhr) mit einem kleinen *Museum*.

Die Besichtigung der Stadt beginnt mit dem sog. **Obodasgrab** mit 22 doppelstöckigen Gräbern in einer Grotte. König Obodas II. wurde nach seinem Tode im Jahr 9 v. Chr. in der damals nach ihm benannten Stadt wie ein Gott verehrt. Ob sich hier auch sein Grab befindet, ist nicht gesichert. Weiter führt der Weg zum zweistöckigen, begehbaren **Turm**, der das **Südtor** der Stadt schützte, und zum römischen **Wohnquartier**. Im Nordosten wurde eine nabatäische **Töpferei** aus dem 1. Jh. n. Chr. aufgedeckt.

Beherrscht wird die Stadt von der 60 x 40 m großen byzantinischen **Festung**, deren Mauern und Türme sorgfältig restauriert wurden. In der Mitte des Hofes steht eine große **Zisterne**. Westlich davon erhebt sich die Südkirche, **Theodoros-Kirche**, aus dem 5./6. Jh. Die dreischiffige Säulenbasilika wird im Osten von einer Apsis und zwei rechteckigen Nebenräumen mit kleineren Apsiden abgeschlossen. Diese sind mit Skulpturen und Fresken ausgeschmückt. Im Boden finden sich vier marmorne Grabplatten. Das *Grab des sel. Germanos* (445) ist erkennbar an der Menora zwischen zwei christlichen Kreuzen unter einer Inschrift. Die **Nordkirche** stammt aus dem 4. Jh. und steht auf einem Teil des nabatäischen, später römischen *Tempels*, welcher Zeus, Aphrodite und dem Gott-König Obodas geweiht war. Von der wieder aufgerichteten Säulenhalle über dem westlichen Steilabfall hat man einen eindrucksvollen Blick auf die Landschaft.

Im Tal unterhalb der Akropolis liegt eine im Jahr 1959 von israelischen Wissenschaftlern eingerichtete **Modellfarm** (So–Do 8–17, Fr 8–15 Uhr), auf der auch versucht wird, das antike Bewässerungssystem der Nabatäer zu rekonstruieren.

17 Mizpe Ramon

Entwicklungs- und Arbeiterstadt am Rande des Ramonkraters.

An der Straße 40

Mizpe Ramon ist eine ›Schlafstadt‹ inmitten spektakulärer Landschaft. Der 1953 neben einem militärischen Vorposten gegründete Ort (knapp 5000 Einw.) liegt 1000 m hoch am Rande des fotogenen **Ramonkraters** (hebr. Makhtesh Ramon). Die Besiedlung stagniert, da Arbeitsplätze fehlen. Die Zukunft liegt im *Tourismus*, denn die Stadt eignet sich als Ausgangspunkt für Negev-Touren.

Hauptattraktion der Gegend ist der **Große Makhtesh** (Makhtesh HaGadol), ein beliebtes Ziel der Wüstenwanderer. Vor Millionen Jahren stand hier ein gewaltiger *Berg*, dessen hartes Gestein an

der Bergkuppe vom langsam zurückweichenden Meer, Regen und Wind ›ausgefressen‹ wurde. Die ›weicheren‹ Sandsteinschichten an der Oberfläche wurde nach und nach ausgewaschen, zurück blieben lediglich Reste härteren Gesteins ringsum. Das riesige Tal ist eine einzigartige *Fundgrube für Geologen* aus aller Welt, mit Fossilien von Pflanzen und Sauriern, die bis zu 200 Mio. Jahre alt sind. Der fast 40 km lange, bis zu 9 km breite und fast 300 m tiefe Krater ist Teil der **Naturschutzgebiete Har HaNegev** und **Zin Cliffs Reserve**. Markierte Wanderwege führen zu gut ausgeschilderten Besichtigungspunkten. Am Kraterrand liegt das sehenswerte **Makhtesh Ramon Visitors Center** (www.parks.org.il, April–Sept. tgl. 8–17, Okt.–März 8–16 Uhr), das sehr anschaulich über die Geologie, Fauna und Flora der Region informiert. Von hier hat man einen schönen Blick über den Kraterrand hinweg.

Für Wüstenwanderer ist das **Beit Noam** am Rande des Kraters eine ideale Ausgangsstation für Exkursionen. Nördlich der Stadt liegt die **Alpaka-Farm** (www.alpaca.co.il, im Sommer tgl. 8.30–18.30, im Winter tgl. 9–16.30 Uhr), in der seit 1987 Alpakas und Lamas aus Südamerika in freier Natur gehalten werden.

ℹ **Praktische Hinweise**

Information

Tourismusbüro, Mizpe Ramon, Tel. 08/658 86 98, Fax 08/658 86 20

Hotel

***Ramon Inn**, 1 Rehov En Aqev, Mizpe Ramon, Tel. 08/658 88 22, Fax 08/658 81 51, www.isrotel.co.il. Neues Hotel, kleine Apartments, gute Küche.

18 Timna

Das Kupfer für Pharao Ramses kam aus diesem ›Tal der Kupferschmelzer‹.

An der Hauptstraße 90

Man nennt sie die **Minen König Salomons** (King Solomon's Mines), doch es waren die Ägypter, die als erste in dem sagenumwobenen Timna, 30 km nördlich von Elat am Westrand des südlichen *Wadi Arava*, im 14. und 13. Jh. v. Chr. ihre Kupferschmelzöfen und Werkstätten hatten. Von hier aus wurde das Reich der

Salomons Säulen: die aufregenden Formationen aus Nubischem Sandstein im Timna-Tal wurden nach dem berühmten biblischen König benannt, dessen Kupferminen man hier vermutete,

Pharaonen mit dem kostbaren Metall versorgten. Wo der vom Toten Meer nach Süden verlaufende Grabenbruch den heutigen Golf von Aqaba am Roten Meer erreicht, ließ dann freilich auch König Salomon mit Hilfe ganzer Armeen von Minensklaven – angeblich über 80 000! – grünen *Malachit* brechen und daraus das rote Metall schmelzen. Um die mehr als 3000 Schächte mit Frischluft zu versehen, bohrten die Bergleute spezielle Wetterschächte oder verbanden zwei Gruben durch einen engen Kanal, eine Art ›Wetterstrecke‹. Einige dieser Schächte reichen bis 36 m tief in die Erde!

TOP TIPP Das **Tal von Timna**, das im Süden, Westen und Norden von einer 500–700 m hohen Gebirgskette eingeschlossen wird, bildet eine weite, halbrunde Erosionsmulde von etwa 70 km² Durchmesser. Mit seinen hoch aufragenden Kalk- und Dolomitenkliffs, den bizarr geformten Sandsteinmassiven und dem bedrohlich wirkenden dunklen **Timna-Berg** in der Mitte des halbkreisförmigen Kessels ist das Tal ein überwältigendes Landschaftserlebnis. Hier stehen auch die fotogenen, rund 50 m hohen roten Säulen aus nubischem Sandstein, die sog. **Säulen des Salomon**, ferner ein ägyptischer Tempel aus der späten Bronzezeit sowie Reste eines Tagebau-Kupferbergwerks, das zu den ältesten der Welt zählt. Es stellte übrigens erst 1976 die Förderung ein. Beliebtes Foto-Objekt ist der bizarre **Mushroom Rock**, ein 6 m hoher Sandsteinfelsen, den der Wind in Form eines riesigen Pilzes erodierte. Östlich davon entdeckten Archäologen Schmelzlager aus dem Chalkolithikum (4. Jtd. v. Chr.) und aus der Eisenzeit. 1969 wurden die Überreste eines **Hathor-Tempels** (tgl. 7.30 Uhr – Sonnenuntergang) freigelegt, der den antiken Minenarbeitern als Kultstätte diente. Im Osten des Tals befinden sich in der Nähe des Parkplatzes ägyptische **Felszeichnungen** von Straußen, Steinböcken, Menschen sowie von Fuhrwerken, die von Stieren oder Steinböcken gezogen werden.

19 Elat

Ferienparadies am Roten Meer und idealer Ausgangspunkt für Ausflüge in den Negev und zur Sinai-Halbinsel.
An der Hauptstraße 90

Im Winter drängen sich vor allem Nord- und Westeuropäer in der warmen, sonnigen Stadt und ihrem 12 km langen israelischen Strand am Roten Meer. Im Sommer beherrschen Israelis den südlichsten Vorposten ihres Landes. Der 180 km lange und bis zu 25 km breite *Golf von Elat* liegt am nördlichsten Punkt des Roten Meeres. Die moderne Stadt in seinem Scheitelpunkt bietet Jachthafen und Freihandelszone, Einkaufszentren und Strände.

In Elat dreht sich alles ums Wasser und seine Vorzüge: Viele der 57 000 Bewohner träumen von einer grenzüberschreitenden **Riviera am Roten Meer**, die neben Sonnenanbetern und Wassersportlern auch Naturfreunde anzieht. Denn die Küste ist ein Refugium für Adler und Pelikane, Tausende von Störchen machen auf ihrer Reise von den Winterquartieren in Afrika hier Station. In den größeren Hotels kann man *Ausflüge* zur Vogelbeobachtung und Safaris in den Negev buchen. Wenige Kilometer südlich der Hotelburgen des **Nordstrandes**, die jährlich etwa 2 Mio. Übernachtungen verzeichnen, offeriert Shmurat Algogim ein herrliches *Korallen-Naturreservat* zum Tauchen und Schnorcheln. Noch ein Stück weiter südwärts liegt am *Coral Beach* der **Underwater Observatory Marine Park** (Tel. 08/636 42 00, www.coralworld.com, Sa–Do 8.30–17, Fr 8.30–16 Uhr). Das *Observatorium* liegt 50 m vor der Küste und ist über einen schmalen Pier zu erreichen. Eine enge Wendeltreppe führt in die Beobachtungshalle auf dem Meeresgrund, 6 m unter der Wasseroberfläche, mitten in die Welt der Fische und Korallen. Im angeschlossenen *Aquarium* werden in über 30 Wasserbecken Pflanzen und Tiere des Roten Meeres gezeigt. Wer noch mehr sehen will, kann im Glasbodenboot zum Korallenriff hinausfahren. Eine andere Attraktion sind eine 20 Min.-›Tour‹ im 150 Menschen fassenden *Dive Simulator*.

Zu Besuch in der Welt des Meeres: Im Unterwassermuseum von Elat kann man die exotische Tier- und Pflanzenwelt kennenlernen

Im sonnigen Ferienparadies Elat am Roten Meer kann man das ganze Jahr über das Strandleben genießen

ℹ Praktische Hinweise

Information

Tourismusbüro, Bridge House, North Beach Promenade, Elat, Tel. 08/630 91 11, Fax 08/633 91 22.

Hotels

*****Eilat Princess, 2 km südl. von Coral Beach (nahe der Grenze bei Taba), Tel. 08/636 55 55, Fax 08/637 63 33, www.eilat princess.com. Eine der besten und teuersten Adresse in Israel. Einsam gelegen, aber mit sechs Spitzenrestaurants.

*****King Solomon's Palace, North Beach, Elat, Tel. 08/636 34 44, Fax 08/633 41 89, www.isrotel.co.il. Prächtige Pyramidenanlage an der Lagune.

*****Orchid, Coral Beach, Elat, Tel. 08/ 636 03 60, Fax 08/637 53 23, www.orchid hotel.co.il. Etwas außerhalb wohnt man in noblen, thailändisch inspirierten Holzhäusern. Zum Strand sind es ca. 500 m. Tgl. Pendelverkehr in die Stadt.

Restaurant

The Last Refuge, Coral Beach, Elat, Tel. 08/637 24 37. Berühmtes Fischrestaurant, das mit maritimen Accessoires geradezu überfüllt ist (Reservierung obligatorisch).

Die Küste von Tel Aviv bis Nahariyya: bekannte Strände, berühmte Stätten

Die Mittelmeerküste Israels ist ein begehrtes Pflaster. Touristen kommen gerne hierher, weil die **Sandstrände** lang und die **Badeorte** modern sind. Doch es locken nicht nur fantastische Freizeitangebote, sondern auch **berühmte Stätten**: etwa die Ruinen von *Caesarea* aus römischer Zeit, ebenso wie die Kreuzfahrerbauten in *Akko*. Die Küste bietet aber noch mehr: den größten Hafen in *Haifa*, einer der schönsten Städte in Israel, und das pulsierende Leben in *Tel Aviv*. Die Mittelmeerküste Israels erstreckt sich vom stark bevölkerten, Gaza-Streifen im Süden, der 1994 zum Palästinensischen Autonomiegebiet erklärt wurde, bis zum berühmten Badeort *Nahariyya*. Vor Reisen in den Gaza-Streifen wird aufgrund kriegerischer Auseinandersetzungen verfeindeter palästinensischer Gruppen jedoch dringend gewarnt.

20 Tel Aviv   *Plan Seite 92, 94*

Heimliche Hauptstadt Israels und Wirtschaftszentrum des Landes.

»Das Wachstum der Stadt war fieberhaft und anarchisch wie das der tropischen Pflanzenwelt. Jeder Neuankömmling baute sich aus seinen mitgebrachten Ersparnissen das Haus seiner Sehnsucht.« So erinnert sich der junge Schriftsteller *Arthur Koestler*, der 1926 nach Tel Aviv kam und erlebte, wie die Stadt auf den Dünen in kurzer Zeit beinahe chaotisch wuchs. War die Küste nördlich von Jaffa einst nichts als Dünenlandschaft, so ist heute Tel Aviv unbestritten das **Kultur- und Wirtschaftszentrum Israels**. Während in der Stadt selbst lediglich 390 000 Menschen leben, beläuft sich die Bevölkerung der gesamten Stadtregion auf etwa 3,2 Mio. – mehr als 1/3 der Gesamtbevölkerung des Landes. Tel Aviv ist nicht so heilig wie Jerusalem, nicht so nüchtern wie Haifa. Viele Theater, zahlreiche Kinos, Cafés und Kneipen sorgen für *Unterhaltung*, und deshalb nennen die lebenslustigen Tel Avivniks ihre Stadt auch liebevoll ›Big Orange‹, ihre Version des ›Big Apple‹ New York.

Geschichte   Tel Aviv selbst kann nicht mit einer langen Geschichte aufwarten. Doch **Jaffa** (Yafo), heute als Stadtteil in Tel Aviv integriert, soll – glaubt man der Bibel – bereits nach der *Sintflut* erbaut worden sein. Die Römer eroberten die Stadt später, auch die Kreuzfahrer ließen sich dort nieder, schließlich die türkischen Sultane. Die Geschichte Tel Avivs beginnt indes erst im frühen 19. Jh. Zu dieser Zeit war Jaffa eine befestigte Stadt mitten in einer landwirtschaftlichen Region, die hauptsächlich vom Anbau und Export von Zitrusfrüchten lebte. Ein Straßennetz verband Jaffa mit Jerusalem, Nablus, Haifa, Akko und den umliegenden Dörfern.

Das friedliche Leben änderte sich schlagartig, als wohlhabende jüdische Kaufleute Anfang des 20. Jh. von einer **Gartenstadt**, einer Mischung aus Mustersiedlung und Agrardorf, träumten. Im April 1909 gründeten sie den ›Hügel des Frühlings‹ (hebr. **Tel Aviv**) auf den Dünen – 2009 feiert Tel Aviv seinen 100. Geburtstag (www.tlv100.co.il). Der Name erinnert an einen Ort in Babylonien, in dem während des Exils Juden lebten. Schon 1921 erhielt Tel Aviv Stadtrecht, 1934 lebten hier bereits 75 000 Menschen Am 15. Mai 1948 proklamierte der Nationalrat in Tel Aviv den Staat Israel, 1950 wurden Jaffa und Tel Aviv zu einer Stadt vereint.

Besichtigung   Auch wenn Tel Avivs Straßennetz etwas verwirrend erscheint: Alle Wege führen zum **Kikar Magen David ❶**, von dem fünf Straßen sternförmig abgehen. So zum Beispiel die *Rehov Sheinkin*, das ›Greenwich Village‹ der

Hier wird weniger gebetet, dafür mehr gelebt: In Sachen irdische Unterhaltung ist Tel Aviv ganz groß – tagsüber am Strand, abends in Cafés und Discos

Stadt, in dem vor allem Künstler und Studenten wohnen und sich die jungen Tel Avivniks in Modeboutiquen und Cafés treffen. Oder die *Rehov Allenby*, die das Meer mit dem Busbahnhof verbindet, während die *Rehov HaMelekh George* zum *Sderot Dizengoff* und seinem futuristischen Einkaufszentrum führt. Und in der *Rehov HaKarmel* beginnt mit dem Viertel der Jemeniten der farbenfreudige und geruchsintensive Orient.

Der nach Meir Dizengoff, dem legendären ersten Bürgermeister der Stadt, benannte **Sderot Dizengoff ❷** ist Flanier- und Gastronomiemeile der Stadt. In dieser Gegend und um den mit Bäumen bestandenen **Sderot Rothschild ❸** findet man zahlreiche Bauwerke im *Bauhausstil*. Die Allee liegt im Herzen der *Weißen Stadt (www.white-city.co.il)*, die die UNESCO im Juli 2003 zum Weltkulturerbe erklärt hat. Anfang der 1930er-Jahre begannen die meist aus verschiedenen europäischen Ländern eingewanderten Architekten die Formensprache des Bauhauses im neuen Kontext fortzuführen.

Zwischen beiden Straßen befindet sich u.a. das **Frederic-Mann-Auditorium ❹** (Heichal Hatarbut, www.hatrabut.co.il), mit 2760 Sitzen das größte Konzertgebäude Israels und musikalische Heimat der 1936 gegründeten *Israelischen Philharmonie*. Hinter diesem Gebäude, in Richtung Kikar HaBima, stößt man auf das legendäre **HaBima-Theater ❺** (www.habima.co.il), in dem die ersten Stücke in hebräischer Sprache gegeben wurden. Nordöstlich davon steht der **Helena-Rubinstein-Pavillon ❻**, der zum großartigen **Tel Aviv Museum of Art ❼** (Tel. 03/607 70 20, www.tamuseum.com, Mo, Mi,

Malerei des 19. und 20. Jh. ist im Tel Aviv Museum of Art zu besichtigen

Sa 10–16, Di, Do 10–22, Fr 10–14 Uhr) am Sderot Sh'aul HaMelekh gehört. Während man im Museum selbst bedeutende Werke der *Kunst des 19. und 20. Jh. sieht*, u.a. von Degas, Monet, Picasso, Chagall und Kokoschka, beherbergt der Pavillon Wechselausstellungen zu zeitgenössischer, vor allem israelischer Kunst. Ein schöner Skulpturengarten lädt zum Kunstgenuss an der frischen Luft ein.

Südöstlich des Museums, in der Rehov Menahem Begin, ragen die drei Wolkenkratzer des **Azrieli Center** 8 empor. Sie beherbergen nicht nur das größte Einkaufszentrum der Stadt, vom höchsten der Gebäude (187 m) hat man auch einen herrlichen Ausblick über ganz Tel Aviv. Über den Sder Dizengoff gelangt man nun in nordwestlicher Richtung weiter

zum **Kikar Zina Dizengoff** 9 . Im Zentrum des Platzes steht der moderne aus fünf Edelstahlringen und vielen Hundert Aluminiumlamellen bestehende *Brunnen ›Feuer und Wasser‹* (1986) des israelischen Künstlers Yaacob Agam. Seine Wasserfontänen und Gasflammen steigen synchron, computergesteuert und von Musik untermalt auf und ab. Geht man zurück zum Dizengoff Center und biegt dann in die Rehov HaMelekh George, so kommt man zum beliebten **Park Gan Meir** 10 . In der Rehov Bialik, die nach dem berühmten israelischen Dichter Nahum Bialik (1873–1934) benannt ist, trifft man auf das **Beit Bialik** 11 (22 Rehov Bialik, Tel. 03/525 45 30, Mo–Fr 9–17, Sa 10–14 Uhr), in dem kostbare Manuskripte des in der Ukraine geborenen Lyrikers sowie

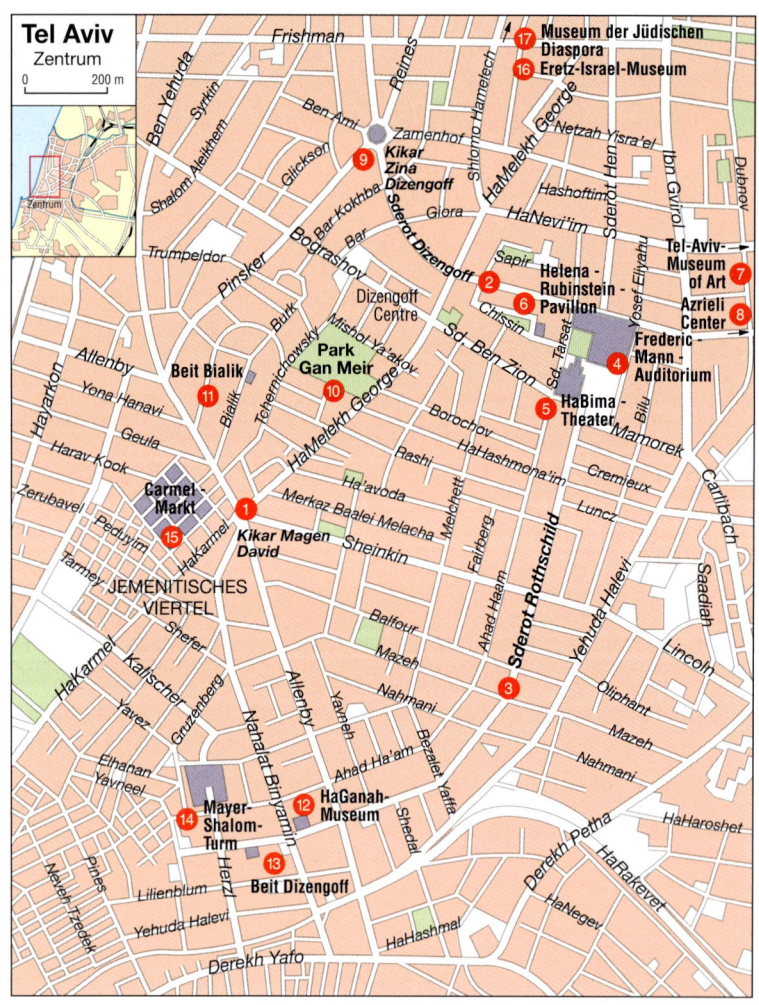

eine Miniaturausgabe einer Thora, von der sich Bialik niemals trennte, zu bewundern sind. Wo der Sderot Rothschild die Rehov Nahalat Binyamin kreuzt, erinnert ein **Denkmal** von Aharon Priver an die 66 Gründer der Stadt. Das Fresko an der Spitze zeigt das Tel Aviv des Jahres 1960. Man sieht das HaBima-Theater, das Beit Bialik und den 1936 errichteten Hafen. Der Sderot Rothschild – einst die eleganteste Adresse von Tel Aviv – wurde 1910 in einem ausgetrockneten Flussbett erbaut.

Neben dem Gedenken an die Shoa wird in Israel überall auch die Erinnerung an den illegalen Kampf gegen die Engländer wach gehalten. So bewahrt das **HaGanah-Museum** ⑫ (Nr. 23, Tel. 03/560 86 24, So–Do 8–16 Uhr) – einst Wohnsitz des Kommandeurs Eliahu Golomb – das Gedächtnis an den jüdischen Widerstand von 1878 bis 1948. Ganz in der Nähe liegt das ehemalige Wohnhaus des legendären Bürgermeisters Meir Dizengoff, der Tel Aviv 1921–36 regierte. Hier erklärte Ben Gurion am 14. Mai 1948 die *Unabhängigkeit des Landes Israel*. Im **Beit Dizengoff** ⑬ ist nun ein kleines Museum untergebracht. Wo früher das Herzl-Gymnasium stand, erhebt sich seit 1979 der **Mayer-Shalom-Turm** ⑭, der neben eleganten Boutiquen auch ein kleines *Wachsfigurenkabinett* beherbergt. Westlich des Kikar Magen David erstreckt sich das *Viertel der Jemeniten*. Besonders lohnt

TOP TIPP sich ein Besuch des malerischen **Carmel-Marktes** ⑮, auf dem sich Einheimische mit Obst und Gemüse, Gewürzen und Kleidung versorgen.

Nördlich des Flusses Yarkon und rund um den Ausgrabungshügel breitet sich *Ramat Aviv* mit der 1956 gegründeten Universität aus. In diesem Viertel liegen auch die großen Museen der Stadt. Vor allem das weitläufige **Eretz-Israel-Museum** ⑯ (2 HaUniversita, Tel. 03/641 52 44, www.eretzmuseum.org.il, So–Mi 10–16, Do 10–20, Fr/Sa 10–14 Uhr) verdient einen ausgiebigen Besuch. Die hervorragend präsentierten Exponate dieses Israelischen Landesmuseums geben einen Einblick in die kulturellen und technischen Errungenschaften der Bewohner des Landes. In der Abteilung *Bergbau* und *Metallverarbeitung* ist eine rekonstruierte Kupfermine aus Timna zu sehen, die *Keramikabteilung* veranschaulicht Töpfermethoden verschiedener Kulturen. Besonders sehenswert ist eine *rekonstruierte Wohnung* aus altisraelitischer Zeit. Die *Münzsammlung* und das *Glasmuseum*

Geschichte anschaulich verpackt: Die Figuren ›Ecclesia‹ und ›Synagoga‹ im Museum der Jüdischen Diaspora in Tel Aviv

zeigen Exponate aus vielen Jahrhunderten, besonders kunstvoll sind die Glaslampen aus islamischer Zeit. In der *ethnografischen Abteilung* sind Alltags- und Festtagsszenen nachgestellt, beispielsweise eine farbenprächtige jemenitische Hochzeit. Gar nicht museal wirkt der *orientalische Markt*, auf dem gewebt, getöpfert und gehäkelt wird. Nördlich vom Museum befindet sich das *Universitätsgelände* mit dem **Museum der Jüdischen Diaspora** ⑰ (Museum of the Jewish People, Bet HaTefutsot, Ramat Aviv, Tor 2, Tel. 03/745 78 00, www.bh.org.il, So–Di, Do 10–16, Mi 10–18, Fr 9–13 Uhr). Es zeigt auf anschauliche Art, dass die jüdische Geschichte nicht nur von Verfolgung und Zerstörung geprägt war, sondern auch große kulturelle und geistige Blütezeiten kannte.

TOP TIPP **Jaffa** Yafo *Plan Seite 94*

Südlich des Zentrums von Tel Aviv erstreckt sich das historische Jaffa. Noch immer spürt man hier das Flair der alten **arabischen Stadt**, weswegen das Viertel heute eine Touristenattraktion darstellt und auch bei den Einwohnern von Tel Aviv vor allem am Abend sehr beliebt ist.

Geschichte Nachdem die Arche Noah auf dem Berg Ararat gelandet war, fand Japhet, der jüngste Sohn Noahs, einen schönen Hügel mit Blick auf die Bucht. Hier ließ er sich nieder und nannte den Ort **Yafo**, das hebräische Wort für ›schön‹.

In Jaffa begann auch die Flucht des Propheten Jonas, und Petrus vollbrachte hier das Wunder von Tabitha. Nach griechischer Überlieferung soll ebenfalls in Jaffa Andromeda an den Felsen gekettet gewesen sein. Nach den Römern und Kreuzfahrern eroberten die türkischen Sultane die Stadt, und auch Napoleon nahm Jaffa ein. Die **Hafenstadt** änderte ihr Erscheinungsbild Anfang des 20. Jh. während der britischen Mandatszeit entscheidend. So wurden u. a. Straßen verbreitert. Seit den 1960er-Jahren wurde die Altstadt renoviert und im Stil der Osmanen mit Kreuzgratgewölben, Bogen und Holzkern zum Teil neu errichtet. In dem Viertel aus labyrinthisch-verwinkelten Gassen und kopfsteingepflasterten Straßen haben sich **Künstler** mit Werkstätten und Galerien niedergelassen, ebenso viele einladende Restaurants. Der **alte Hafen** von Jaffa sollte ursprünglich abgerissen werden, wurde dann aber doch zu einem exklusiven Jachthafen ausgebaut. Gleichzeitig ist er immer noch Heimathafen vieler Fischer.

Besichtigung Eine schöne Aussicht hat man vom höchsten Punkt des *Hügels* aus. Man sieht auf das Franziskanerkloster St. Peter, auf die Skyline von Tel Aviv und auf die **Ausgrabungszone** ⑱ in der Tiefe. Hier wurde vor wenigen Jahren ein *Stadttor* aus der Zeit von Ramses II. rekonstruiert. Die Grabungen konnten außerdem eine *jüdische Siedlung* aus dem 5. Jh. v. Chr. und *römisches Mauerwerk* belegen.

Unterhalb des Aussichtshügels, kurz vor der St. Peterskirche, befindet sich eine zweite **Grabungszone**, allerdings mit weniger spektakulären Funden. In der Rehov Yefet erhebt sich ein **Uhrturm** ⑲, den Sultan Abdulhamid II. 1906 aus Anlass seines 50-jährigen Regierungsjubiläums bauen ließ. Jedes der *bemalten Fenster* zeigt ein Kapitel der Stadtgeschichte. In der Nähe des Turmes gibt es auf dem **Flohmarkt** ⑳ in der Rehov Olei Zion Antiquitäten, Nippes, Kupferwaren und Schmuck, Second-Hand-Klamotten und Bücher. Nördlich davon steht am Kikar HaHaganah die 1812 errichtete **el-Mamoudiya-Moschee** ㉑, in die Baufragmente des antiken Caesarea und Ashqelon integriert sind. Beispielsweise Säulen, die die Baumeister mit dem Kapitell nach unten aufstellten. Von der Mifratz Shlomo gelangt man in die gestuften *Gärten* (hebr. Gan HaPisga) mit einem kleinen *Amphitheater*. In der Nähe des palmengesäumten und mit archäologischen Funden geradezu übersäten *Kikar Kedumim* – Zentrum des renovierten Teils der Stadt – steht auf der Akropolishöhe das **Franziskanerkloster** ㉒ mit der 1650 auf älteren Kreuzfahrerbauten errichteten Franziskanerkirche St. Peter (Tel. 03/ 682 28 71, tgl. 8–12, 15–17 Uhr). Vom Kloster aus hat man einen herrlichen Blick auf den sagenumwobenen **Felsen der Andromeda** ㉓. Im ›*Café Aladin*‹ am Eingang der Altstadt kann man die Eindrücke auf sich wirken lassen.

Netanya

Gut 30 km nördlich von Tel Aviv liegt der beliebte Badeort Netanya (170 000 Einw.) am Mittelmeer. Für viele Urlauber ist sein 11 km langer **Sandstrand** der schönste in ganz Israel, zumal er für das Land höchst ungewöhnlich zu Füßen einer bis zu 30 m hohen Klippe liegt.

Daneben besuchen Naturfreund auch gern die beiden Naturschutzgebiete von Netanya: das für seine seltenen Schwertlilien bekannte *Givat Halrusim* in den Stranddünen und im Südosten der Stadt *Schlulit Dora* mit seinem nur halbjährlich mit Wasser gefülltem Winterteich.

ℹ Praktische Hinweise

Information

Tourismusbüro, 46 Herbert-Samuel-Promenade (Tayelet), Tel Aviv, Tel. 03/ 516 61 88, Fax 03/516 63 17, www.tel-aviv. gov.il und www.visit-tlv.com

Jaffa
0   200 m
☾ Moschee

㉓ Felsen der Andromeda
㉒ Franziskaner-kloster
㉑ el-Mamoudiya Moschee
Mifratz Shlomo
Uhrturm ⑲
⑳ Flohmarkt
Ausgrabungszone ⑱
St. George's Church

Ungleiche Geschwister: Während etwas weiter nördlich das laute Leben à la Tel Aviv tobt, kann man im Stadtteil Jaffa noch orientalische Gemächlichkeit erleben

Tourist Information Office, 7 Rehov Mendele, Tel Aviv, Tel. 03/520 76 00, Fax 03/520 76 15, www.tourism.gov.il

Hotels

*******Carlton**, Rehov HaYarkon, Tel Aviv, Tel. 03/520 18 18, Fax 03/527 10 43, www.carlton.co.il. Edles Hotel mit Zugang zum Jachthafen.

 *******Dan Panorama**, 10 Rehov Kaufman, Tel Aviv, Tel. 03/520 25 52, Fax 03/548 01 11, www.danhotels.co.il. Luxuriöser Hotelturm am Strand mit toller Aussicht.

*****Center**, 2 Rehov Zamenhoff, Tel Aviv, Tel. 03/629 61 81, Fax 03/629 67 51, www.atlashotels.co.il. Renoviertes Stadthotel am Kikar Dizengoff.

Restaurants

 Bellini, 6 Rehov Yekhiel, Tel Aviv, Tel. 03/517 84 86. In der Nähe des schönen Kikar Suzanne-Dellal liegt in einem der malerischsten Viertel das Bellini, das für seine Pasta, vor allem aber für seine Auberginengerichte und fantasievollen Salate geschätzt wird.

Boccaccio, 106 Rehov HaYarkon, Tel Aviv, Tel. 03/524 68 37. Kleines Restaurant mit ausgefallener italienischer Küche.

Tel Aviv Brewhouse, 11 Sderot Rotschild, Tel Aviv, Tel. 03/516 86 66. Lokal gebrautes Bier in allen Geschmacksrichtungen.

Yoezer, 2 Rehov Ish Ha-Bira (nahe Clock's Square), Jaffa, Tel. 03/683 91 15. Romantische Wein-Bar in einem ehem. türkischen Lagerhaus.

Bars

Abraxas, 40 Rehov Lilienblum, Tel Aviv, Tel. 03/510 44 35. Beliebte Lounge-Bar mit wechselnden DJs, sonntags Live-Musik (tgl. ab 21 Uhr).

Silon, 89 HaMelekh George, Tel Aviv, Tel. 03/620 00 53. Freundliche Bar mit köstlichen Drinks (So–Do ab 18, Fr/Sa ab 20 Uhr).

21 Caesarea

 Die antike Hafenstadt Caesarea zählt zu Israels bedeutendsten archäologischen Stätten.

Westl. der Hauptstraße 2

Die Bauten in Caesarea hatten für Herodes den größten Symbolwert. Wollte er doch Judäa als ein im Wesen und Geist *hellenistisches Königreich* herausstellen.

Caesarea gilt als eine der bedeutendsten archäologischen Stätten Israels

Die **Ausgrabungen** (Tel. 04/62670 80, www.parks.org.il, Sa–Do 8–16, Fr 8–15 Uhr) geben eine gute Vorstellung davon, wie groß und modern der längst *versandete Hafen* einmal gewesen sein muss. Die Stadt, welche zu Ehren des Kaisers (Caesar) Augustus den Namen Caesarea erhielt, wies alle Annehmlichkeiten auf, die der griechisch-römischen Welt lieb und teuer waren: Theater, Tempel, Hippodrom, Badehäuser und ein Forum. Von der kaiserlichen Pracht zwischen dem herodianischen Wall und dem Alten Hafen ist indes wenig geblieben.

Römische Ruinen: An das *Hippodrom* – Ort für Fechtspiele, Wagenrennen und Tierhetzen – erinnert eine begrünte Bodenwelle. Es soll 20 000 Menschen gefasst haben und 230 m lang gewesen sein. Im Süden befindet sich ganz in der Nähe der römischen Mauer das *Römische Theater*, das noch in byzantinischer und arabischer Zeit genutzt wurde. Auch heute finden auf der 100 m breiten Bühne wieder alljährlich im Sommer herausragende Freiluftaufführungen statt. Von den Sitzreihen aus kann man aufs Meer hinaus blicken. Leider ist von der prachtvollen Marmordekoration nur wenig erhalten geblieben. Das meiste wurde zu Kalk verbrannt, als über dem Theater die byzantinische Zitadelle entstand. Weiter nördlich erheben sich 28 Bogen des einst 12 km langen *Aquädukts*, welches das antike Caesarea mit Wasser aus dem nordöstlich gelegenen Karmelgebirge versorgte. Der spektakulärste Bau des Herodes in Caesarea aber ist wohl der *Alte Hafen*.

Hier gibt es den einzigen archäologischen **Unterwasserpark** der Welt, in dem der tauchende Tourist einen Blick in die Vergangenheit des Hafens werfen kann. In 5 m Tiefe schweben die Besucher, ausgestattet mit Flossen und Taucherbrille, über den Trümmern des Hafens von Caesarea. Und es gibt Verblüffendes zu sehen, denn Herodes hatte sich nicht von den Widrigkeiten der Natur abhalten lassen. Um die Gewalt der Wogen zu bremsen hatten seine Ingenieure außerhalb des geplanten Hafens Geröll aufschütten lassen. Dahinter bauten sie zwei schützende Molen in das bis zu 6 m tiefe

Relikt aus herodianischer Zeit: Aus dem 12 km entfernten Karmelgebirge versorgte dieses Aquädukt Caesarea mit Trink- und Bewässerungswasser

Wassertor ins Gelobte Land in nächtliches Gewand gehüllt: Haifa ist nicht nur die Stadt der Arbeit – auch Kulturelles kommt hier nicht zu kurz

Wasser hinein. Während der Taucherkundung kann man auch antike Anker und das Fundament eines Leuchtturms besichtigen.

Kreuzfahrerstadt: Das Ruinengelände bewahrt auch die Erinnerung an die Kreuzfahrer, die Caesarea erstmals 1101 eroberten, den Ort 1187 an Sultan Saladin abtreten mussten und ihn 1191 erneut einnahmen. 1265 mussten die Kreuzfahrer Sultan Baybars endgültig Platz machen. Erhalten sind neben den Befestigungsanlagen vor allem Überreste von *Wohnvierteln* sowie die über einer Moschee errichtete *Kathedrale St. Paul*, von der noch die mächtigen Apsiden im Osten erhalten sind. Außerhalb der Kreuzfahrerstadt liegt die *Byzantinische Straße* mit zwei Statuen ohne Köpfe (2.–3. Jh.).

Das moderne Caesarea ist übrigens eine wohlhabende Kleinstadt, die nicht nur den ersten **Golfplatz** des Landes besitzt, sondern auch weitere Einrichtungen für Freizeit und Urlaub.

ℹ Praktische Hinweise

Hotels

*****Dan Caesarea**, Caesarea, Tel. 04/626 91 11, Fax 04/626 91 22, www.dan hotels-israel.com. Versteckt gelegen und in unmittelbarer Nähe der archäologischen Ausgrabungsstätte. Besonders bei Golfern beliebt.

/Nahsholim**, Hof HaKarmel, ca. 16 km nördl. von Caesarea, Tel. 04/639 95 33, Fax 04/639 76 14, www.nahsholim.co.il. Liegt an einem scheinbar endlos langen Sandstrand.

22 Haifa *Plan Seite 98*

High-Tech-Standort zwischen Meer und Berg.

Wenn man der Sünde wegen in Tel Aviv, der Buße wegen in Jerusalem und der Erholung wegen in Elat gewesen sein muss, so fällt dem Israeli kein Grund ein, ausgerechnet in Haifa (270 000 Einw.), immerhin der drittgrößten Stadt des Landes, leben zu müssen. Nur in einem sind sich alle einig: Haifa ist die **Stadt der Arbeit**. Und ein Ort der Gegensätze. Auf der einen Seite gibt es die Stadt auf dem Bergrücken des Karmel, andererseits die Stadt an der Küste. Und neben der kühlen Modernität der Hochschulgebäude lockt das mediterrane Ladengewirr in der Rehov Yafo.

Um die Schönheit Haifas noch mehr herauszustreichen, legte die Stadtverwaltung vier ausgeschilderte Spazierwege (hebr. Madregot) an. Weil sich der ehem. Bürgermeister von Haifa, Abu Hushi, in den 1930er-Jahren so sehr für seine Stadt eingesetzt hat, spottet man noch heute gerne: »Nur den Karmel hat er nicht entworfen, und auch das Meer soll schon dagewesen sein.«

Weil die ersten Siedler von der Lage überwältigt waren, nannten sie Haifa, ›Hof Yafe‹ (Schöne Stadt). Der von illegalen Immigranten auch gerne als ›**Wassertor ins Gelobte Land**‹ bezeichnete Ort besteht aus der *Unterstadt* mit dem Hafenviertel, dem *Geschäftszentrum Hadar* auf halber Höhe am Hang, dem stadtbeherrschenden *Berg Karmel* mit seinen modernen Hotels, der Universität und dem Karmeliterkloster, sowie den landeinwärts gelegenen Industrie- und Gewerbegebieten.

Geschichte Die Anfänge der Stadt sind nicht auf den Bergeshöhen zu suchen, sondern am Meeresufer. So liegen im Osten unter den modernen Bauten die Ruinen des phönizischen Zalmona und im Westen die des jüdischen Sycaminos (Shiqmona). Nach der Zerstörung der Siedlungen durch die arabischen Eroberer blieb Haifa bis Mitte des 18. Jh. ein kleines Fischerdorf. Mit dem Aufschwung des benachbarten Akko, das von dem ebenso bauwütigen wie blutrünstigen Ahmed el-Jazzar (1775–1804) regiert wurde, ging es auch mit Haifa bergauf. Aber erst mit der Gründung der landwirtschaftlich orientierten ›**Deutschen Kolonie**‹ der Templergesellschaft (heute im Bereich des Sderot Ben Gurion) 1868 und der beginnenden *zionistischen Einwanderung* ab 1879 sowie dem Bau der *Eisenbahnlinie nach Damaskus* im Jahre 1905 ging Haifas Stern regelrecht auf. Die Bevölkerungszahl stieg von ca. 2500 (1854) auf 15 000 Einwohner (1913). In den Jahren 1929–31 legten die Briten schließlich in Haifa den ersten **Tiefseehafen** an, Industrieansiedlungen folgten in der weit aus-

schwingenden Haifa-Bucht. Bei der Gründung des Staates Israel lebten bereits mehr als 100 000 Juden in Haifa.

War der Hafen für die wirtschaftliche Entwicklung der Stadt ausschlaggebend, so lag die Bedeutung des Karmel, den der Prophet Jesaja den ›Weinberg Gottes‹ (hebr. Kerem-El) nannte, in seiner religiösen Anziehungskraft. Hier leben die religiösen Gemeinschaften in deutlich abgegrenzten Vierteln. Im 17. Jh. kehrten die Karmeliter an den Ort ihres ersten Klosters (1156) auf dem Karmel zurück, und 1869 gründeten die deutschen Templer an seinen Hängen ihre erste Siedlung. Für die Juden war vor allem die Grotte des Propheten Elias ein Grund, sich in Haifa niederzulassen. Und am Ende der türkischen Ära verlegte auch die Sekte der Baha'i eines ihrer wichtigsten Zentren an die Hänge des Heiligen Berges.

Während des Libanon-Krieges 2006 war Haifa vielfach Ziel von Raketen, die die Hisbollah auf den Norden Israels abfeuerte.

Besichtigung Die Endstation der Karmelit-Bahn am Sderot HaNasi ist Ausgangspunkt der liebevoll angelegten vier **Madregot**, Spazierwege, die zu den schönsten Punkten der Stadt führen: Schlägt man etwa die Gelbe Route ein, so kommt man über 1102 Stufen am Baha'i-Schrein vorbei bis zur Deutschen Kolonie. Auf der Roten Route gelangt man zum Haifa-Museum und nach endlosen 1021 Stufen zum arabischen Viertel Wadi Nisnas. Der Blaue Spaziergang folgt dem Verlauf der Karmelit-›U-Bahn‹ und endet nach 1025 Stufen am Kikar Paris. Die Grüne Route führt am Osthang des Karmel hinab über die Fußgängerzone Nordau und endet nach 1034 Stufen in El-Pasha, dem ältesten Stadtteil, in dem noch einige Bauten aus dem 17. und 18. Jh. zu sehen sind.

Die Besichtigung sollte mit dem Baha'i-Schrein ❶ (Sderot HaZiyyonut, tgl. 9–10.30 Uhr, Besichtigung der Gärten nach telef. Voranmeldung, Tel. 04/831 31 31, http://terraces.bahai.org) beginnen, dessen vergoldete Kuppel das Wahrzeichen der Stadt ist. Nicht umsonst wurde er 2008 in die UNESCO-Liste der Weltkulturerbe aufgenommen. Verkünder und Märtyrer der monotheistischen Baha'i-Religion, die ihren Ursprung im persischen Sufismus hat, war der Perser Mirza Ali Muhammed, der sich Bab, ›Pforte‹, nannte. Er wurde 1850 im persischen

Majestätisch thront der Baha'i-Schrein in den traumhaft angelegten ›Persischen Gärten‹. Und die goldene Kuppel beherrscht das Stadtbild von Haifa

Täbris wegen seiner vom Islam abweichenden Lehre hingerichtet. Die Kosten für das 1953 errichtete Grabmal des von den Schiiten als Messias verehrten Bab übernahmen Baha'i-Mitglieder aus aller Welt.

Das elegante, im europäisch-orientalischen Mischstil gebaute weiße Mausoleum aus Chiampo-Stein liegt auf halber Höhe am Hang des Karmel inmitten der ›Persischen Gärten‹. Das Bauwerk ist gekrönt von einer Kuppel aus 12 000 schuppenförmig angeordneten Keramikfliesen, die in Holland feuervergoldet wurden. Das Heiligtum besteht aus zwei Räumen: Im ersten Raum, der von kostbaren Kristalllüstern erhellt wird, stehen silberne Kandelaber und chinesische Vasen mit exotischen Blumengebinden. Eine Tüllgardine verdeckt den Blick auf den zweiten Raum, in dem die sterblichen Überreste des Bab ruhen. Der Garten bezaubert durch griechische Säulen, Marmortreppen, bronzene Adler- und Pfauenskulpturen sowie durch Wasserflächen und Zypressen.

Oberhalb des Schreins liegt das 1957 im ionischen Stil erbaute **Baha'i-Archiv**. Darüber befindet sich das 1984 fertig gestellte **Allgemeine Haus der Gerechtig-**

Getreide und seine Geschichte: Im Dagon-Turm, dem Silo im Hafen Haifas, erfährt man in einem kleinen Museum auch etwas über Lagerung und Verarbeitung des Getreides

keit (House of Justice) aus weißem Marmor. 58 korinthische Säulen zieren diesen Sitz des obersten Baha'i-Rates.

Der Sderot HaZiyyonut und der Derekh Stella Maris führen zum 1828 von italienischen Mönchen errichteten **Karmeliterkloster Stella Maris** ❷ (Derekh Stella Maris, Tel. 04/833 77 58, tgl. 6.30–12.30, 15–18 Uhr), das den Propheten Elias und Elisa geweiht ist. Es wurde 1291 zerstört und erst Mitte des 19. Jh. wieder aufgebaut und erweitert. Über dem *Eingangsportal* erinnert ein lateinisches Schriftband an den Auftrag des Propheten Elias, der der Überlieferung nach in der Grotte unter dem Hauptaltar gelebt haben soll: »Mit leidenschaftlichem Eifer bin ich für den Herrn, den Gott der Heere, eingetreten.« Bilder in der mit kostbarem Marmor verkleideten Basilika zeigen die Propheten Elias und Elisa. Eine doppelte Treppe führt vom Chor zum *Hauptaltar*, auf dem eine Marienfigur aus Zedernholz mit Porzellankopf steht. Die sog. ›Madonna vom Karmel‹ ist eine Arbeit des Genueser Bildhauers Giovanni Battista Garaventa (1836), von der aber nur noch Kopf, Hände und Füße ursprünglich sind. Zum Kloster kommt man auch mit einer dreikabinigen **Seilbahn** (aus Sicherheitsgründen

vorübergehend geschl.), die von der Strandpromenade Bat Galim hinauf zum Kikar Stella Maris fährt. Vom Kloster führt ein Fußweg hinunter zur **Höhle des Elias** ❸ (230 Derekh Allenby, So–Do 8–18, Fr 8–12 Uhr). In der 40 m langen und 8 m breiten Grotte soll sich nach christlicher, jüdischer und muslimischer Überlieferung der Prophet versteckt haben.

In der Nähe der Talstation der Kabelbahn befindet sich das **Museum der illegalen Einwanderung** ❹ (Clandestine Immigration and Naval Museum, 204 Derekh Allenby, So–Do 8.30–16 Uhr). Das hier ausgestellte Schiff ›Af Al Pi‹ erinnert an die ca. 100 000 jüdischen Überlebenden, die während der britischen Mandatszeit auf solchen Schiffen aus dem vom Krieg verwüsteten Europa nach Palästina kamen. Zahlreiche Schiffsmodelle und Seekarten skizzieren die Periode der illegalen Einwanderung zwischen 1934 und 1948. Wenige Meter östlich lohnt ein Besuch des **Schifffahrtsmuseums** ❺ (National Maritime Museum, 198 Derekh Allenby, Tel. 04/853 66 22, Mo–Mi 10–16, Do 16–21, Fr 10–13, Sa 10–15 Uhr), das 1953 aus der Privatsammlung des israelischen Fregattenkapitäns Arie L. Ben-Eli hervorgegangen war. Es informiert anschaulich über 5000

Jahre Seefahrtsgeschichte und zeigt neben sehenswerten Reproduktionen historischer Schiffe alte Seekarten sowie archäologische Funde, teils aus dem Meer, teils aus ägyptischen Gräbern. Über die Sderot HaHagana und Derekh Yafo nähert man sich dem *Hafen* von Haifa. Dort steht der 60 m hohe **Dagon-Turm** ❻ (1 Kikar Plumer, Führungen So–Fr 10.30 Uhr), ein Silo für 100 000 t Getreide. In ihm ist ein kleines *Museum* eingerichtet, das die Geschichte der Lagerung und Verarbeitung des Getreides im Laufe der Jahrhunderte illustriert.

Am nördlichen Hang des Karmel wird Haifa seinem Ruf als Museumsstadt (es gibt mehr als ein Dutzend Museen) gerecht. In der Nähe des paradiesischen **Gan Ha'em** ❼ (›Garten der Mütter‹ – einem Park, der nicht nur wegen seines Zoos und des naturgeschichtlichen Museums für Familienausflüge genutzt wird – liegt das **Mané-Katz-Museum** ❽ (89 Rehov Yefeh Nof, Tel. 04/838 34 82, So, Mo, Mi, Do 10–16, Di 14–18, Fr 10–13, Sa 10–14 Uhr), in dem Arbeiten des aus der Ukraine stammenden jüdischen Malers Emmanuel Katz (1894–1962) sowie seine umfangreiche *Judaica-Sammlung* gezeigt werden. Etwas weiter nördlich präsentiert das **Tikotin-Museum für Japanische Kunst** ❾ (89 Sderot HaNasi, Mo, Mi, Do 10–16, Fr 10–13, Sa 10–15 Uhr) mehr als 4000 Exponate aus dem Land der aufgehenden Sonne.

ℹ️ Praktische Hinweise

Information

Tourismusbüro, 48 Sderot Ben Gurion, Haifa, Tel. 04/853 56 06, Fax 04/853 56 10, www.tour-haifa.co.il

Hotels

*****Dan Carme**l, 85–87 Sderot HaNasi, Haifa, Tel. 04/830 63 06, Fax 04/830 30 40, www.danhotels.com. Oberhalb des Baha'i-Tempels mit Panoramablick auf die Stadt Haifa.

***Beit Shalom Carmel**, 110 Sderot HaNasi, Haifa, Tel. 04/837 74 81, Fax 04/837 24 43, www.beth-shalom.co.il. Ruhiges Haus direkt auf dem Karmel.

Restaurant

Dolphin, 13 Sderot Bat Galim, Haifa, Tel. 04/852 38 37. Das auf Fischgerichte spezialisierte Restaurant zählt seit Jahren zu den besten des Landes.

23 Karmel-Nationalpark

 Geschütztes Gebirge mit Pflanzenvielfalt.

Der ›Weinberg Gottes‹ (hebr. Kerem-El) ist eigentlich kein Berg, sondern ein **Mittelgebirge**, das sich vom Meer bis zur Yizre'el-Ebene erstreckt und 800 m nicht übersteigt. Aus steiler Höhe nahe dem Meer fällt das **Karmelgebirge** nach Südosten in sanften Hügeln und langgestreckten Plateaus allmählich gegen das Landesinnere ab, da und dort von schmalen und gewundenen Tälern durchzogen. 9000 ha dieser einzigartigen Landschaft bilden heute zusammen mit großen Tierreservaten den **Karmel-Nationalpark** (www.parks.org.il) – ein beliebtes Ausflugsziel. Ein Teil des Gebiets ist jedoch für die Öffentlichkeit nicht zugänglich. Auch auf den westlichen Abhängen des Karmel sind in der Nähe des Mittelmeeres mehrere Gebiete zu **Naturreservaten** erklärt worden, um dort eine seltene Kombination von Gehölz und Küstenflora zu bewahren. Einige kleine Inseln nahe der Küste, die als Nistplätze für Felstauben und Seeschwalben dienen, stehen gleichermaßen unter Naturschutz. Bedauerlicherweise wird das Karmel-Gebiet immer wieder von verheerenden Bränden verwüstet.

Auf dem Karmel südlich von Haifa gründeten Einwanderer aus Polen und Rumänien 1939 den **Kibbuz Beit Oren**

Hautnah erleben: Im Kibbuz Beit Oren, der im Karmel-Gebirge liegt, kann man auch Urlaub machen

(›Haus der Kiefern‹). Die Bewohner betreiben Pferdezucht und Milchwirtschaft. Nicht weit vom Kibbuz entfernt befinden sich Ruinen der *Kreuzfahrerfeste Atlit*.

Im Karmel-Gebiet haben sich vor allem Drusen niedergelassen. In Israel leben heute mehr als 70 000 Drusen, die die israelische Staatsbürgerschaft besitzen und in der israelischen Armee dienen. Beliebte Ausflugsziele sind die südlich von Haifa liegenden *Drusendörfer* **Daliyat el-Karmil** und **Isfiya**. Die syrischen Drusen flohen 1590 nach einem gescheiterten Aufstand gegen die Türken in das Karmel-Gebirge. Aber erst 300 Jahre später wurden die Drusendörfer gegründet.

Weltberühmt sind die drei 1929 entdeckten prähistorischen **Höhlen von Nahal-Oren** (6 km südl. von Beit Oren). In ihnen wurden die Siedlungsplätze und Grabstätten von Karmelmenschen gefunden, die in der Altsteinzeit vor 130 000 Jahren in diesem Gebiet lebten.

ℹ Praktische Hinweise

Hotel

Kibbuz Guesthouse Beit Oren, Beit Oren, Tel. 04/830 74 44, Fax 04/823 14 43

24 En Hod

Künstlerkolonie im Karmel-Nationalpark.

Östl. der Straße 4, 15 km südl. von Haifa

Versteckt zwischen knorrigen Olivenbäumen und maurischen Torbögen liegt die **Künstlerkolonie** En Hod. Bei einem Spaziergang durch den Nationalpark 1953 hatte sich der aus Rumänien stammende Maler *Marcel Janco* (1895–1984) in die Landschaft verliebt und die Idee gefasst, dort ein Künstlerdorf zu gründen. Heute leben hier ca. 100 Künstlerfamilien, Schriftsteller, Schauspieler, Fotografen, Maler und Bildhauer. Sie alle verkaufen in **Galerien** und **Ateliers** ihre Arbeiten und Besucher können an vielerlei Workshops teilnehmen. Sehenswert ist zudem das **Janco-Dada-Museum** (Tel. 04/984 23 50, So–Fr 9.30–14, Sa 10–15 Uhr). Die *Dauerausstellung* auf der Hauptebene des Museums ist selbstverständlich Marcel Janco vorbehalten und umfasst 70 Jahre seines künstlerischen Schaffens. Im Museum finden auch immer wieder kulturelle Veranstaltungen statt. Zudem besitzt es einen *Jugend-Kunstflügel*, der jedes Jahr von Tausenden Schulkindern besucht wird.

ℹ Praktische Hinweise

Information

Information Center, En Hod, Tel. 04/984 11 26, www.ein-hod.israel.net

25 Akko

Zauberhafte orientalische Altstadt.

An den Straßen 4 und 85

Obwohl Akko heute von Eisen- und Stahlwerken sowie chemischer und Metall verarbeitender Industrie lebt, hat die einst blühende Hafenstadt ihren Reiz nicht verloren.

Geschichte Um 3000 v. Chr. bestand auf dem östlich von Akko gelegenen **Tell Akko** bereits eine kanaanitische Siedlung. Wegen ihrer strategischen und wirtschaftlichen Bedeutung war die Ortschaft, die später auf das Gebiet der heutigen Altstadt verlegt wurde, immer wieder umkämpft. Auch die Phönizier wurden im 7. Jh. aus der Stadt vertrieben. Nach der Eroberung durch Alexander d. Gr. 333 v. Chr. erhielt die **Hafenstadt** zu Ehren der ägyptischen Ptolemäer den Namen *Ptolemais*. Diesen Namen trug sie auch in römischer und byzantinischer Zeit und bis zur Eroberung durch die Araber im Jahre 636, die sie in Akko umtauften. Ihre größte wirtschaftliche Blüte aber erlebte sie durch die Kreuzfahrer, die *Saint-Jean d'Acre* 1104 zu ihrem Regierungssitz machten. Ab 1180 konkurrierte Akko mit Alexandria als wichtigster Absatzmarkt für Gewürze im Mittelmeerraum. Nach der Belagerung und Zerstörung der Kreuzfahrerstadt durch el-Malik al-Ashraf 1291 blieb der Ort jahrhundertelang unbewohnt. Im 17. Jh. erfolgte der Wiederaufbau durch den Drusenemir Fakhr ed-Din. Im 18. Jh. ließ Pasha Ahmed el-Jazzar die Altstadt ausbauen und befestigen. Er verhinderte 1799 auch die Eroberung der Stadt durch Napoleon.

Besichtigung Die **Altstadt** von Akko, seit hellenistischer Zeit besiedelt, erhielt ihr heutiges Gesicht im Wesentlichen durch die Baumaßnahmen des 18. Jh. Umgeben von See- und Stadtmauer, auf

Charme ohne Verfallsdatum: Die orientalisch geprägte Altstadt von Akko bezaubert noch heute die Besucher. Wahrzeichen ist die 1781 errichtete Ahmed-el-Jazzar-Moschee

der man heute promenieren kann, verbreitet Akko noch immer seinen einzigartigen orientalischen Charme. Unweit eines der mächtigen *Wehrtürme*, des Burj el-Kummander, gelangt man über die moderne Zufahrtsstraße Rehov Weizmann ins Herz der Altstadt. Hier erhebt sich die von Palmen und Arkaden gerahmte **Ahmed-el-Jazzar-Moschee** (Rehov el-Jazzar, tgl. 8–12.30, 13.15–15.30 und 16–19.30 Uhr. Strenge Kleidervorschrift!). Der wegen seiner Grausamkeit auch

Wieder zum Vorschein gekommen sind unterirdische Räume der sog. Kreuzfahrerstadt Akkos mit fantastischen Spitzbogengewölben

›Schlächter‹ genannte ehem. Sklave und spätere Hauptmann, der Albaner *Ahmed el-Jazzar*, ließ sie 1781 über den Ruinen der fränkischen Kathedrale zum Heiligen Kreuz im Stil des türkischen Rokoko errichten. Die Moschee ist nicht nur die größte und prächtigste in Akko, sondern auch eine der größten des Landes. Rechts vom *Eingangsportikus* liegen in einem kleinen Kuppelbau die weißen *Marmorgrabmäler* des Ahmed el-Jazzar (†1804) und seines Nachfolgers und Adoptivsohns Suleiman Pasha (†1819). Durch den Portikus aus rosa Granit und Porphyr gelangt man in den riesigen Gebetsraum. Die Medaillons in den Zwickeln unter der *Kuppel* tragen die wunderschön kalligrafierten Namen der vier Nachfolger Mohammeds. In der Mitte der *Hauptwand* befindet sich der Mihrab, die Gebetsnische. Rechts oben auf der Galerie steht hinter einem grünen Gitter ein kleiner tauschierter *Schrein* mit einem Barthaar des Propheten, das einmal im Jahr, am 27. Tag des Fastenmonats Ramadan, gezeigt wird. Zur Spitze des *Minaretts* führt eine 24-stufige Wendeltreppe. Von hier oben hat man einen herrlichen Blick über die Altstadt.

Schräg gegenüber der Moschee kommt man in die sog. **Kreuzfahrerstadt**. Sie war das festungsartige Hauptquartier des *Johanniterordens*. Die Säle dieser eindrucksvollen Anlage waren nach der Eroberung 1291 zugeschüttet worden. Darüber ließ el-Jazzar im 18. Jh. eine **Zitadelle** errichten. Erst 1955–64 wurden bedeutende Teile der unterirdischen Räume wieder freigelegt. Mehr als diese und der Burj es-Sultan, ein Befestigungsturm vor dem Khan es-Shawarda im Osten der Altstadt, sind von der prächtigen Kreuzfahrerstadt mit ihren Kirchen und Palästen nicht geblieben. Zu diesem Ordenssitz gehören zwei *Hallen* und sieben *Rittersäle* – je ein Saal für jede Ordenssprache. Die bis zu 8 m hohen und 500 m^2 großen Säle liegen heute einige Meter unter dem Straßenniveau. Der größte Raum ist die sog. *Krypta des hl. Johannes*, ein riesiges Refektorium mit eindrucksvollen frühgotischen Spitzbogengewölben. Von hier aus geht es durch einen unterirdischen Fluchtgang, der einst bis an den Hafen führte, zur *Bosta*, dem Hospital der Johanniter.

Direkt am **Hafen** überragt ein viereckiger *Uhrturm* von 1906 die schönste Karawanserei der Stadt. Pasha Ahmed el-Jazzar ließ 1795 den **Khan el-Umdan**, die Säulenkarawanserei, auf den Fundamenten des mittelalterlichen Dominikanerklosters errichten. Die meisten der Granit- und Porphyrsäulen des Arkadenhofes stammen aus den Ruinen von Caesarea [Nr. 21]. Wo sich der Kreuzgang des Klosters befand, liegt der Hof der Karawanserei mit seinen eleganten *Doppelarkaden*.

ℹ️ Praktische Hinweise

Information

Touristinfo, 1 Rehov Weizmann, Akko, Tel. 04/981 74 19, www.acco.org.il

Traurige Erinnerung: Das Kibbuz Lohame zeigt u. a. ein Modell des KZ Treblinka

Hotels

***Palm Beach**, Hafen, Akko Tel. 04/987 77 77, Fax 04/981 58 20, www.palmbeach.co.il. Sporthotel am Strand.

Akko Gate Hostel & Guesthouse, Altstadt, Akko, Tel. 04/991 19 82, Fax 04/981 55 30. Freundliche Unterkunft mit Gemeinschaftsküche und Terrasse.

Restaurant

Abu Christo, Altstadt, Akko, Tel. 04/991 00 65. Meeresfrüchte und arabische Spezialitäten.

26 Kibbuz Lohame HaGeta'ot

Ort der Erinnerung.
Östl. der Hauptstraße,
4,8 km nördl. von Akko

Überlebende der nationalsozialistischen Vernichtungslager gründeten 1949 nördlich von Akko den Kibbuz Lohame Ha-Geta'ot, der mit dem eindrucks-

TOP TIPP vollen **Museum der Gettokämpfer** (Ghetto Fighters' Museum, Tel. 04/995 8080, www.gfh.org.il, So–Do 9–16 Uhr) die Erinnerung an die Shoa und den jüdischen Widerstand – zumal in den Gettos Polens – wach hält. Regelmäßig werden hier **Workshops** für Lehrer und Schüler, Studenten und Professoren gehalten. Am 19. April, dem ›Tag der Shoa‹, wird der Erhebung im Warschauer Getto (1943) gedacht. Dann findet in dem zum Museumskomplex gehörenden **Amphitheater** eine eindrucksvolle Gedenkzeremonie statt. In dem 1959 errichteten Museumsbau illustrieren Schrift- und Bilddokumente das Leben in den Gettos und Konzentrationslagern. Zunächst geht es um die Geschichte der Stadt Wilna – das ›Jerusalem von Litauen‹ – und ihre jüdische Gemeinde. Im *1. Stock* folgt eine Dokumentation des antisemitischen Terrors unter Hitler. Außerdem sieht man Bilder aus Auschwitz und Theresienstadt, einen Plan von Treblinka und Fotos zu Leben und Leiden des polnischen Arztes und Pädagogen Janusz Korczak (1879–1942). Das Museum besitzt eine Spezialbibliothek mit mehr als 60 000 Bänden sowie ein Fotoarchiv mit über 40 000 Bildern.

Im **Yad LaYeled Kinder-Gedenkmuseum** (So–Do 9–16, Sa/Fei 10–17 Uhr) des

Badefreunde kommen in der Mittelmeer-Stadt Nahariyya ganz sicher nicht zu kurz. Aber auch Cafés und Restaurants locken jährlich zahlreiche Urlauber in den Ort

Kibbuz können Kinder eine Vorstellung von der Vernichtung der Juden bekommen, ohne dabei mit grausamen Bildern konfrontiert zu werden. Des Weiteren gehört zum Kibbuz auch eine **Kunstgalerie** (Fr/Sa 10–15 Uhr), die während der Shoa entstandenen Werke des Malers Moshe Kupferman (1926–2003) sowie zeitgenössische israelische Kunst zeigt.

i Praktische Hinweise

Hotel

Kibbuz Guesthouse Lohame HaGeta'ot, Tel. 04/993 32 71, Fax 04/993 32 18

27 Nahariyya

Beliebter Badeort und Heimat vieler deutscher Juden.

An der Straße 4, 30 km nördl. von Haifa

Eine landwirtschaftliche Siedlung entstand 1934 in Nahariyya, als zahlreiche deutsche Juden beschlossen, ihre meist kaufmännischen und akademischen Berufe aufzugeben und fortan als Bauern ihren Lebensunterhalt zu verdienen. Mittlerweile ist aus dem Ort an den Ufern des Ga'aton ein **beliebter Badeort** geworden, der über eine gute Infrastruktur verfügt. Noch heute ist Nahariyya geprägt von den ›Jeckes‹, wie man die

deutsch-jüdischen Einwanderer nennt. Wegen der schönen Sandstrände kommen im Sommer viele Urlauber nach Nahariyya und in die Umgebung. Im Umkreis des von Eukalyptusbäumen gesäumten Boulevard HaGa'aton findet man zahlreiche Cafés und Restaurants. Im **Rathaus** ist ein *Städtisches Museum* (19 Sderot HaGa'aton, So–Do 10–12, 16–18 Uhr) untergebracht, das archäologische Funde ebenso wie zeitgenössische Malerei zeigt. Auch über die Stadtgeschichte wird man dort informiert. So gab es hier im Altertum einen von den Phöniziern angelegten Hafen, der bis in die byzantinische oder frühislamische Zeit bestand.

i Praktische Hinweise

Hotels

****/*Carlton,** 23 Sderot HaGa'aton, Nahariyya, Tel. 04/900 55 55, Fax 04/982 37 71, www.carlton-hotel.co.il. Zentrales Hotel mit Spa und Pool, nur 5 Min. vom Strand entfernt.

***Frank Hotel**, 4 Rehov Ha'alia, Nahariyya, Tel. 04/992 02 78, Fax 04/992 55 35, www.hotel-frank.co.il. Sympathisches Familienhotel (koschere Küche) wenige Schritte vom Strand.

Restaurant

Singapore Restaurant, 17 Rehov Jabotinsky, Nahariyya, Tel. 04/992 49 52. Chinesische Spezialitäten (Sa geschl.).

Die Landschaft Galiläa: grünes Glück

Galiläa (hebr. Galil) ist eine Region der Superlative: Hier ist Israel grün, wechselt die Landschaft von einem Augenblick zum anderen. Hier gibt es Flüsse und Seen, Teiche und Wasserfälle in verschwenderischer Fülle. Wem der Süden zu heiß, Jerusalem zu heilig, Tel Aviv zu hektisch und die Küste zu sehr von Touristen bestimmt ist, der findet im Norden des Landes Ruhe und Erholung. Dieses zentrale Bergland gliedert sich in zwei deutlich voneinander getrennte Gebiete: **Obergaliläa** mit seinem westlichen Küstenstreifen, das vom mächtigen Massiv des *Har Meron* beherrscht wird, ist ein höher gelegenes Gebiet im Norden, welches nur schwach besiedelt ist. **Untergaliläa** weiter südlich ist stärker bevölkert und besitzt mit *Nazareth* und dem *Berg Tabor* verehrte Schauplätze der frühen Christenheit. Dort lebt auch die Mehrzahl der christlichen Araber.

28 Montfort

Kreuzritterburg im Goren-Nationalpark.

Südl. der Hauptstraße 899

Auch heute noch ist der Weg zur Festung Montfort, nordöstlich der Stadt *Nahariyya*, beschwerlich. Er führt durch den **Goren-Nationalpark**, dessen Montfort-Picknick-Gelände einen schönen Blick über eine tiefe Schlucht und auf die ausgedehnten Überreste der Burg gewährt, die von drei Seiten durch steile Felswände geschützt wird. Um von hier aus zur Festung zu gelangen, muss man in die Schlucht hinabsteigen, den schmalen Bach *Nahal Kesiv* durchqueren und den Hang hinauf klettern. Zuerst sind die Ruinen wegen der hohen Bäume kaum sichtbar, plötzlich aber steht man vor einer schmalen **Brücke** (So–Do 8–17, Fr 8–14 Uhr), die zu den noch erhaltenen Festungsmauern und zu einem großen **Kapitelsaal** führt, dessen Decke von einer einzigen großen achteckigen Säule gestützt wurde. Die **Burgkapelle** erkennt man an den frühgotischen Spitzbögen. Andere Räume dienten als Magazine für die Archive des Deutschen Ritterordens und als **Wohnquartiere** der Ordensmitglieder, die gemeinschaftlich nach strengen Regeln lebten. In den Kellergewölben befanden sich Ställe und Lagerräume. Die **Zisternen** speicherten das Wasser, welches aus dem Nahal Kesiv

abgeleitet wurde. Hoch über den Mauern und Säulen erhebt sich der berühmte 18 m hohe **Wachturm**. Aus seinen Fenstern hat man einen herrlichen Blick auf die Umgebung.

Die Burg wurde um 1150 von dem französischen Kreuzritter *Graf Josselin de Courtenay* errichtet, der sie ›Castellum Novum Regis‹ nannte. Später wurde sie in Mons Fortis und schließlich in Montfort

Lange Zeit vergessen war die 1150 errichtete Kreuzritterburg Montfort im Goren-National-park bis zur Ausgrabung Anfang des 20. Jh.

Überschäumend – die Banyasquelle ist einer der drei Quellflüsse des Jordan

umgetauft. *Sultan Saladin* eroberte die Festung 1187, gab sie aber 1192 den Kreuzrittern zurück. Der *Deutsche Ritterorden* erwarb sie 1229, gab ihr nun den Namen Starkenburg und vergrößerte die Anlage beträchtlich. Der Verfall Montforts begann im Jahre 1266, als der große Mamelukken-Sultan *Baybars I.* die Festung einzunehmen versuchte. Nach einer zweiten Belagerung von sieben Tagen waren die Ritter 1271 gezwungen, die Burg zu räumen. 1926 begannen Wissenschaftler des Metropolitan Museum von New York mit Ausgrabungen in der nahezu vergessenen Burgruine.

29 Banyas

Am Quellfluss des Jordan mit seinem Grottenheiligtum ernannte Jesus den Gründungsvater der Kirche.

An der Hauptstraße 99

An der antiken Handelsstraße von Akko nach Damaskus liegt Banyas, einer der drei Quellflüsse des Jordan. Hier wurden schon in frühgeschichtlicher Zeit Naturgottheiten in Felsgrotten verehrt. Und weil die Griechen die Grotte oberhalb der Jordanquelle Pan, dem Gott des Landes, der Herden und der Hirten, geweiht hatten, nannten sie die benachbarte Stadt *Paneas*. Hier, im römischen Caesarea Philippi, teilte *Jesus* seinen Jüngern mit, dass *Simon Petrus* jener Felsen sei, auf dem er seine Kirche bauen werde. Jesus versprach Petrus die Schlüssel zum Himmelreich. Dieser wurde später in Rom der erste Papst.

Die **Banyasquelle** (Tel. 04/690 25 77, www.parks.org.il, Sa–Do 8–15, Fr 8–14 Uhr) wird heute von Wallfahrern und Ausflüglern gleichermaßen besucht. Neben dem Eingang, der zu den in Fels gehauenen **Grotten** führt, ist noch gut eine Kultnische mit Pilasterrahmen (heute ohne Statuen) und griechischen Weihinschriften zu erkennen. Nördlich der Quelle wurden Teile eines herodianischen Gebäudes freigelegt. Oberhalb der Höhle befindet sich das von Muslimen, Drusen und den Anhängern der Geheimsekte der Alawiden gleichermaßen verehrte **Weli** (Grabmal) des Sheikh el-Kadr. Wenige Kilometer südwestlich von Banyas stürzt der malerische **Sa'ar-Wasserfall** (hebr. Mappal Sa'ar, Sa–Do 8–15, Fr. 8–14 Uhr) in die Tiefe (Zugang über die Straße 99 beim Kilometerstein 15).

30 Hule-Naturschutzgebiet

Die Attraktion für Vogelbeobachter aus aller Welt.

An der Straße 90, 15 km nördl. von Rosh Pinna

In der Jordansenke nördlich des Sees Genezareth haben sich in Jahrtausenden gewaltige Sümpfe und Moore gebildet, die dank tatkräftiger Hilfe israelischer Umweltschützer dem Kolonisationsdrang der Siedler zumindest teilweise widerstanden. Bei der Staatsgründung war das **Sumpfgebiet** noch 65 km^2 groß. 1957 gab es bereits nur noch 5% unberührtes Sumpfland. Naturschützer wollten dieses Biotops damals schon bewahren und erreichten, dass der Nordosten des Tals, in der Nähe von Yesud HaMa'ala, zum Naturschutzgebiet **Hule Nature Reserve** (Tel. 04/693 70 69, www.parks.org.il, Sa–Do 8–16, Fr 8–15 Uhr) erklärt wurde. Somit ist es das älteste der 120 israelischen Naturreservate. Wo riesenhafte afrikanische Goliathreiher (Ardea Goliath), Ibisse mit schneeweißem Gefieder und schwarzen Bogenschnäbeln brüten, leben jetzt auch Wasserbüffel, braune Stentor-Rohrsänger, azurblaue Königsfischer, Wasserschildkröten und afrikanische Raubwelse. Auf etwa 300 ha findet man hier ausgedehnte Teiche, Papyrusdickichte und Feuchtwiesen, die im Frühjahr und Herbst während des Vogelflugs unzählige Pelikane und Störchen bevölkern. Man schätzt, dass etwa 700 000 Störche im Jahr das Jordantal passieren. Der **Lehr-** und **Wanderpfad**, der auf keinen Fall verlassen werden sollte, um die Tiere so wenig wie möglich zu stören, führt durch die Papyrussümpfe und an den Wasserflächen entlang zu einem **Beobachtungsturm**.

An der nordwestlichen Ecke des Huletales liegt **Kiryat Shmona** (22 000 Einw.). Die touristisch eher uninteressante, 2006 durch Raketenabschuss aus Syrien stark gefährdete Entwicklungsstadt ist Ausgangspunkt für unvergessliche *Ausflüge* zu den Jordan-Quellflüssen und auf den Golan.

31 Hazor

Eine der größten Ausgrabungen in Israel bestätigte die biblische Geschichte.

An der Straße 91, 2 km nördl. von Rosh Pinna

Der riesige mit Gras und Gestrüpp überwucherte Erdhügel ließ der Fantasie eines jungen Archäologiestudenten keine Ruhe: Lag hier, auf dem **Tell Hazor** (www.parks.org.il, So–Do 8–16, Fr 8–15 Uhr), im Nordosten des Heiligen Landes und in Sichtweite des schneebedeckten Berges *Hermon*, die einstige Hauptstadt Kanaans? Der israelische General und Archäologe *Yigael Yadin*, der auch Masada [Nr. 11] ausgrub, legte schließlich zwischen 1955 und 1969 in einer spektakulären Ausgrabungskampagne den kanaanitischen **Stadtstaat Hazor** frei, der vom 15. bis zum 13. Jh. v. Chr. den ganzen Norden Israels beherrscht hatte. Planquadrat für Planquadrat wurde die Stadt mit ihren gewaltigen Festungswerken, öffentlichen Gebäuden, Villen und Tempeln rekonstruiert. Auf dem knapp 80 ha großen Ausgrabungshügel wurden so 22 Siedlungsschichten (Strata) von der frühen

In Hazor wurden bedeutende Funde gemacht, hier Reste der Pfeilerhalle des Königs Ahab

Bronzezeit (um 2600 v. Chr.) bis zur hellenistischen Epoche (3./2. Jh. v. Chr.) aufgedeckt. In der Großstadt müssen zur Zeit König Josuas mindestens 40 000 Einwohner gelebt haben. Um 1230 v. Chr. kam es nördlich von Hazor, im Huletal, zum Kampf zwischen dem kanaanitischen Heer unter Jabin, König von Hazor, und den Israeliten, angeführt von König Josua. Die Niederlage Kanaans bedeutete zugleich den Untergang der mächtigen Stadt Hazor, die nach ihrer Zerstörung und Entvölkerung nie wieder in großem Umfang besiedelt wurde. Von der einst ausgedehnten **Unterstadt** ist leider so gut wie nichts mehr zu sehen. Die Archäologen konnten aus den Ruinen jedoch neben *Wohnhäusern* bedeutende *Tempelanlagen*, einen *Befestigungswall* und ein *Stadttor* rekonstruieren. Die auf einem Hügel gelegene **Oberstadt** mit einer Ausdehnung von 200 x 500 m ist vollständig ausgegraben. Die hier sichtbaren Gebäudereste stammen im Wesentlichen aus den Phasen der teilweisen Wiederbesiedlung. In der Mitte der Oberstadt aber, unter den *Kasemattenmauern* und dem *Tor*, die König Salomon (um 950) errichten ließ, fand man die Fundamente des *Palastes* von König Jabin (14. Jh.). Aus der Zeit König Ahabs (um 850) stammen das nahe gelegene *Vorratsgebäude* mit zwei Reihen mächtiger Stützpfeiler sowie die *Zitadelle* im Wes-ten. Ihr entsprach am Zugang zur Oberstadt im Nordosten eine stark befestigte Bastion.

Die interessantesten Fundstücke sind heute im Israel-Museum in Jerusalem und im 1 km südlich von Hazor liegenden **Kibbuz Ayyelet HaShahar** ausgestellt. Das dortige **Hazor-Museum** (So–Do 8–16, Fr 8–15 Uhr) präsentiert u. a. Tongefäße, Skarabäen, Waffen, Siegel, Figurinen und Elfenbeinreliefs.

32 Safed *Zefat*

An der Straße 89

> In Safed atmet man die reinste Luft des Heiligen Landes, und es gibt keinen besseren Ort, um die Tiefen und Geheimnisse der Thora zu verstehen. *Rabbi Yosef Caro*

Wer hierher kommt, der will nicht nur die ›weiße, von Höhenluft durchatmete Stadt‹ (Felix Salten) erleben, sondern vor allem den Ort der Frommen, die Zuflucht der Kabbalisten kennen lernen. Die Kab-

Safed und seine Synagogen bergen zahlreiche kunstvoll gearbeitete Toraschreine, wie hier in der aschkenasischen HaAri-Synagoge

bala ist eine in Spanien und Südfrankreich im 12. und 13. Jh. entstandene mystische Ausrichtung des Judentums mit älteren Wurzeln. Im 16. Jh. wurde Safed durch Einwanderung spanischer Juden die Hochburg des Kabbalismus, der bis heute hier praktiziert wird. Und weil Malerei, Dichtung und Lehre bis heute eine große Rolle in der Stadt spielen, wird der hebräische Name der Stadt (Zefat) ironisch mit den Worten Zeva (Farbe), Piyyut (Dichtung) und Thora (Lernen) in Verbindung gebracht.

Auf einem der Kegelberge des Hochlands von Galiläa thront Safed in 824 m Höhe wie eine Burg. Die höchstgelegene Stadt Israels ist mit 30 000 Einwohnern auch der größte Ort in Obergaliläa.

Geschichte Safed (hebr. für ›Ausguck‹), neben Jerusalem, Tiberias und Hebron eine der vier heiligen Städte des Talmud, liegt am westlichen Hang des *Har Kanaan*. Drei Jahre nach der Eroberung Jerusalems errichtete Hugo von St. Omer auf dem Hügel eine kleine **Burg**, die 1140 von König Foulques von Anjou ausgebaut wurde. Zusammen mit den Burgen *Belvoir* und *La Fève* sollte Safed die Ostgrenze des Königreichs Jerusalem schützen. Nach der Eroberung der Stadt durch Sultan Saladin (1188), der Schleifung der Burg durch al-Mu'azzam (1220) und der Rückeroberung durch die Kreuzritter wurde die Burg ab 1240 zur stärksten fränkischen Feste ausgebaut. Das aber half ihr wenig, denn 1266 musste sie sich den Truppen Sultan Baybars I. ergeben. Zwei Jahre später war Safed Hauptstadt einer arabischen Provinz, die sich über Galiläa bis weit in den Libanon hinein erstreckte.

Nach der Vertreibung der spanischen Juden im Jahre 1492 wurde Safed im 16. Jh. zu einem **geistigen Zentrum** der jüdischen Welt und zur größten Judengemeinde im Heiligen Land. Hier errichtete 1577 *Eliezer Ashkenazi* die erste **Druckerei** des Orients, und 15 Jahre später erschien das erste hebräische Buch in Safed. Die Blütezeit der Stadt fand nach

Die Synagogen Galiläas

Die zahlreichen Ruinen jüdischer Gebetsstätten in Galiläa bezeugen zum einen ein starkes, blühendes religiöses Leben, zum anderen sind sie steinerne Zeugen für die langwährende jüdische Gegenwart im Norden Israels. Viele Synagogen sind nach der arabischen Eroberung Palästinas spurlos vom Erdboden verschwunden. In der Regel wurden die Synagogen Galiläas auf der höchsten Erhebung im Zentrum einer Ansiedlung und meistens in Richtung auf den Tempel und Jerusalem gebaut. Sie hatten gewöhnlich die Form einer rechteckigen Basilika mit drei Türen und Fenstern in der Fassade, die nach Jerusalem blickten, »damit das Licht der Heiligen Stadt ins Innere dringen konnte«. Das Gebäude bestand meist aus einer Halle, teilbar in ein Hauptschiff, zwei Seitenschiffe und möglicherweise mit einer teilenden Säulenhalle zum Abstützen der Empore. Während schon in früheren Zeiten das Innere der Synagoge mit farbigen, z. T. dekorativen, aber auch gegenständlichen Mosaiken ausgelegt wurde, schmückten die Auftraggeber ihre Synagogen erst in späterer Zeit mit plastischen Ornamenten jüdischer Symbole: Muschelschalen, Rosetten, Reben und Blattwerk.

einer Epidemie und dem großen Erdbeben von 1759 ein jähes Ende. Nach der Zerstörung durch die Drusen (1833) und einem weiteren verheerenden Erdbeben (1837), bei dem über 4000 Menschen umkamen, verließen viele Juden die Stadt und siedelten sich in Hebron an. Nach dem Unabhängigkeitskrieg entstand um den alten Ortskern die neue Stadt.

Besichtigung Safed hat trotz seiner ausschließlich jüdischen Bevölkerung sein arabisches Gepräge behalten. In den engen, buckligen Basarstraßen von einst haben sich Künstler und Handwerker niedergelassen, und die einstige Moschee wurde in eine Kunstgalerie verwandelt.

In der Nähe des malerischen *Kikar HaMeginim* (hebr. für ›Platz der Verteidiger‹) steht die **aschkenasische HaAri-Synagoge**, die wenige Jahre nach dem Tod des bedeutenden Rabbiners und Gelehrten *Isaak Luria* (›HaAri‹, 1534–1572) errichtet und nach dem Erdbeben von 1837 wieder aufgebaut wurde. Über dem Portal ist die Inschrift zu lesen: »Wie unaussprechbar heilig ist dieser Ort, die Synagoge des großen Meisters HaAri, gelobt sei sein Name.« An der Südwand, in Richtung Jerusalem, steht der kostbare *Thoraschrein* vom Ende des 19. Jh., Werk eines Holzschneiders aus dem ukrainischen Kolomea. Ihn schmückt ein verschlungenes Schneckenmuster. Aus dem Maul eines mythischen Fisches (oder Drachens) quellen flammenartige Bänder hervor, die in Blattornamenten münden. In dem kleinen Raum an der Rückseite der Synagoge befindet sich der sog. *Stuhl des Propheten Elias*. Brautpaare, die sich auf ihm niederlassen, können sich nach neun Monaten angeblich immer über Nachwuchs freuen.

Ganz in der Nähe der HaAri-Synagoge trifft man auf die **Isaak-Aboab-Synagoge** (tgl. 10–16 Uhr), die auf den bedeutenden Rabbiner Isaak Aboab (1433–1493) zurückgeht und nach dem Erdbeben von 1837 mit Ausnahme der Südmauer neu aufgebaut wurde. Der Rabbiner brachte die Baupläne für die Synagoge aus Spanien mit. Die Synagoge wurde nach seinem Tod realisiert und nach kabbalistischen Prinzipien errichtet und ausgestattet: So sollen die vier mittleren Säulen die vier Frauen Jakobs darstellen. Die zehn Fenster in der Kuppel symbolisieren die Zehn Gebote, und die zwölf Fenster der Synagoge stehen für die zwölf Söhne Jakobs,

Beliebter Besucherort: Bei Meron trifft man auf das Mausoleum des Shimon bar Yohai, einem der Führer des Bar-Kokhba-Aufstandes

damit für die zwölf Stämme Israels und für die Einheit des Volkes. Im Thoraschrein befindet sich die Thorarolle, die Isaak Aboab selbst geschrieben hat.

Tief unterhalb des Synagogenviertels liegt der **Alte Friedhof** von Safed mit den Gräbern der berühmten Rabbiner Isaak Luria (1572), Moshe Cordovero (1570) und Yosef Caro (1575). An der sefardischen **Caro-Synagoge** mit ihren blauen Wänden und den Sitzkissen vorbei führt eine kleine Straße bergab ins **Künstlerviertel**, das sich mit Galerien und Ateliers um die *ehem. Moschee* der Stadt gebildet hat. Sehenswert ist auch das **Bet-Hameiri-Museum** (Tel. 04/697 13 07, So–Do 9–14.30, Fr 9–13.30 Uhr) in einem restaurierten Haus aus dem Jahre 1517. Die Ausstellung dokumentiert die letzten 200 Jahre der Geschichte Safeds: z. B. das große Erdbeben von 1837, die arabischen Aufstände und den Unabhängigkeitskrieg von 1948.

Ausflüge

Vorbei an Tomatenplantagen, Zypressen und Ölbäumen führt die Straße 89 durch ein *Naturschutzgebiet* in die Nähe des mächtigen Doppelmassivs des **Meron** (arab. Jebel Jarmuq), des mit 1208 m

höchsten *Bergs* von Galiläa. An seinen Ausläufern liegt der bei den Mystikern von Safed im Mittelalter beliebte Ort Meron, einst eine blühende jüdische Stadt. Vom Parkplatz neben dem Oberlauf des Nahal Meron steigt ein Pfad zu den Ruinen der **Synagoge** auf, die erst in den 1970er-Jahren aufgedeckt wurde. Der Bau mit einer Säulenreihe in Quer- und zwei parallelen Säulenreihen in Längsrichtung stammt aus der Frühzeit der palästinensischen Synagogenarchitektur (3./4. Jh.).

Von Meron führt die Straße 89 weiter zum **Mausoleum des Shimon bar Yohai** und seines Sohnes Eleazar. Das mit weißen Kuppeln geschmückte Bauwerk besteht aus einem kleinen quadratischen Hof und einem riesigen kalkverputzten Raum. Zwei überkuppelte Grabstellen bezeichnen den Ort, an dem Shimon bar Yohai und sein Sohn begraben sein sollen. Seit Jahrhunderten kommen fromme Pilger nach Meron, um am 33. Tag des Omer – zwischen Pessah und dem Wochenfest – Rav Shimon bar Yohai mit Gesängen und Festmahlen zu ehren, vor allem aber, um vor den mit schönen Teppichen bedeckten Grabstellen zu beten.

Zu Beginn der Zeremonien wird eine alte Thora-Rolle von der Stadt Safed in freudiger Prozession nach Meron gebracht. Rings um die beiden Gräber sind weitere Weise bestattet, darunter in einer Höhle angeblich Hillel d. Ä., eine der größten rabbinischen Autoritäten aus der Zeit vor der Zerstörung des Tempels.

ℹ️ Praktische Hinweise

Information

Tourismusbüro, , Rehov Alkebetz, Safed, Tel. 04/692 44 27, www.safed.co.il

Hotel

*****Mizpe Hayamim, Rosh Pina (15 km östlich von Safed), Tel. 04/699 45 55, Fax 04/699 95 55, www.mizpe-hayamim.com. Luxushotel mit großzügigem Spa und Blick auf den See Genezareth.

****Ruth Rimonim Hotel, Rehov Tel Zayin, Safed, Tel. 04/699 46 66, Fax 04/692 04 56, www.rimonim.com. Stilvolles Hotel in einer ehem. Karawanserei. Herrlicher Blick über die Berge Galiläas.

33 Nazareth   Nazerat

Die ›Stadt der Verkündigung‹ ist die Wiege des Christentums.

An der Straße 75

In dieser Stadt lebten Maria und Joseph, hier verkündete der Erzengel Gabriel Maria die Geburt Christi. Jesus verbrachte in Nazareth seine Jugend, und hier predigte er auch bis zu dem Zeitpunkt, als er aus der Stadt vertrieben wurde. Das *Wohnhaus Mariens* mit der Verkündigungsgrotte und das *Haus Josephs* wurden schon in frühchristlicher Zeit als heilige Stätten verehrt. Die Baugeschichte der hier entstandenen Kirchen spiegelt die wechselvolle Geschichte Nazareths während der Jahrhunderte der Fremdherrschaft wider.

Mit 65 000 Einwohnern ist Nazareth heute die größte arabische Stadt in Israel und eines der großen christlichen Zentren des Landes. Von den über 20 Kirchen ist die 1969 von Giovanni Muzio errichtete **Verkündigungskirche** (Church of the Annunciation, Rehov Paul VI., April–Okt. Mo–Sa 8.30–11.30 und 14–17.30, So 14–17.30 Uhr, Nov.–März Mo–Sa 9–11.30 und 14–16.30, So 14–16.30 Uhr) die bedeutendste. Sie ist mit ihrer 57 m hohen kegelför-

migen Kuppel zugleich auch die größte Kirche im Nahen Osten. Sie steht dort, wo der Erzengel Gabriel der Jungfrau Maria die Geburt Christi verkündete. Zu ihren vier *Vorgängerbauten* zählen u. a. eine byzantinische Basilika (5. Jh.) und eine Kreuzfahrerkirche des 12. Jh., deren Überreste in den *Neubau* integriert wurden. Die moderne Kirchenanlage ist in eine Ober- und Unterkirche gegliedert, die durch zwei Wendeltreppen in den Türmen der Westfassade miteinander verbunden sind. Die mit Zierbändern und einem großen Relief geschmückte *Westfassade* illustriert die Menschwerdung Christi, die *Südfassade* ist mit Szenen aus dem Marienleben versehen. Im **Innern** der *Oberkirche* zeigt der Fußboden Darstellungen der Maria und der marianischen Konzilien. Das gewaltige *Wandmosaik* im Chorraum stellt Christus im roten Gewand des Hohepriesters dar. Mit ausgebreiteten Armen lädt er die Menschen ein, zu ihm zu kommen. Künstler verschiedener Nationen haben dem Ereignis der Verkündigung Wandbilder im jeweils landestypischen Stil gewidmet. Auf einem von ihnen erscheint Maria sogar im Kimono und hat Schlitzaugen.

Die Verkündigungsgrotte der *Unterkirche* (7 x 6 m) ist mit einem Kupferbaldachin bedeckt. Die beiden Säulen rechts vom Eingang zur Engelskapelle bezeichnen die Stellen, an denen der Erzengel Gabriel und die Jungfrau Maria bei der Verkündigung gestanden haben sollen.

An die Heilige Familie erinnert die 1917 geweihte **Kirche des hl. Joseph** (tgl. 9–11.30 und 14–17.30 Uhr), die ebenfalls über älteren Vorgängerbauten errichtet wurde. Als *Werkstatt Josephs* wird seit dem 17. Jh. die unterirdische Höhle der Kirche bezeichnet. Hier befinden sich Reste der frühchristlichen Kultstätte wie Mosaikböden und Ritzzeichnungen an den Wänden. Intimer ist die **Kirche des hl. Gabriel** (1750, tgl. 8.30–18 Uhr) mit dem Marienbrunnen. Im düsteren Innern befindet sich die *Quellgrotte*, welche Nazareth schon vor 2000 Jahren mit Wasser versorgte. Auch hier am Brunnen soll Maria nach griechisch-orthodoxer Überlieferung der Erzengel erschienen sein. Sehenswert ist die intarsienverzierte und vergoldete *Holzikonostasis* (1767) mit griechischen und arabischen Inschriften (Derekh al Hanuk).

Das moderne jüdische Nazareth (Nazaret Illit, 55 000 Einw.) ist eine ›**Stufensiedlung**‹ an den Hängen oberhalb der

Wiege des Christentums: In Nazareth verkündete der Erzengel Gabriel Maria die Geburt Christi – viele Paare lassen sich in der Verkündigungskirche der geschäftigen Stadt trauen

arabischen Stadt. Es handelt sich um eine dichte Siedlung, die scheinbar organisch aus den Hügeln erwächst, einem arabischen Dorf vergleichbar, das sich der topografischen Struktur der Hügel anpasst und sich so harmonisch mit der Landschaft verbindet.

ℹ️ Praktische Hinweise

Information

Tourismusbüro, 6 Rehov Casa Nova, Nazareth, Tel. 04/657 30 03, Fax 04/657 30 78, www.nazarethinfo.org

Hotels

***Grand New**, Rehov Saint Joseph, Nazareth, Tel. 04/657 33 25, Fax 04/657 62 81, www.grandnewhotel.com. Für viele Reisende ist es das beste Hotel am Platz.

***HaGalil**, Rehov Paulus VI., Nazareth, Tel. 04/657 13 11, Fax 04/655 66 27. Haus unter freundlicher Leitung; nur 10 Min. vom zentralen Busbahnhof entfernt.

34 Berg Tabor   Har Tavor

Auf dem Berg der Verklärung wurden in frühgeschichtlicher Zeit Götteropfer dargebracht.

An der Straße 65

Der stumpfe Bergkegel (588 m) im Südosten von Nazareth am Rand der *Yizre'el-Ebene* gilt erst seit dem 4. Jh. der Überlieferung nach als ›**Berg der Verklärung Christi**‹. Auf dem Berg Tabor (hebr. Har Tavor) wurden im 6. Jh. drei Kirchen errichtet, im 8. Jh. sollen sogar vier Kirchen existiert haben. 1099 ließen sich hier Benediktinermönche nieder, die jedoch alle bei einem arabischen Angriff 1113 ums Leben kamen. Die Kreuzritter versahen das Gipfeloval mit einer z. T. noch heute sichtbaren Ringmauer.

1924 weihten Franziskaner hier ihre in einem bizarren, morgenländisch-westlichen Stil erbaute Basilika der Verklärung ein. Sie besteht aus hellem Kalkstein und besitzt eine mächtige Fassade mit vorspringenden Glockentürmen, zwischen denen ein giebelgekrönter Bogen in die Vorhalle mit dem Hauptportal führt. Weit gespannte Bogen teilen das Innere in drei Schiffe, von denen das mittlere in eine halbkreisförmige Apsis mündet,

Hoch oben auf dem Berg: 1924 weihten die Franziskaner ihre Basilika der Verklärung

pelle, die sie dem *hl. Elias* widmeten. Der Neubau der griechisch-orthodoxen **Elias-kirche** stammt aus dem Jahr 1911, Reste der Vorgängerbauten sind noch sichtbar, etwa der Mosaikboden und zwei Apsiden Innerhalb der mittelalterlichen arabischen Festungsmauern befindet sich eine kleine, von zwei Fenstern flankierte Eisentür. Sie führt in die **Höhle des Melchisedek**, der als König von Salem und ›Priester des höchsten Gottes‹ überliefert ist.

In der Nähe der Höhle befindet sich das **Har Tavor Historical Museum** (Sa–Do 9–18, Fr 9–12 Uhr), in dem die interessante Geschichte des Berges Tabor dokumentiert wird.

welche von Fenstern durchbrochen wird. In der Halbkuppel darüber prangt auf Goldgrund das Mosaik der Verklärung: In der Mitte erscheint Jesus, flankiert von Moses und Elias, darunter sieht man die Apostel Petrus, Jakob und Johannes. Einige Stufen führen in die Krypta, einen von den Mauern der Kreuzfahrerkirche eingefassten, von einem modernen Tonnengewölbe überspannten Altarraum.

Gegenüber der Basilika und über den Resten einer im 4./5. Jh. n. Chr. entstandenen byzantinischen Kirche bauten die Kreuzfahrer ein Gotteshaus, das Saladin im Jahr 1183 zerstörte. Mönche errichteten an dieser Stelle dann 1511 eine kleine Ka-

35 Megiddo

Beeindruckende Ausgrabungsstätte an der einstigen Via Maris.

An der Straße 65

Am Rand der Yizre'el-Ebene erheben sich die 20 Siedlungsschichten des **Tell Megiddo** (www.parks.org.il, April–Sept. tgl. 8–17, Okt.–März tgl. 8–16 Uhr), die in drei Ausgrabungskampagnen freigelegt wurden. Sehenswert sind vor allem der *Astarte-Tempel* (um 1900 v. Chr.), die *Stallungen* für ca. 480 Pferde, die *Stadttore*, der *Palast* sowie der unterirdische *Wassertunnel*. Viele Funde aus Megiddo sind heute im Rockefeller-Museum in Jerusalem ausgestellt.

Kommt im Alten Testament oft vor: Paradiesisches Grün auf dem Berg Tabor

Der Golan zwischen Israel und Syrien: besetzte Schönheit

Die Golanhöhen, um deren Rückgabe zwischen Israel und Syrien verhandelt wird, sind im Norden durch den Har Hermon, im Westen durch den Jordangraben und den See Genezareth, im Süden durch die Schlucht des Yarmuk und im Osten durch Syrien begrenzt. Vor einigen Jahren existierten hier noch Drusendörfer und Kibbuzim einträchtig nebeneinander, Eukalyptusbäume und Weinberge zeugten vom Fleiß und Optimismus der jüdischen Siedler, die rostenden Panzerwracks waren exotische Relikte einer Zeit, als Israel von den syrischen Golanhöhen aus beschossen wurde.

Der israelisch besetzte Teil der Golanhöhen ist wenig größer als 1000 km^2, durchschnittlich 25 km breit und max. 67 km lang. Im Norden bieten der schneebedeckte **Har Hermon**, den die Israelis als *Skigebiet* ausbauen, sowie die Quellen des Nahal Hermon, Nahal Snir und des Nahal Dan landschaftliche Reize, die nur schwer zu überbieten sind. Der 2814 m hohe Hermon besteht aus einer Bergkette, die nicht nur Syrien, den Libanon und Israel voneinander trennt, sondern auch die *Wasserquelle* Israels ist. Die Golanhöhen mit ihren prähistorischen *Dolmen* auf dem verwitterten Basaltfels-Untergrund verfehlen ihren Eindruck auf den Besucher nicht. Unvermittelt ragen größere und kleinere *Vulkankegel* aus der Landschaft und verleihen ihr auffällige und unverwechselbare Akzente. An vielen Stellen ist der Boden übersät mit ausgeschleuderten Bomben und Lapilli, die meist nur mühsam zu überwinden sind. Besucher der Golanhöhen sollten sich an die befestigten Straßen und *markierten Wanderwege* halten. Weite Gebiete sind überdies bis heute vermint und wurden von der israelischen Armee zum *Sperrgebiet* erklärt.

36 Nimrud Subeibe

Die mächtige Burg erinnert an die Zeit der Kreuzfahrer im Heiligen Land.

Straßen 99 und 989

Der Aufstieg zur Kreuzfahrerfestung Nimrud führt über die Straße 989. Wer von Banyas kommt, sieht sich plötzlich vor einer mächtigen Ruine auf einem vereinzelten Berggipfel. Und im Hintergrund erhebt sich der schneebedeckte Hermon.

Die von den Kreuzrittern zwischen 1130 und 1140 errichtete **Burg** (tgl. 8–17 Uhr) gehört zu einer Kette von Festungsanlagen, die die Grenzen und Nachschublinien des Kreuzritterkönigreichs schützen sollte. Die Stätte wurde nach dem biblischen *Nimrod* benannt, der in Genesis 10,9 als ›tüchtiger Jäger vor dem Herrn‹ erwähnt wird. Der Berg ist 450 m lang und an einer Stelle nur 60 m breit. Bis vor wenigen Jahren war ein Aufstieg nur zu Fuß möglich, heute führt eine gepflasterte *Straße* direkt bis zu den eindrucksvollen Ruinen der *Westmauer* und zum **Haupteingang** der Festung. Von hier hat man einen Panoramablick: Im Nordwesten auf die *Burg Beaufort* an den Felswänden des Litani; im Nordosten auf die Festung von *Château Neuf* oder *Hunin* gegenüber dem Hermon. Im Osten und Süden erstreckt sich das *Golangebirge* mit vereinzelten Dörfern und Feldern, die von der überwiegend drusischen Bevölkerung bestellt werden. Unterhalb, im Westen, liegen die Felder und Kibbuzim des Huletals in Obergaliläa.

Nimrud teilt das Schicksal vieler Kreuzritterburgen: Eroberung und Rückeroberung, Zerstörung und Wiederaufbau. 1132 eroberten die damaszenischen Muslime die Burg, fünf Jahre später ging sie wieder in die Hand der Kreuzritter über. Saladin stürmte die Burg 1164, aber 1219 wurde sie durch den Sultan von Damaskus zerstört,

Eine gepflasterte Straße führt zu den Ruinen der Nimrud-Burg, die von den Kreuzrittern zwischen 1130 und 1140 errichtet wurde

um sie dem Zugriff der Kreuzritter zu entziehen. Saladins Neffe Othman ließ die Festung wieder aufbauen, 1230 und 1260 wurde sie von Sultan Baybars I. erweitert. Die schön gemeißelten Inschriften über dem **Eingangstor** – zum Lobe Allahs und seines Propheten – stammen aus dieser Zeit. Die **Ruinen** geben einen Eindruck von der ausgedehnten Anlage mit zahlreichen Gebäuden, Türmen, einer Zisterne und einer Kapelle. Besser erhalten ist die **Zitadelle** am östlichen Ende.

37 Qazrin

Sehenswertes archäologisches Museum.

Südl. der Hauptstraße 91

Südlich der 1977 gegründeten Stadt Qazrin breitet sich ein Park mit Ausgrabungen des historischen *Katzrin* und einem Garten mit modernen Basaltskulpturen aus. Das interessante **Golan Archaeological Museum** (Tel. 04/696 13 50, www.museum.golan.org.il, So–Do 9–16, Fr und vor Fei 9–13.30, Sa/Fei 10.30–13.30 Uhr) zeigt Funde aus Gamla, Qazrin und anderen Orten des Golan, darunter einen rekonstruierten Dolmen, ein aus mehreren Tragsteinen und einem Deckstein bestehendes Megalithgrab aus der Bronzezeit sowie das Modell der Synagoge von Gamla.

Auf keinen Fall versäumen sollte man einen Besuch der Weinkellerei **Golan Heights Winery** (Tel. 04/696 84 20, www.golanwines.co.il, Anmeldung erforderlich).

38 Gamla

Das Masada des Nordens.

An der Straße 869, 10 km südöstl. von Qazrin

Die Straßen 87 und 808 führen direkt zu dem 540 m hohen, höckerförmigen Hügel Gamla (hebr. für ›Kamel‹). »Der Hügel fällt zu beiden Seiten und vor den unwegsamen Schluchten steil ab, aber an der Rückseite, wo er am Berg hängt, ist er weit zugänglicher. Die Häuser waren an einen steilen Berghang gebaut«. So beschrieb der römische Historiograf *Flavius Josephus* das ›Masada des Nordens‹. Zu Beginn des Jüdischen Krieges verteidigten die Bewohner ihre Stadt sieben Monate lang gegen die Römer. Als die römischen Truppen 67 n. Chr. die Stadt erstürmten, wurden 4000 Juden getötet, 5000 stürzten sich in die Tiefe.

Heute sind die Ruinen Bestandteil des Naturschutzgebiets **Gamla Nature Reserve** (Tel. 04/682 22 82, www.parks.org.il, Sa–Do 8–16, Fr 8–15, Sommer Sa–Do 8–18 Uhr, Fr 8–17 Uhr), durch das mitunter steile Wege (festes Schuhwerk und Getränke!) führen. Von der **Burg** gelangt man zu einem Grabungsfeld mit den Überresten einer herodianischen **Synagoge**, der vielleicht ältesten in Israel. Die Mauern aus schwarzen Basaltblöcken und die herzförmigen Säulen machen das ursprüngliche Aussehen des Bauwerks deutlich.

Ein anderer Weg führt vom *Parkplatz* in nördlicher Richtung zum **Geierpfad** und zu dem mit 51 m höchsten Wasserfall Israels, dem **Gamla-Wasserfall**. Auf dem Weg dorthin passiert man ein Feld von **Dolmen**, tischartigen Steingebilden, die vor 6000 Jahren zu Beerdigungszwecken angelegt wurden.

Rund um den See Genezareth: Schauplatz der Wunder

Ein ›**Schauplatz der Wunder**‹ ist er nicht nur für die Christen. Der See Genezareth ist auch für weltliche Schlagzeilen immer gut. Einmal fanden Fischer einen Fisch, den das israelische Fischereiministeriums voreilig als eine Abart der mörderischen Piranhas identifizierte. Oder es herrschte helle Aufregung unter den Archäologen, als 1986 am Ufer beim Kibbuz Ginossar der Rumpf eines etwa 2000 Jahre alten Boots entdeckt wurde, das sogleich als ›Jesus-Boot‹ Schlagzeilen machte. Aufgrund seiner Form wurde der See im Altertum mit einer Laute (hebr. Kinnor) verglichen und hebräisch **Yam Kinneret** genannt. Der 165 km^2 große Yam Kinneret ist ein 21 km langer, bis zu 13 km breiter, an seiner tiefsten Stelle 48 m tiefer, fischreicher See: das größte Trinkwasserreservoir Israels und der tiefstgelegene Süßwassersee der Welt. Über 20 Fischarten warten auf Angler und Feinschmecker, aber die berühmteste, der grätenreiche **St. Petersfisch**, kommt heute aus den Fischteichen Galiläas. Am Ufer des Sees, in seinen Städten und Ortschaften lebte und wirkte Jesus. Und die zahlreichen Synagogen mit ihren Mosaikbildern zeugen von der ununterbrochenen Präsenz jüdischer Kultur am Yam Kinneret.

Weil der Sommer hier heiß ist, der Winter angenehm warm und der See vielfältige Freizeitmöglichkeiten bietet, hat er sich zur ›Badewanne‹ der Israelis und zu einem der beliebtesten Urlaubsgebiete entwickelt.

39 Kapernaum — Kefar Nahum

Von der bedeutendsten Wirkungsstätte Jesu zeugen Ausgrabungen am Nordufer des See Genezareth.

An der Straße 87

Die kleine, seit dem 2. Jh. v. Chr. bestehende **Hafenstadt** Kapernaum am Nordufer des See Genezareth war der Ort, in dem Jesus lebte, nachdem er seine Heimatstadt Nazareth hatte verlassen müssen. Hier predigte er und vollbrachte Wunder, hier ernannte er seine ersten Jünger, unter ihnen auch den Fischer *Simon Petrus*.

Nach einer Blütezeit in den ersten nachchristlichen Jahrhunderten begann mit der arabischen Eroberung im 7. Jh. der Verfall Kapernaums. Erst im 19. Jh. kam es zur *Wiederentdeckung* dieses dem Christentum heiligen Ortes durch europäische Archäologen. Systematische **Ausgrabungen** (tgl. 8.30–17 Uhr) wurden seit 1905 durchgeführt. Dabei kam neben Wohnhäusern aus dem 2.–4. Jh. eine **Synagoge** aus dem 4. Jh. zum Vorschein. Die

reich verzierten Architekturfragmente und wieder aufgerichteten Bauteile vermitteln einen Eindruck von der Anlage: eine dreischiffige *Basilika* mit angegliedertem trapezförmigem *Atrium*. Die an drei Seiten umlaufenden Säulenreihen tragen korinthische Kapitelle. Den *Stiftern* der Synagoge gilt die Inschrift auf einer der Säulen: »Herodes, Sohn des Monimos, und Justus, sein Sohn, mit ihren Kindern haben diese Stätte errichtet.« In eine andere Säule sind Menora, Shofar und Mahta eingemeißelt. Kein Zweifel besteht darüber, dass die Synagoge, in der Jesus lehrte, nicht an dieser Stelle gestanden hat.

Das **Haus des Petrus** liegt südlich der Synagoge. Um 450 entstand über dem ehem. Wohnhaus eine achteckige **Gedächtniskirche**, deren Reste heute durch eine Betonkonstruktion geschützt sind. Bemerkenswert ist das *Bodenmosaik* im Zentrum mit einem Pfau. Die im Verputz der Vorgängerbauten gefundenen Jesus- und Petrus-Inschriften deuten darauf hin, dass das Haus des Petrus schon bald

Wirkungsstätte Jesu: In Kapernaum am Nord-ufer des See Genezareth versetzen Architek-turfragmente in die frühchristliche Zeit

nach dem Kreuztod Christi eine sakrale Funktion erhalten hatte.

Ausflug

Nordwestlich von Kapernaum (10 km) liegt 270 m hoch in einer Basaltwüste das biblische **Korazim** (arab. Khirbet Karazeh, Tel. 04/693 49 82, www.parks.org.il, Sa–Do 8–16, Fr 8–15 Uhr), das zur Zeit des Zwei-ten Tempels eine bedeutende Stadt war. Zusammen mit Kapernaum und Betsaida zählte sie zu den von Jesus wegen ihrer ungläubigen Bewohner verdammten Stätten. Die eindrucksvolle **Synagoge** (22,8 x 16,7 m) aus dunkelgrauem Basalt (2./3. Jh.) lässt sich im Grundriss mit der Synagoge von Kapernaum vergleichen. Gut erhalten ist der *Reliefschmuck* des Gebäudes mit lebendigen Tierdarstel-lungen. Neben der Synagoge wurden drei unterirdische Räume freigelegt: eine Miqve (Ritualbad), eine große Zisterne und ein kleiner Lagerraum. Östlich und nördlich der Synagoge erstreckt sich eine **Nekropole** mit ca. 300 Dolmen – Grab-kammern aus dem 6.–4. Jtd. v. Chr.

ℹ️ Praktische Hinweise

Hotel

***Vered HaGalil**, M. P. Korazim 12340, Tel. 04/693 57 85, Fax 04/693 49 64, www.ver edhagalil.co.il. Romantic Guest Ranch über dem See Genezareth.

40 Tabgha En Sheva

Seit dem 4. Jh. wird der ›Siebenquell‹ als Stätte der Brotvermehrung ver-ehrt.

An den Straßen 90 und 87

3 km südlich von Kapernaum liegt der Ort Tabgha (hebr. En Sheva), wo nach christ-licher Überlieferung das Wunder der Brot- und Fischvermehrung (›Speisung der Fünftausend‹) geschah. Am ›Ort der sieben Quellen‹ wurden drei frühchrist-liche Kirchenkomplexe aufgedeckt und im 20. Jh. Kirchenneubauten errichtet.

Kurz vor Tabgha liegt auf dem *Berg der Seligpreisungen* (Mount of Beatitutes), inmitten von Fikus- und Eukalyptusbäu-men, die 1938 nach Plänen von Antonio Barluzzi und im Auftrag des italienischen Diktators Mussolini entstandene **Kirche der Seligpreisungen** (Church of the Ser-mon of the Mount, tgl. 8–12, 14.30–17 Uhr). Sie bezeichnet die Stelle, an der Jesus die Bergpredigt gehalten haben soll. Ihre oktogonale Form soll an die acht Selig-preisungen erinnern und die in den Bo-den um den Altar eingelassenen *Symbole* stellen die Tugenden dar. Der neunten Seligpreisung ist die Kuppel gewidmet. Der aus lokalem schwarzen Basaltstein errichtete Bau (für die Bogen wurde wei-ßer Nazareth-Stein und für die Säulen römischer Travertin verwendet) liegt zu-sammen mit dem Hospiz der Franziska-ner in einer schönen Gartenanlage. Das *Innere* der Kirche ist schlicht, die Wände sind ohne Dekorationen, doch die Kup-pel schmücken Mosaiken auf Goldgrund. In der Apsis erhebt sich über dem mäch-tigen Altar aus Carrara-Marmor ein Altar-überbau (Ziborium), dessen Skulpturen an die Kreuzigung, die Wiederaufer-stehung und die Himmelfahrt sowie an die Jungfrau Maria und die Apostel Petrus und Paulus erinnern. Vom Berg bietet sich ein herrlicher Blick auf den See Geneza-reth: pastellblaue Wasser zwischen ausge-zehrten, braunen Bergrücken.

Die in Tabgha 1982 über zwei Vorgän-gerkirchen gebaute **Brotvermehrungs-kirche** (Church of the Multiplication of Five Loaves and Two Fishes, Mo–Fr 8–17, Sa 8–15 Uhr) im byzantinischen Stil gehört zu einem von deutschen Mönchen seit 1906 unterhaltenen Benediktinerkloster (Tel. 04/667 81 00, www.tabgha.net), in dem die Patres ein Begegnungszentrum für behinderte Kinder und Jugendliche aus aller Welt unterhalten. Die Kirche zitiert architektonische Elemente der Basilika des 5. Jh. (die wiederum über dem ersten Bau des 4. Jh. errichtet worden war). Hauptattraktion sind die herrlichen *Mosaike* im Mittel- und im linken Seitenschiff, die vielleicht von ägyptischen Christen gelegt wurden. Darauf weisen zumindest die Darstellung eines Wasserstandsmessers (Nilometer) sowie verschiedene Pflanzen (Lotusblüten, Schilf) und Tiere (Flamingos, Schlangen, Reiher und Enten) hin, die in Israel nicht vorkommen. Unter dem *Altar* liegt jener Naturfelsen, auf dem die Brotvermehrung stattgefunden haben soll. Das dazugehörige Mosaik mit von Fischen eingerahmten Broten erinnert an das Wunder.

In der Nähe der Brotvermehrungskirche, am Ufer des See Genezareth, steht die **Peterskirche** (Primatskapelle) aus schwarzem Basalt. Der schlichte Innenraum ist der Erscheinung des auferstandenen Jesus gewidmet, der Petrus hier mit drei Weisungen das Kirchenprimat überantwortet haben soll. Im Ostteil der Kapelle gilt ein *Felsen* als der Tisch, an dem Jesus mit seinen Jüngern speiste.

An der Uferseite der Kirche finden sich aus dem Felsen gehauene Stufen. Davor, schon im Wasser, liegen sechs herzförmige Blöcke, Basen für Doppelsäulen. Die erstmals 808 n. Chr. erwähnten Steine heißen nach christlicher Überlieferung auch **Zwölf Throne** oder ›Stühle der zwölf Apostel‹.

41 Tiberias Teverya

Heilige Stadt und Kurort mit heißen Quellen.

An der Straße 90

Neben Jerusalem, Hebron und Safed ist Tiberias eine der vier heiligen Städte der Juden. Wegen der warmen Heilquellen kommen vor allem im Winter viele Urlauber in diesen Ort am Westufer des See Genezareth.

Geschichte Um 26 n. Chr. gründete *Herodes Antipas* am Westufer des *Yam Kinneret* und in der Nähe heißer Quellen zu Ehren des römischen *Kaisers Tiberius* die Stadt Tiberias, die er mit prächtigen Gebäuden und Anlagen schmückte, darunter ein Stadion am Seeufer, eine große Synagoge und eine Festung auf einem Hügel oberhalb der Stadt. Nach dem Bar-Kokhba-Aufstand (132–135) machte *Kaiser*

Hadrian die Stadt für kurze Zeit heidnisch, doch wenig später wurde sie wieder jüdisch, und im 3./4. Jh. befand sich hier der Sitz des rabbinischen Patriarchats. In den Jahren 1099–1187 war Tiberias Hauptstadt des fränkischen Fürstentums Galiläa. 1247 legte Sultan Baybars I. die Stadt in Schutt und Asche. 1562 erhielten der Portugiese *Don Joseph Nassi* und seine Tante *Gracia Mendes* die Stadt aus der Hand des Sultans als Lehen, um hier eine neue jüdische Siedlung zu gründen. Das frühzionistische Experiment scheiterte und die Stadt verfiel. Erst 1738 erfolgte ein bescheidener Wiederaufbau durch den Drusenemir Daher el-Amr, den Herrscher von Akko. Lebten im 19. Jh. ca. 5000 Juden in der Stadt und 1940 schon 12000, so zählt Tiberias heute mehr als 40000 Einwohner.

Besichtigung Tiberias besteht aus der nördlichen Neustadt und der südlichen Altstadt. Die nach dem ersten britischen Hochkommissar für Palästina, Sir Herbert Samuel, Kiryat Shmuel benannte **Neustadt** zieht sich nach Westen und Norden 400 m am Hang hinauf. Vom *Bet Ma'on* auf der Bergspitze hat man einen schönen Blick über den See Genezareth. An seinem Ufer erstreckt sich die **Altstadt** mit ihren wenigen Resten historischer Bebauung. Dazu gehört die nördlich gelegene **Kreuzfahrerfestung**, die – 1738 erneuert – heute ein Kunstzentrum beherbergt. Nahe dem Seeufer steht das **Franziskanerkloster St. Peter** aus dem 19. Jh. Die Kirche erinnert mit ihrer schiffsbugförmigen Apsis an das Fischerboot Petri. An der **Uferpromenade** Tayyelet

Schlange oder Reiher, wer gewinnt? Die herrlichen Mosaike in der Brotvermehrungskirche von Tabgha stammen vermutlich von ägyptischen Künstlern

mit ihren unzähligen Fischrestaurants, Cafés und Diskotheken machen die Fährschiffe nach En Gev [Nr. 42] und Kapernaum [Nr. 39] fest. Man kann aber auch mit einem sog. *Jesus-Boot* (Tel. 04/672 30 06, www.jesusboats.com) biblischen Zeiten ›nachsegeln‹. Unter Anleitung von Historikern und dem Studium ägyptischer Fellachen vom Nil wurde das Boot nachgebaut, das bei Ginossar [s. S. 121] gefunden wurde. Hauptstraße der Altstadt ist die *Rehov HaGalil*, die an der alten Stadtmauer entlang führt.

Im nördlich gelegenen Stadtteil Ha-Rambam befindet sich an der *Rehov Ha-Tanaim* das **Grab des Maimonides**, der 1135 in Cordoba geboren und später geistliches Oberhaupt der ägyptischen Juden wurde. Nachdem der Philosoph und Arzt 1204 in Kairo gestorben war, wurde – wie er es testamentarisch festgelegt hatte – sein Leichnam nach Tiberias gebracht. In der Nähe des berühmten Mannes stößt man auf das **Grab des Yohanan Ben Zakkai**, der nach der Zerstörung Jerusalems im Jahre 70 n. Chr. in Yavne eine jüdische Akademie gründete. Oberhalb dieser Gräber liegt auf dem nächsten Hügel das weiße **Mausoleum des Rabbiners Ben Akiva**, der nach dem Bar-Kokhba-Aufstand 135 von den Römern hingerichtet wurde.

Verlässt man die Altstadt in südlicher Richtung und folgt der Uferstraße *Sderot Eliezer Kaplan*, so erreicht man die der Legende nach von König Salomon angelegten heißen Quellen von **Hammat Tiberias**, die heute in einen kleinen *Archä-*

ologischen Park (Tel. 04/672 52 87, www. parks.org.il, April–Sep. So–Do 8–17, Fr/Sa 8–16 Uhr, Okt.–März So–Do 8–16, Fr/Sa 8–15 Uhr) integriert sind. Die Ruinen des römischen Tiberias erstrecken sich von den Quellen nach Süden. Bis zu 250 000 Liter 60 Grad heißen Wassers strömen täglich aus den 18 schwefelhaltigen und radioaktiven Quellen. Ein kleines **Bademuseum** dokumentiert die Geschichte der Badetradition, während das in einer ehem. Moschee untergebrachte **Lehman-Museum** der Volks- und Sakralkunst Galiläas widmet. Die Hauptattraktion des Parks aber sind die Reste der im römisch-hellenistischen Stil errichteten **Synagoge** (3. Jh. n. Chr.) mit dem dreiteiligen *Mosaik* im Mittelschiff. Eine Fünf-Strang-Guilloche (verschlungenes Zier- und Flechtband) aus blauen, roten und weißen Steinchen (tesserae) fasst das 3,46 x 2,17 m große *südliche Feld* ein. Zwei siebenarmige Leuchter (Menorot) flankieren einen Thoraschrein (Aron haKodesh), dazwischen sind die traditionellen liturgischen Gegenstände wie Shofar (Widderhorn), Lulav (Palmenzweig), Etrog (Zitrusfrucht), Mahta (Weihrauchschaufel) und Hadas (Myrtenzweige) zu sehen. Aus zwei konzentrischen Kreisen und zwölf Segmenten besteht das 3,3 x 3,26 m große *mittlere Feld*. In jedem Segment ist ein Tierkreiszeichen dargestellt, und Frauenbüsten in den Ecken des Quadrats personifizieren die vier Jahreszeiten. Im inneren Kreis erscheint der Sonnengott Helios, der den Sonnenwagen lenkt. In seiner linken Hand hält er die Himmelsku-

Biblische Idylle auf dem See Genezareth: Ein Ausflug mit einem rekonstruierten ›Jesus-Boot‹ von Tiberias aus macht's möglich!

Von der schönen Terrasse des Hotels Galei Kenneret hat man auch am Abend einen herrlichen Blick über den See Genezareth bis hin zum gegenüberliegenden Ufer

gel und eine Peitsche. Eine Guilloche aus fünf roten, braunen, gelben, grauen und blauen Strängen auf schwarzem Hintergrund fasst das 3,3 x 1,5 m große dreiteilige Feld des *nördlichen Mosaiks* ein, auf dem zwei Löwen eine griechische Inschrift bewachen, die den Namen des Stifters, Severus, nennt.

Ganz in der Nähe der Synagoge erhebt sich das weiße **Kuppelgrab des Rabbi Meir** – eines der größten jüdischen Heiligtümer Israels. Der aus Kappadokien stammende Gelehrte (2. Jh.), der als ›der Wundertäter‹ (hebr. Ba'al HaNes) verehrt wurde, war zusammen mit Jehuda Ha-Nassi einer der Verfasser der Mishna. Zwei Eisentore führen in das Mausoleum, in dem sich ein großer *Marmorsarkophag* befindet. Eine Mauer trennt den Raum in einen sefardischen und einen aschkenasischen Teil, so dass jede Gemeinde eine Hälfte des Sarkophags besitzt.

Ausflug

Von Tiberias führt die Küstenstraße in Richtung Norden zum **Kibbuz Nof Ginossar** (hebr. für ›Fürstengärten‹) mit seinem beliebten *Gästehaus* (s. u.) und dem sehenswerten *Yigael-Allon-Museum* (Tel. 04/672 77 00, tgl. 8.30–17 Uhr). Die nach dem 1980 verstorbenen Kibbuzmitglied und Politiker der Arbeiterpartei, Yigael Allon, benannte Sammlung gibt dem Besucher eine ausgezeichnete Einführung in die Geschichte und Ökologie Galiläas. Größte Attraktion ist das ›**Jesus-Boot**‹ (1. Jh. v. Chr.–2. Jh. n. Chr.), das 1986,

als der Wasserspiegel im See Genezareth wegen dramatischer Dürre stark fiel, aus dem Schlamm am Seeufer hervorkam. In einer spektakulären Grabungsaktion wurde das 8,2 x 2,3 m große Boot innerhalb von elf Tagen geborgen. Heute schimmt es noch immer in einer dunklen Wachsbrühe, die das uralte Holz konservieren soll.

ℹ️ Praktische Hinweise

Information

Tourismusbüro, Rehov HaBanim, Tiberias, Tel. 04/672 56 66, Fax 04/672 51 08

Hotels

****Galei Kinneret**, 1 Rehov Eliezer Kaplan, Tiberias, Tel. 04/672 88 88, Fax 04/672 88 60, www.rimonim.com. Eines der stilvollsten Häuser des Landes, direkt am Seeufer.

***Tiberias Club Hotel**, Rehov Ahad Ha'Am, Tiberias, Tel. 04/672 80 00, Fax 04/672 28 98. Großes Hotel mit Ferienwohnungen oben auf dem Berg.

Kibbuz Guesthouse Nof Ginossar, Tiberias, Tel. 04/670 03 00, 04/679 21 70, www.ginosar.co.il. Komfortable Unterkunft direkt am See.

Restaurant

Pagoda, Strandpromenade, Tiberias, Tel. 04/672 55 13. Chinesisches Lokal mit ›kosherer‹ Küche direkt am See.

42 En Gev

Kibbuz mit Feriendorf und Musikfestival.

An der Straße 92

Am östlichen Seeufer liegt der 1937 gegründete Kibbuz En Gev, der besonders im Frühjahr, wenn während des Pessahfestes das berühmte **Musikfestival** (Tel. 04/675 11 75) stattfindet, viele Besucher an den See Genezareth lockt. Leben und Arbeit im Kibbuz lernt man bei einer **Tour** durch den landwirtschaftlichen Betrieb mit Obst- und Gemüseplantagen, Straußenfarm und St.-Petersfischzucht kennen. Gästehäuser, Campingplatz und Badestrand machen angenehme Urlaubstage möglich. In En Gev wurden Funde aus der Eisenzeit, aus nachbabylonischer, hellenistischer, byzantinischer und arabischer Zeit gemacht. Der Erinnerung an die Männer, die in En Gev 1948 den syrischen Angreifern standhielten, dient die **Bronzestatue** ›Mutter mit Kind‹ der ukrainischen Bildhauerin Chana Orloff. Von En Gev aus verkehren regelmäßig **Fährschiffe** nach Tiberias am anderen Ufer des Sees.

ℹ **Praktische Hinweise**

Hotels

Kibbuz Guesthouse En Gev, En Gev, Tel. 04/665 98 00, Fax 04/665 98 18, www.eingev.com. Einfache Ferienhäuschen, idyllisch am See gelegen, Wassersport.

Kibbuz Holiday Village Ha'on, M.P. Jordan Valley, Tel. 04/665 65 56, Fax 04/665 65 57, www.haon.co.il. Großzügige Ferienanlage mit Restaurant und Campingplatz sowie einer Straußenfarm.

43 Belvoir Kokhakh HaYarden

Imposante Kreuzritterburg hoch über dem Jordan.

An der Straße 90, 12 km südl. des See Genezareth

Die Kreuzritter bewiesen bei der Wahl der Standorte ihrer Burgen einen bewundernswerten Sinn für die Kombination von strategischer Lage und landschaftlicher Schönheit. Offensichtlich waren sie von dem Gipfel über dem Jordan so beeindruckt, dass sie ihn Belvoir, ›Schöne Aussicht‹, nannten. Das 312 m über dem Meeresspiegel gelegene Vorgebirge beherrscht die Straße von Ägypten und Gaza nach Syrien. Während des jüdischen Aufstandes errichteten die Zeloten hier eine Burg, die 66 n. Chr. von den Römern zerstört wurde. 1168 erwarben die Johanniter die Stätte von einer adligen Kreuzritterfamilie und bauten hier im Laufe von nur fünf Jahren eine strategisch hervorragend geplante und militärisch gesicherte, 140 x 100 m große **Festungsanlage** (Tel. 04/658 17 66, www.parks.org.il, April–Sept. tgl. 8–17 Uhr, Okt.–März tgl. 8–16 Uhr).

Ein mächtiger *Außenturm* nach Osten verlieh den Wehrmauern die Form eines Fünfecks. Sechs weitere *Wachtürme* und ein 25 m breiter und 12 m tiefer *Burggraben* schützten die Anlage. Als *Fluchtburg* lag im Innern eine weitere Festung, die mit Vorratsräumen, Küche und Wohnräumen im Ernstfall autark verteidigt werden konnte. In der äußeren Burg befanden sich Waffenkammern, Ställe und eine Zisterne. Die 1966–68 vorbildlich restaurierte Anlage von Belvoir mit ihren dicken Basaltmauern ist ein erstklassiges Beispiel für eine Grenzfestung der Kreuzritter. Nach der dramatischen Niederlage der Kreuzritter gegen die Soldaten Saladins bei den ›Hörnern von Hittin‹ 1187, die zum Verlust des Königreichs von Jerusalem führte, waren Belvoir, Safed und Tyrus die letzten drei Vorposten der Kreuzritter. Belvoir blieb uneinnehmbar: Saladins 16-monatige Belagerung war vergeblich.

44 Bet She'an

 Fundgrube für Archäologen – und laut Talmud ›Eingang zum Paradies‹.

An der Straße 71

»Wenn der Garten Eden in Israel liegt, dann ist sein Tor in Bet She'an.« Um diesen Talmud-Satz des Rabbi Shimeon ben Lakhish zu überprüfen, machen sich jährlich über 300 000 Besucher auf. Wo die Yizre'el-Ebene ins Jordantal abfällt, erhebt sich unübersehbar der steil aufragende Tell Bet She'an oder Tell el-Husn (arab. für ›Hügel der Stärke‹), einer der mächtigsten Ruinenhügel Palästinas. Südlich und nordwestlich davon befinden sich die Überreste der hellenistisch-römischen Stadt.

Geschichte Die Besiedlung des Tell geht bis in die Jungsteinzeit (um 3200 v. Chr.) zurück, in der späten Bronzezeit

Schon zur Jungsteinzeit beliebter Wohnort: Einer der mächtigsten Ruinenhügel befindet sich in Bet She'an. Im eindrucksvollen römischen Theater finden alljährlich im Mai Festspiele statt

(1500–1200 v. Chr.) war Bet She'an eine bedeutende ägyptische Stadt mit Festung und Tempeln. Hier hängten im 11. Jh. v. Chr. die Philister die Leichname König Sauls und seines Sohnes Jonathan an die Stadtmauer. In griechischer Zeit erlangte der Ort neue wirtschaftliche Blüte. Nach der Eroberung Israels durch Pompeius 63 v. Chr. wurde er Mitglied der *Dekapolis*, des Zehn-Städte-Bundes. Das einst Skythopolis genannte Bet She'an war im 4. Jh. Hauptstadt der römischen Provinz Palestina Secunda und Bischofssitz, in byzantinischer Zeit eine christliche Stadt mit prächtigen Klöstern und Kirchen. Nach dem Abzug der Kreuzfahrer aus dem Heiligen Land verfiel der Ort zunehmend. Heute ist Bet She'an eine moderne Kleinstadt (16 000 Einw.).

Besichtigung Die meisten Sehenswürdigkeiten von Bet She'an gehören heute zum gleichnamigen **Nationalpark** (Tel. 04/658 71 89, www.parks.org.il, April–Sept. So–Do 8–19, Fr/Sa 8–17 Uhr, Okt.–März tgl. 8–16 Uhr), der mitten in der Stadt liegt. Die Rehov Shaul HaMelekh führt an den Resten des römischen Amphitheaters vorbei zum **Theater** aus dem 2. Jh. n. Chr. Die frühesten Theater in Judäa wurden auf Veranlassung von *Herodes* in Caesarea, Jerusalem und Jericho errichtet. Der hiesige eindrucksvolle Bau, in dem wie in Caesarea alljährlich im Mai *Festspiele* stattfinden, zählt zu den am besten erhaltenen römischen Theatern in Israel und bot ursprünglich 6000 Zuschauern Platz. In neuerer Zeit war er Drehort für den Film ›Jesus Christ Superstar‹. Die unteren Sitzreihen der halbrunden *Cavea* (Zuschauerraum) sind in das Gelände eingearbeitet. Der obere Teil hingegen ruht auf starken Substruktionen und ist durch neun Aufgänge und einen Umgang zu erreichen. Von der zweistöckigen säulengeschmückten *Bühnenwand* und den flankierenden Treppentürmen sind noch Teile erhalten. Vom Theater aus kommt man links zu den byzantinisch-römischen **Thermen**, die aus acht großen Räumen bestehen. Eine Fußbodenheizung unterhalb von Caldarium und Tepidarium spendete die notwendige Wärme, bei der man sich vom anstrengenden Sport in den Säulenhallen erholen konnte.

Die ältesten Überreste der Siedlung findet man auf dem **Tell el-Husn** nördlich des Theaters. Hier entstand seit dem 15. Jh. v. Chr. die ägyptisch-kanaanitische Ortschaft mit der **Zitadelle** von Ramses III. und vier, verschiedenen Gottheiten geweihten **Tempeln**. Die bedeutendsten Funde wie figurengeschmückte Gedenkstelen, Statuen und Sarkophage aus der Nekropole jenseits des Nahal Harod sind im archäologischen *Rockefeller-Museum* von Jerusalem [s. S. 27] zu sehen.

Auf dem benachbarten **Tell el-Mastaba** liegen die Ruinen des **Klosters der Edelfrau Maria** aus dem Jahr 567 mit gut erhaltenen Mosaikböden. Das große *Mosaik* des Innenhofes trägt inmitten von Vogel- und Tierdarstellungen ein kreisförmiges Kalenderbild mit Personifikationen der zwölf Monate. Das zentrale Medaillon zeigt den Sonnengott Helios und die Mondgöttin Selene. Weitere Mosaike schmücken die angrenzenden Räume und die Klosterkirche.

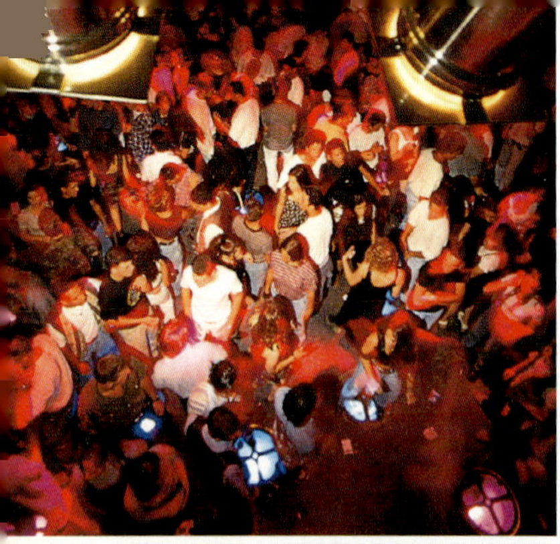

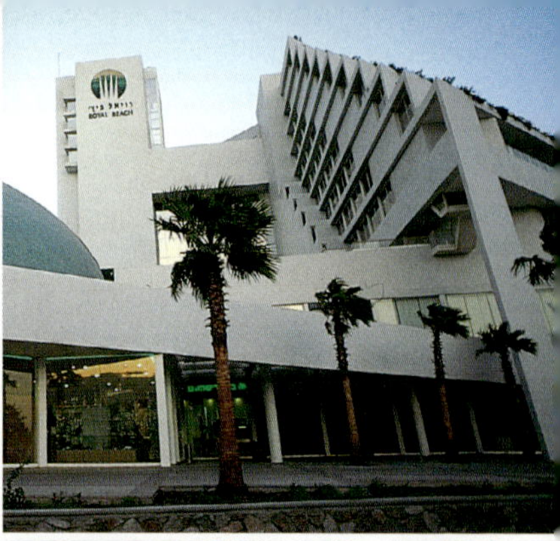

טלפון
טלפון

ירושלים
שלום
PEACE
سلام
القدس
Jerusalem
FROM
israel
WITH love
JERUSALEM

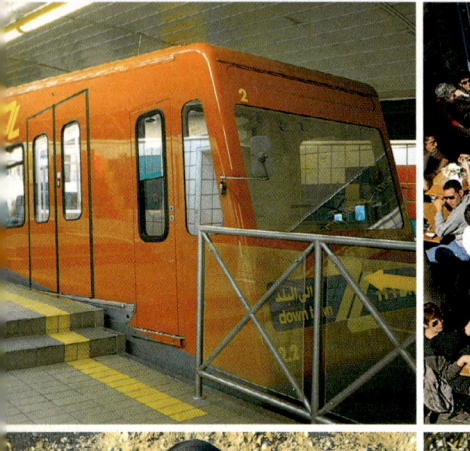

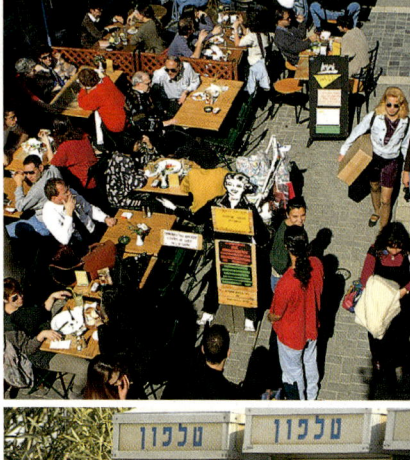

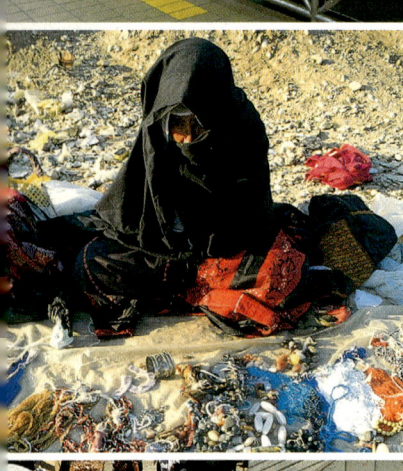

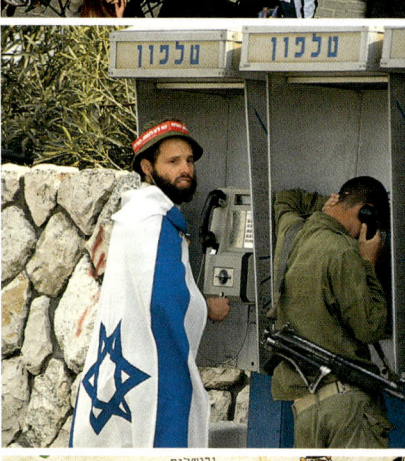

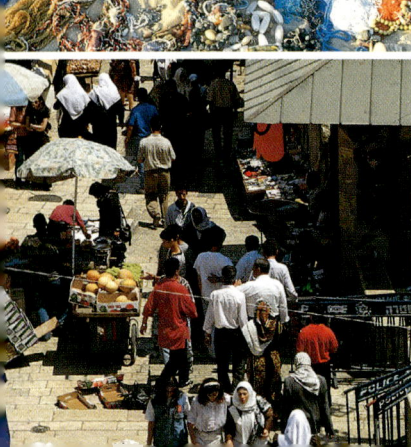

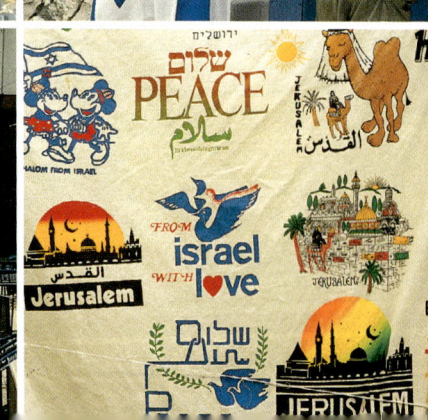

Israel aktuell A bis Z

Vor Reiseantritt

ADAC Info-Service:
Tel. 018 05/ 10 11 12, Fax 018 05/30 29 28
(0,14 €/Min.)

Unter dieser Telefon- bzw. Faxnummer oder bei den ADAC Geschäftsstellen können ADAC-Mitglieder auch kostenloses *Informations-und Kartenmaterial* anfordern.

ADAC im Internet:
www.adac.de
www.adac.de/reisefuehrer

Israel im Internet:
www.goisrael.de
www.visit-palestine.com

Informationen und Hotelvermittlung bietet das

Staatliche Israelische Verkehrsbüro
(kein Publikumsverkehr)

Friedrichstr. 95, 10117 Berlin,
Tel. 030/203 99 70, Fax 030/20 39 97 30

Diplomatische Vertretungen:

Deutschland

Botschaft des Staates Israel, Auguste-Viktoria-Str. 74–76, 14193 Berlin, Tel. 030/89 04 55 00, Fax 030/89 04 53 09, bot schaft@israel.de, http://berlin.mfa.gov.il

Österreich

Israelische Botschaft,
Anton-Frank-Gasse 20, 1180 Wien,
Tel. 01/47 64 65 00, Fax 01/47 64 65 54,
http://vienna.mfa.gov.il

Schweiz

Israelische Botschaft, Alpenstr. 32,
3006 Bern, Tel. 03 13 56 35 00, Fax
03 13 56 35 56, info@bern.mfa.gov.il,
http://bern.mfa.gov.il

Allgemeine Informationen

Reisedokumente

Mindestens noch sechs Monate gültiger *Reisepass*. Deutsche, die nach dem 1. Januar 1928 geboren sind, erhalten an der Grenze ein kostenloses *Besuchervisum* für bis zu drei Monaten. Vor 1928 Geborene müssen ein *Visum* beantragen.

Für Kinder unter 16 Jahren *Kinderausweis* (Nationalitätenvermerk ›Deutsch‹, mind. noch sechs Monate gültig), unter 10 Jahren wird auch der Eintrag im Pass eines Elternteils anerkannt.

Alleinreisende Jugendliche unter 18 Jahren benötigen eine Einverständniserklärung ihrer Eltern. Minderjährige unter 16 Jahren, die allein oder in Begleitung eines Elternteils reisen, sollten eine Vollmachtserklärung der jeweils nicht mitreisenden Erziehungs- bzw. Aufenthaltsbestimmungsberechtigten mitführen.

Wer keinen *Stempel* im Pass wünscht, muss das dem Grenzbeamten mitteilen. Manche arabische Länder verweigern wegen eines israelischen Stempels im Pass die Einreise. Bei Stempeln arabischer Staaten (nicht Ägypten und Jordanien) im Pass muss mit sehr langer, strenger Befragung durch israelische Sicherheitsbeamte gerechnet werden.

Deutsche Staatsangehörige, die auch eine palästinensische Personenkennziffer (ID-Nummer) haben, müssen mit ihrem palästinensischen Reisepass einreisen.

Grenzübergänge

Grenzübergänge können kurzfristig geschlossen werden. Geschlossen ist stets am arabischen Id-Al-Adha- und am israelischen Yom Kippur-Feiertag. Über die Sicherheitslage in den betreffenden Gebieten sollte man sich vorab erkundigen.

Ägypten/Israel: Die Grenze ist in der Regel bei *Taba* (südlich von Elat; Tel. 08/636 09 99, tgl. 0–24 Uhr) passierbar. Bei der Einreise nach Ägypten von Israel aus sind Mietwagen und Allradfahrzeuge nicht gestattet. Für Ägypten sind *Carnet de Passages* sowie *Visum* erforderlich. Für Kurzreisen nach Ägypten wird für Reisende ohne eigenes Kfz am Grenzübergang Taba eine *Einreiseerlaubnis* für einen Aufenthalt bis zu sieben Tagen erteilt (Visum entfällt!).

Jordanien/Israel: Die Übergänge *Arava/Yitzak Rabin Crossing* (bei Elat; Tel. 08/630 05 55, So–Do 6.30–22, Fr/Sa 8–20 Uhr)

und *Jordan River Crossing/Sheik Hussein Bridge* (auf der Höhe von Bet She'an, südlich des See Genezareth; Tel. 04/ 609 34 03, So–Do 6.30–22, Fr/Sa 8–20 Uhr) sind für Reisende geöffnet, die weder israelische noch jordanische Staatsbürger sind. Das Kfz muss das eigene sein und darf weder in Israel noch in Jordanien zugelassen sein. Der Grenzübergang *Allenby Bridge/ King Hussein Bridge* (bei Jericho; Tel. 02/548 26 00, So–Do 8–16, Fr/Sa 8–15 Uhr) kann nur ohne eigenes Kfz überquert werden und ist für den Touristenverkehr nur bedingt geeignet.

Palästinensische Autonomiegebiete:

Personen, die in die palästinensischen Gebiete weiterreisen wollen, müssen schon bei der Einreise nach Israel mit erheblichen Schwierigkeiten rechnen. Die Verweigerung der Einreise ist jederzeit ohne Angabe von Gründen möglich. Die Einreise in den **Gaza-Streifen** bedarf einer Genehmigung, die beim Büro für Außenbeziehungen beim israelischen Koordinator für Regierungsaktivitäten (COGAT) beantragt werden kann (Tel. 08/674 15 56, Fax 08/689 26 13). Nähere Informationen erteilt das Deutsche Vertretungsbüro in Ramallah oder die Deutsche Botschaft Tel Aviv.

Die Ausreise aus den palästinensischen Gebieten (Gaza-Streifen und Westjordanland) nach Israel ist für deutsche Staatsangehörige palästinensischer Herkunft nicht möglich. Auch für Ausländer ist die Ausreise aus dem Gaza-Streifen in Richtung Tel Aviv (Übergang Erez) nur bei Vorliegen einer gesonderten Genehmigung möglich. Anderenfalls muss über Ägypten ausgereist werden. Die Ausreise aus dem Gaza-Streifen nach Ägypten und aus dem Westjordanland nach Jordanien ist im Normalfall ohne besondere Genehmigung möglich.

Kfz-Papiere

Benötigt werden Führerschein und Zulassungsbescheinigung Teil 1 (ehem. Fahrzeugschein). Die Internationale *Grüne Versicherungskarte* wird anerkannt, wenn sie für Israel gültig geschrieben ist (oder verbindlicher Abschluss einer Haftpflichtversicherung an der Grenze). Sie gilt jedoch nur für Personenschäden, eine zusätzliche *Kaskoversicherung* wird daher empfohlen.

Kraftfahrzeuge, Anhänger und Boote aller Art können bis zu einem Jahr zollfrei nach Israel eingeführt werden. Kraftfahrzeuge ausländischer Touristen sind sechs Monate steuerfrei. Eingeführte Fahrzeuge müssen wieder ausgeführt werden.

Krankenversicherung

Der Abschluss einer privaten Auslandsreisekranken- und Rückholversicherung wird dringend empfohlen.

Länder-Gesundheitsinformationen beim: **ADAC Auslands Informations Service**, Tel. 089/76 76 77, Fax 089/76 76 36 77

Hund und Katze

EU-Heimtierausweis mit Kennzeichnung des Tieres (Mikrochip oder Tätowierung), gültige Tollwutimpfung (mind. 30 Tage, max. 12 Monate alt) und klinische Untersuchung (Bestätigung eines guten Gesundheitszustandes durch einen Amtstierarzt; max. fünf Tage alt).

Das Tier muss mind. 3 Monate alt und seit mind. 90 Tagen im Besitz des Reisenden sein. Die Ankunft des Tieres muss mind. 48 Std. zuvor bei der zuständigen Behörde angekündigt werden.

Bei der Rückreise mit Hund oder Katze nach Deutschland oder in ein anderes EU-Land müssen Tollwut-Antikörper nachgewiesen werden. Dies ist frühestens 30 Tage nach der Impfung anhand einer Blutprobe möglich und vom Tierarzt im EU-Heimtierausweis bestätigen zu lassen.

Zollbestimmungen

Keine Beschränkungen für **Gegenstände des persönlichen Gebrauchs**; dazu gehören u. a. 1 Fotoapparat und 1 Filmkamera mit je 10 Filmen. Vorsicht: CTX- und 3DX-Scanner können Filme zerstören, darum sollte man um Handkontrolle bitten.

Wertvolle Gegenstände (z. B. Videokamera, Tauchausrüstung, Laptop etc.) müssen bei der Einreise **deklariert** werden. In der Regel wird von den Zollbehörden die Hinterlegung einer Kaution, die anhand amtlicher Preislisten festgelegt wird, gefordert. Sie kann mit Bargeld, Reisechecks oder durch Belastung der Kreditkarte erbracht werden.

Freigrenzen für **Lebens- und Genussmittel**: 250 Zigaretten oder 250 g Tabak in anderer Form; 2 l Wein und 1 l Spirituosen (Alkohol und Tabak ab 17 Jahren); 250 ml Parfüm; max. 3 kg Lebensmittel (je Sorte nicht mehr als 1 kg) und Geschenke bis zum Gegenwert von 200 US-$.

Einfuhrverbot für frisches Fleisch, frische Früchte, Narkotika, Pornografie, Publikationen aus arabischen Ländern und Stichwaffen (auch Klappmesser mit mehr als 10 cm langer Klinge). Schusswaffen sind genehmigungspflichtig.

Antiquitäten, die vor dem 17. Jh. n. Chr. gefertigt wurden, dürfen nur mit schriftlicher Genehmigung der Antiquitätenbehörde in Jerusalem ausgeführt werden.

Geldein- und -ausfuhr muss ab 80000 NIS deklariert werden. Das entsprechende ›Zoll-Formular Nr. 84‹ kann angefordert werden unter Tel. 009 72/2/658 77 77.

Bei der Ausreise vom Flughafen Ben Gurion können die israelischen Sicherheitsbehörden elektronische Geräten, v.a. Laptops, einbehalten. Sie werden untersucht und nach 1–3 Tagen nachgesandt.

Werden Dienstleistungen wie Hotel-, Flug-, Mietwagenrechnungen usw. in frei konvertierbarer Währung (z.B. Euro oder US-Dollar) bezahlt, entfällt die **Mehrwertsteuer** (zzt. 15,5 %) – ebenso in der zollfreien Zone von Eilat. Kauft man in vom Fremdenverkehrsministerium empfohlenen Geschäften (durch ein Emblem und ›Tax V.A.T. Refund and 5 % Discount‹ gekennzeichnet) Waren im Wert von mehr als 100 US-Dollar mit Auslandswährung, erhält man am Zoll bei Vorlage von Ware und Rechnung die MwSt zurück.

Geld

Auch wenn viele Händler lieber US-Dollar annehmen und dann sogar einen Rabatt gewähren – die israelische Währungseinheit ist der *Neue Israelische Shekel (NIS) = 100 Agorot*. Banknoten gibt es als 20 NIS (mit dem Konterfei von Mosche Sharet), 50 NIS (Shmuel Agnon), 100 NIS (Jitzchak Ben Zvi) und 200 NIS (Tzalman Schazar). Münzen gibt es im Wert von 5, 10 und 50 Agorot sowie von 1, 5 und 10 NIS.

Die meisten Hotels, große Geschäfte, Autovermieter und Tankstellen akzeptieren die gängigen internationalen *Kreditkarten*. Mit ihnen oder *EC-Karten* kann man überdies an zahlreichen Bankautomaten gegen Gebühr Bargeld abheben.

Tourismusämter im Land

Die Tourismusbüros sind im Haupttext jew. unter ›Praktische Hinweise‹ genannt.

Tourismusbüro, Jaffator, Jerusalem, Tel. 02/627 14 22, Fax 02/627 13 62, www.jerusalem.muni.il

Christian Information Center, Jaffator, Jerusalem, Tel. 02/627 26 92, Fax 02/628 64 17, www.cicts.org

Notrufnummern

Ambulanz/Notarzt: Tel. 101

Polizei: Tel. 100

Feuerwehr: Tel. 102

24-Stunden-Hotline für Touristen: Tel. 38 88 (persönliche Auskunft)

Straßenhilfsdienste: ADAC-Partnerclub Automobile & Touring Club of Israel (MEMSI), 20 HaRakevet St, Tel Aviv, Tel. 03/564 11 22; Road Service Tel. 03/564 11 11 (rund um die Uhr), www.memsi.co.il

ADAC-Notrufzentrale München: Tel. 00 49/89/22 22 22 (rund um die Uhr)

ADAC Ambulanzdienst München: Tel. 00 49/89/76 76 76 (rund um die Uhr)

Österreichischer Automobil Motorrad und Touring Club
ÖAMTC Schutzbrief-Nothilfe: Tel. 00 43/(0)1/251 20 00

Touring Club Schweiz
TCS Zentrale Hilfsstelle: Tel. 00 41/(0)2 24 17 22 20

Diplomatische Vertretungen

Deutsche Botschaft, 3 Rehov Daniel Frish, 64731 Tel Aviv, Tel. 03/693 13 13, Fax 03/696 92 17, www.tel-aviv.diplo.de

Österreichische Botschaft, Beit Crystal, 12 Rehov Hahilazon, Ramat Gan 52522, Tel Aviv, Tel. 03/613 06 83, Fax 03/751 07 16, www.austrian-embassy.org.il

Schweizer Botschaft, 228 Rehov HaYarkon, 63405 Tel Aviv, Tel. 03/546 44 55, Fax 03/546 44 08, www.eda.admin.ch/telaviv

Besondere Verkehrsbestimmungen

Im Wesentlichen gelten dieselben Verkehrsbestimmungen wie in Europa.

Höchstgeschwindigkeiten (in km/h): innerorts für alle Kraftfahrzeuge 50; für Pkw auf Landstraßen 80, auf Autobahnen 90, Motorräder immer 70, Pkw mit Anhänger immer 60.

Promillegrenze: 0,0.

Außerhalb von Orten ist vom 1. Nov.–31. März mit **Abblendlicht** zu fahren. Ein **Feuerlöscher** muss mitgeführt werden. Die **Reifenprofiltiefe** muss mind. 2 mm betragen. An der hinteren Stoßstange (Pkw) muss rechts und links ein roter **Reflektionsstreifen** angebracht sein.

Sicherheit

Auch wenn seit 1948 mehr Israelis bei Verkehrsunfällen ums Leben kamen als durch Kriege und Attentate – ›normal‹ ist das Leben in Israel nicht. Taschenkontrollen vor Kinos, Kaufhäusern oder Universitäten sind selbstverständlich, auch dass jeder allein stehende Koffer auf dem Flughafen oder in Bussen unverzüglich entfernt wird und es kaum Abfallkörbe gibt (aber überall große Stahlcontainer).

Vor Reisen in den oder in die Nähe des *Gaza-Streifens* und in die *Westbank* wird gewarnt, Besucher sollten sich in jedem Fall beim Auswärtigen Amt (www.auswaertiges-amt.de) oder in der Botschaft in Tel Aviv (s. o.) nach der Lage erkundigen.

In *Jerusalem* wird zu besonderer Vorsicht geraten. Freitags und an Feiertagen sollte man die Nähe des Tempelbergs meiden. Bei Altstadtbesuchen – insbesondere an islamischen und jüdischen Feiertagen – ist generell Vorsicht geboten.

Bei Fahrten in die *Autonomen Palästinensergebiete* (Gaza-Streifen, Westjordanland) wird zu größter Vorsicht geraten.

Stromspannung

220 Volt. Für die dreipoligen Steckdosen ist ein Adapter notwendig.

Sprache

Offizielle Landessprachen sind **Ivrit** (Neuhebräisch) und **Arabisch**. *Englisch* ist die am weitesten verbreitete Zweitsprache. Sehr viele Israelis beherrschen daneben noch Französisch, Spanisch, Russisch oder Yiddish. Alle Straßen- und Verkehrsschilder sowie die meisten Geschäftshinweise sind *dreisprachig*: Hebräisch, Arabisch und Englisch.

Zeit

Zeitunterschied zu Deutschland in der Regel +1 Stunde; ab dem letzten Märzwochenende gilt für 150 Tage Sommerzeit.

 Anreise

Flugzeug

Mehr als 20 internationale Fluggesellschaften fliegen Israel regelmäßig an. *Direktflüge* ab Deutschland ab Berlin, Frankfurt/Main, München, Köln/Bonn, Stuttgart und Hamburg. Die Flugzeit ab Frankfurt beträgt ca. 4 Std. Vor Abflug sollte man

sich bei der Fluggesellschaft über aktuelle Sicherheitsmaßnahmen erkundigen und sich mind. 3 Stunden vor Abflug im Terminal einfinden.

In Israel landet man meist auf dem *Ben-Gurion-Flughafen* in **Lod** (25 km östl. von Tel Aviv, 55 km nordöstl. von Jerusalem). Israel Railways verbindet ihn mit Jerusalem und dem Norden des Landes. Besonders schnell erreicht man Tel Aviv und Haifa. Auch preiswerte *Sherut-Sammeltaxis* und Egged-Busse (Tel. 03/694 88 88, www.egged.co.il) fahren regelmäßig nach Tel Aviv, Jerusalem und Haifa.

Flughafen Ben Gurion, Tel. 03/975 55 55, www.iaa.gov.il

■ Bank, Post, Telefon

Bank

Öffnungszeiten: So–Do 8.30–12, Di, Do 16–18 Uhr. Fr und vor jüdischen Feiertagen 8.30–12 Uhr.

Geldumtausch ist nur in Banken und autorisierten Wechselstellen gestattet.

Post

Kennzeichen der israelischen Post ist ein springender weißer Hirsch auf rotem Grund. *Briefmarken* gibt es in Postämtern, Schreibwaren- und Andenkenläden sowie in großen Hotels. *Sendungen* nach Europa unbedingt per Luftpost aufgeben, aber selbst dann dauert es oft.

Telefon

Internationale Vorwahlen

Israel 00972
Deutschland 00 49
Österreich 00 43
Schweiz 00 41
(dann die Ortskennzahl ohne die 0)

Auslandsgespräche können in den zahlreichen internationalen Telefonzellen geführt werden. Die dafür nötigen **Telefonkarten** (*Telecart*) gibt es in Postämtern und an Kiosken. Oder man sucht eines der *Bezeq*-Telefonämter auf (in der Regel So–Do 8.30–18, Fr 8.30–12.30 Uhr).

Vereinzelt gibt es noch Telefonzellen mit *Wertmarken* (›Tokens‹ oder ›Asimonim‹) für Inlandsgespräche.

Die Benutzung handelsüblicher GSM-**Mobiltelefone** ist in ganz Israel möglich. Internationales Roaming ist mgl., weitere Informationen beim Service-Anbieter.

■ Einkaufen

Öffnungszeiten sind in der Regel So–Do 9–19 Uhr, am Vorabend jüdischer Feiertage und Fr 9–14 Uhr. Von Christen betriebene Geschäfte sind So, von Muslimen betriebene Fr geschlossen.

In Israel lohnt es sich, **Diamanten** und **Schmuck** zu kaufen. Ebenso findet man schöne **Orientteppiche, Pelz-** oder **Lederwaren**. Als Souvenir eignen sich außerdem **Stickereien, Schnitzarbeiten, Glaswaren, Keramik** und kleinere **Kunstgegenstände. Orientalische Basare**, etwa in Jerusalem, gelten als besonders attraktive Einkaufsorte.

Seriöse Geschäfte haben im Schaufenster ein *Emblem* des Ministerium für Tourismus. Das Zeichen zeigt eine blaue Schleife mit zwei Weintrauben tragenden israelischen Kundschaftern. Auf dem Emblem ist ›Recommended by the Ministry of Tourism‹ zu lesen.

Achtung: Das Sammeln von Steinen, antiken Relikten, geschützten Pflanzen oder Muscheln ist verboten!

■ Essen und Trinken

Die typisch israelische Küche wird der Reisende vergeblich suchen – es gibt sie nicht. Dafür kann man hier kulinarische Köstlichkeiten aus aller Welt genießen, denn die *Einwanderer* aus mehr als 80 Ländern brachten die Spezialitäten ihrer Küche mit. So kann man in Israel hervorragend iranisch oder italienisch, senegalesisch oder spanisch essen. Und immer ist der **Orient** dabei, wovon die reichliche Verwendung von Gewürzen, Knoblauch, Zwiebeln und Oliven zeugt – immerhin leben viele Araber und zahlreiche Juden aus arabischen Ländern in Israel. Arabisches Essen ist opulent, süß, fettreich und eben stark gewürzt. Vorzüglich sind gebratene oder gegrillte Gerichte mit Kalb-, Hammel- und Geflügelfleisch. Insgesamt kann sich die arabische Küche wesentlich fantasiereicher geben als die ›koschere‹ jüdische, der die *strengen Speisegesetze* in Bezug auf Zutaten und Zubereitungsarten recht viele Grenzen setzt.

Leider ist die traditionelle **osteuropäische Küche** in Israel vom Aussterben bedroht. Doch in einigen Lokalen im Jerusalemer Stadtteil Mea Shearim oder in manchen Hotels bekommt man noch osteuropäische Spezialitäten – *Blintzen*

Alles ›koscher‹, oder was?

Die Auslegungen der jüdischen Speisevorschriften füllen ganze Bücher. Das hebräische Wort für rein, sauber und erlaubt heißt ›kasher‹, unrein, unsauber und nicht erlaubt ist ›treife‹. Nicht nur die Speisen, sondern auch die Küche selbst sowie die Küchengeräte sind ›koscher‹ oder ›treife‹.

In der jüdischen Küche bestimmen religiöse Vorschriften die Zubereitung und Zusammenstellung der Speisen. Nach den strengen Speisegesetzen des Alten Testaments darf nur das Fleisch von reinen Tieren gegessen werden, etwa Geflügel oder Tiere, die gespaltene Hufe haben und Wiederkäuer sind, wie Rind, Rotwild, Schaf und Ziege. Das Fleisch muss geschächtet sein (vollständiges Ausblutenlassen), denn Juden ist jeglicher Blutgenuss untersagt. Von den Fischen sind nur jene erlaubt, die sowohl Schuppen als auch Flossen haben. Demnach sind Krabben, Muscheln, Hummer oder Aal tabu.

›Koscher‹ bedeutet auch, ›Milchiges‹ von ›Fleischigem‹ zu trennen, so dass z. B. zu oder nach einer Fleischmahlzeit kein Käse, keine Sahne und keine Milch serviert werden darf. Deshalb wird man zum Braten auch keine Sahnesauce bekommen. Getrenntes Koch- und Essgeschirr für Fleisch- und Milchgerichte gehören ebenfalls zur ›koscheren‹ Küche.

Über die ›koschere‹ Küche wacht übrigens das Rabbinat. Nur wer die strengen Kontrollen dieser Behörde besteht, erhält die begehrte Urkunde, welche die meisten Restaurantbesitzer stolz am Eingang anbringen.

etwa, die süßen, mit Quark gefüllten Pfannkuchen, oder *Kneidlech*, Knödel aus Mehl, Gries, Nierenfett und Gewürzen. Beliebte Schmankerl sind auch *Kreplech*, mit Rinderhack gefüllte Teigtaschen, oder *Lokschen*, ein süßer Nudelpudding mit Äpfeln.

Ein Essen beginnt in Israel mit leckeren **Vorspeisen** (*Mezze*), von denen manche roh, andere gekocht sind. So gibt es Salate und Gemüse mit verschiedenen Dips wie *Humus* (Kichererbsen-Brei mit Knoblauch und Olivenöl), *Labaneh-Käse* mit Zitrone oder gegrillte *Hühnerleber*, frittierte *Kibbeh* (Fleischpastetchen), mit Kä-

Der Orient ist niemals weit

Ägyptischer Zitronenfisch: Fischstücke, in Knoblauchöl mit Zitronen, Salz und Pfeffer geköchelt. Mit Zitronen eiskalt serviert in gelierter Sauce.

Bagels: Teigringe aus Trockenhefe mit Kümmel und Koriander.

Baklava: Schichtgebäck aus Nüssen, Pistazien, Mandeln, Ingwer und Sirup.

Biskotchos: Knusprige salzige Teekringel der Sefarden.

Borekas: Mit Käse oder Spinat gefüllte Teigtaschen.

Borscht: Süßsaure Suppe, zum Beispiel aus Rote Bete oder Sauerampfer.

Challa: Süßer Brotzopf, der am Sabbat gegessen wird. Gibt es auch in runder Form mit Mohnsamen und Rosinen.

Cholent: Reichhaltiges Schichtragout aus Rindfleisch, Markknochen, Knödeln, Kartoffeln, Bohnen und Gerste (wird nur am Sabbat serviert).

Gefilte Fish: ›Gefüllter Fisch‹, ein typisches Gericht osteuropäischer Juden, ist eine Fischfarce, die in eine Fischhaut gefüllt wird.

Halvah: Sesam- und Honigriegel.

Hamantaschen: Mit Mohnsamen oder Zwetschgenmus gefüllte Mürbeteigtaschen, die es zum Purim-Fest gibt.

Haminados: Mit den Sefardim von der Iberischen Halbinsel kamen die stundenlang in Wasser, Gewürzen und Zwiebeln gekochten Eier nach Israel. Das Gericht wird kalt serviert.

Harissa: Nordafrikanische Würzpaste aus Chili, Paprikaschoten, Knoblauch, Kreuzkümmel, Koriander und Olivenöl.

Hazeret: Meerrettich-Tunke mit roten Rüben, Essig, Salz und Zucker.

Hilbeh: Würze aus Griechisch-Heu-Samen, traditionell zu Suppen.

Holischkes: Krautwickel aus Rinderhack, Reis, Kohl und Rosinen.

Hühnersuppe mit Kneidlech: Traditionelle jüdische Hühnersuppe mit Knödeln, Zwiebeln, Sellerie und Karotten.

Kaktusfeigensauce: Sauce aus Feigen, Zitronen, Kirschlikör und *Arrowroot*.

Kasha: Brei aus Buchweizen, mit Milch oder Schmalz verfeinert. Am Sabbat wird er mit Bohnen oder Erbsen serviert, getreu dem jiddisches Spruch: »Fleysh a bissl, kashe al file shissel.« (»Fleisch nur ein bisschen, aber Kasha eine volle Schüssel.«)

Kibbeh: Pastete aus Lammfleisch und geschrotetem Weizen.

Knisches: Mit Kartoffeln, Zwiebeln und Fleisch gefüllte Teigtaschen.

Konafa: Suppen und Fadennudeln, mit Sirup und Nüssen in Öl gebacken.

Krupnik-Suppe: Suppe aus Perlgraupen, Kochfleisch, weißen Bohnen, Gemüse und Gewürzen.

Kubbaneh: Dampfnudeln mit braunen Eiern (Haminados) und Hilbeh, ein Frühstücksgericht aus der jemenitisch-jüdischen Küche.

Kugel: Würziger Nudelpudding der osteuropäischen Juden.

Lahuhua: Jemenitisches Schwammbrot, das traditionell zu Suppen und Eintöpfen serviert wird.

Ma'amoul: Kleine Törtchen mit Dattel- und Nussfüllung.

Mahallabija: Milchreis mit Rosenöl, Zucker und Nüssen.

se oder Spinat gefüllte *Teigtaschen* oder scharfe Köstlichkeiten wie *Zhoug* (Chilipaste mit Petersilie und Koriander) – Mezze ist immer ein gelungener Auftakt zu einem orientalischen Essen.

Fisch steht in Israel häufig auf dem Speiseplan. Man dünstet ihn mit oder ohne *Gemüse*, brät ihn ganz oder in Scheiben oder bereitet ihn auf dem Holzkohlengrill zu und serviert ihn mit verschiedenen *Saucen*. Man schmort ihn (*Hreimeh*) oder verarbeitet ihn zu *Frikadellen* oder *Pasteten*. Aus Polen kommt die Art, Fisch mit einer *gallertartigen Sauce* aus Zucker und Mandeln zu bedecken. Der berühmte **St. Petersfisch** wird heute in Fischteichen rund um den See Genezareth gezüchtet. Im Norden des Landes, in Galiläa, gibt es zahlreiche **Forellenzuchten**, gespeist aus dem kalten Wasser der Flüsse Dan und Banyas. Forellen sind eine leckere Alternative zu den einheimischen *Meeräschen, -barben* und *Brassen*.

Gaumenfreuden mit Gräten: St. Petersfisch aus den Teichen um den See Genezareth

Mlalwah: Flockiges Brot, am besten mit frischem Tomatenpüree oder Zhoug.

Pita: Orientalisches Fladenbrot aus Trockenhefe.

Sahlab: Brei aus Orchideen, gekocht in heißer Milch, dazu Nüsse, Pinienkerne und Kokosfleisch, überstreut mit Zimt.

Sambusak: Mit Käse gefüllte Hörnchen.

Tabbuleh: Salat aus klein gehackten Paprika, Zwiebeln, Tomaten, Gurken und Kräutern, manchmal auch mit geschrotetem Weizen.

Tehina (arab. Tahina): Dicke, scharfe Paste aus pürierten Sesamkernen, Knoblauch und frischem Zitronensaft.

Za'atar: Salzige Mischung aus Gewürzen, Ysop und Kräutern, die zu warmen Bagels gereicht wird.

Zhoug: Scharfe Gewürzsauce mit Chilischoten, Knoblauch, Koriander.

In Israel wird vergleichsweise wenig **Alkohol** getrunken. Die meisten **Weingüter** wurden Anfang des 20. Jh. gegründet, die beiden größten in *Rishon LeZion* und *Zikhron Ya'akov* mit finanzieller Unterstützung des *Baron de Rothschild*. Seit den 1980er-Jahren produziert man auf dem Golan einen charakteristischen, sehr trockenen *Cabernet Sauvignon Blanc*. Neben den Weinen sollte man auch die vorzüglichen **Liköre** wie *Cherry, Wishniak* oder *Abtel* probieren.

Feste und Feiertag

In Israel gibt es *jüdische, islamische* und *christliche Feiertage.* Sie werden vielfach nach dem Mondkalender berechnet und sind beweglich, daher können oft keine exakten Daten nach dem Gregorianischen Kalender angegeben werden.

Der jüdische Kalender

Dem jüdischen Jahr und israelischen Kalender liegt das **Mondjahr** zugrunde. Das bedeutet, dass die Monate abwechselnd 29 und 30 Tage haben. Ein reguläres Jahr ist also 353 bzw. 354 Tage lang. Um die wichtigen Feste ›wandern‹ zu lassen, wird in 19 Jahren siebenmal ein *Schaltmonat,* Adar 2 (oder Adar Bet) genannt, eingeschoben. Für die **jüdische Zeitrechnung** ist das Jahr Null der *erste Schöpfungstag,* nach christlicher Zeitzählung 3760 v. Chr. Fromme Juden schreiben also z. B. nicht 2008, sondern 5768. Die israelische Zeitung ›Jerusalem Post‹ nennt übrigens auf der Titelseite das jüdische, christliche und islamische Datum.

Offizieller wöchentlicher **Ruhetag** der Juden ist der Samstag (Sabbat).

Monatsnamen

Tishri	Sept./Okt.
Heshvan	Okt./Nov.
Kislev	Nov./Dez.
Tevet	Dez./Jan.
Shevat	Jan./Febr.
Adar	Febr./März
Nissan	März/April
Iyyar	April/Mai
Sivan	Mai/Juni
Tamuz	Juni/Juli
Av	Juli/August
Elul	Aug./Sept.

Jüdische Feste

Februar/März

Purim (Losfest): Am 13.–15. Adar gedenkt man ausgelassen und fröhlich der *Rückkehr aus Babylonischer Gefangenschaft.*

März/April

Pessah: Fest der *Erlösung* und des *Frühlings* (15.–21. Nissan). Sieben Tage lang wird statt gesäuertem Brot lediglich aus ungesäuertem Teig gebackene *Mazzah* (Matze) gegessen. In der Nacht vom 14. auf den 15. Nissan feiern Juden den *Sederabend* zu Hause. Vielerorts werden zu Pessah Konzerte veranstaltet.

Purim: Farbenfrohe Umzüge in allen größeren Städten. In Jerusalem und Tel Aviv organisiert das Tourismus Ministerium in den Lobbies der großen Hotels theatralische Purim-Spiele (*Shushan Purim*).

Yom HaShoa: Am 27. Nissan gedenkt ganz Israel des *Aufstands im Warschauer Getto* (1943) und der mehr als 6 Mio. Toten des *Holocaust*.

April/Mai

Israel-Festival: Wichtigstes kulturelles Ereignis Israels. Drei Wochen lang finden in *Jerusalem* und im Amphitheater von *Caesarea* internationale Musik-, Ballett-, Theater- und Kabarettveranstaltungen statt, www.israel-festival.org.il.

Yom Ha'Azmaut: Erinnerung an die *Gründung* des Staates Israel am 5.Iyyar 5708 (14. Mai 1948). Im ganzen Land spielen Musikbands und Orchester.

Mai/Juni

Shavuot: Am 6. Sivan erinnert man sich an die Übergabe der *Zehn Gebote* an die Kinder Israels.

Juli/August

Internationales Filmfestival: Filme aus über 40 Ländern und Israelischer Kurzfilmwettbewerb in der Jerusalemer Cinemathèque, Derech Hebron, Jerusalem, Tel. 02/565 43 33, www.jer-cin.org.il.

Internationales Puppentheater-Festival: Puppenspiele internationaler Theater im Train Puppet Theater, Liberty Bell Park, Jerusalem, Tel. 02/561 85 14, www.train theater.co.il

Tisha beAv: Am 9. Av fastet man von Sonnenuntergang des Vorabends bis zum Feiertagsabend in Erinnerung an die *Zerstörung* des 1. und des 2. Tempels. In den Synagogen werden die Klagelieder des Jeremia verlesen.

September/Oktober

Rosh HaShana: Neujahrstag (1./2. Tishri) und ›Tag des Zurückdenkens‹, in den Synagogen wird der Shofar geblasen. Zum Abendessen symbolisiert ein Stück Apfel mit Honig ein ›süßes‹ neues Jahr.

Yom Kippur: *Versöhnungstag* (10.Tishri). In den Synagogen wird von Sonnenuntergang des Vorabends bis Sonnenuntergang des folgenden Abends gefastet. Es ist der höchste Feiertag der Juden, das gesamte öffentliche Leben ruht.

Sukkot: *Laubhüttenfest* am 15. Tishri. Die Feier des Friedens und Fest der Nationen dauert sieben Tage. Orthodoxe Juden halten sich die ganze Zeit in Hütten aus Zweigen und Palmwedeln auf.

Simhat Tora: Am 23. Tishri (Ende des Laubhüttenfestes) *Fest der Thorafreude*. In den Straßen finden Umzüge statt.

November/Dezember

Hanukka (Lichterfest): Acht Tage lang werden vom 25. Kislev an jeden Abend zu Hause und an der Westmauer in Jerusalem Kerzen angezündet zur Erinnerung an die Reinigung und *Wiedereinweihung des Tempels* in Jerusalem (165 v. Chr.).

Islamische Feste

Auch das islamische Jahr ist ein **Mondjahr**, wobei jeder Monat mit dem Neumond anfängt. Fest- und Feiertage sind daher beweglich. Die Zeitrechnung beginnt mit der *Hedjra*, der Flucht Mohammeds von Mekka nach Medina, nach christlicher Zeitrechnung am 15. Juli 622.

Mawlid al-Nabi, Geburtstag des Propheten, wird mit öffentlichen Lesungen von Preisgedichten auf Mohammed gefeiert.

Ramadan, der 9. Monat des islamischen Kalenders, ist der Fastenmonat der Muslime. Von Sonnenauf- bis -untergang darf nicht gegessen, getrunken oder geraucht werden. Tagsüber ist nur eingeschränkt mit öffentlichen Dienstleistungen zu rechnen, abends und nachts finden dafür ausgiebige Festlichkeiten statt.

Die zwei großen islamischen Feste sind:

Id al-Fitr: Dreitägiges *Fest des Fastenbrechens* zum Ende des Ramadan. Man verteilt Almosen und schenkt Süßigkeiten.

Archäologie erleben

Wer im Heiligen Land zu Schaufel und Eimer greifen will, den informieren die Broschüre ›Archaeological Excavations‹, die jeweilige Januar/Februar-Ausgabe der Zeitschrift ›Biblical Archaeological Review‹ sowie die Website www.findadig.com über **Ausgrabungsmöglichkeiten** in Israel. Und wer nur einen Tag graben möchte, kann sich – mindestens zwei Wochen im Voraus – bei ›Dig for a Day‹ (Tel. 02/586 20 11, www.archesem.com) anmelden.

Weitere **Auskünfte** erteilen auch die Staatlichen Israelischen Verkehrsbüros [s.S. 125].

Id al-Adha: Das *Fest des großen Opfers* ist der Abschluss der Wallfahrt nach Mekka im 11. Monat des Mondjahres. Dazu werden neue Kleider angezogen und Geschenke ausgetauscht.

Klima und Reisezeit

Das *Mittelmeer* im Westen und die *Wüste* im Osten und Süden bestimmen Israels Klima. Das bedingt zum Teil erhebliche Temperaturgefälle innerhalb des Landes. Generell sind die **Sommer** lang, warm und fast regenfrei. In den besonders heißen Monaten ist es in Bergstädten wie Jerusalem oder Safed wesentlich kühler als in anderen Landesteilen. Der **Winter** ist allgemein mild, in den Bergregionen aber oft kalt. Das mediterrane Klima erlaubt *ganzjähriges Baden*: April–Okt. am Mittelmeer und am See Genezareth, das ganze Jahr über am Toten Meer und am Roten Meer. Besonders schön ist der Norden Israels im Frühling, dann erblüht eine üppige Vegetation.

Klimadaten Tel Aviv

Monat	Luft (°C) min./max.	Wasser (°C)	Sonnen- std./Tag	Regen- tage
Januar	8/18	16	6	10
Februar	9/19	16	7	8
März	11/21	17	7	7
April	13/23	18	9	3
Mai	16/26	21	11	1
Juni	19/28	24	12	1
Juli	21/30	25	12	1
August	22/31	27	12	0
September	21/31	27	10	1
Oktober	17/28	24	9	2
November	14/24	21	8	6
Dezember	11/20	18	6	10

Klimadaten Elat

Monat	Luft (°C) min./max.	Wasser (°C)	Sonnen- std./Tag	Regen- tage
Januar	10/21	22	7	1
Februar	11/23	18	8	1
März	14/26	21	8	1
April	18/31	22	9	1
Mai	22/36	23	10	1
Juni	24/38	24	11	0
Juli	26/40	25	11	0
August	27/40	27	11	0
September	25/37	27	10	0
Oktober	21/33	26	9	1
November	16/28	25	8	1
Dezember	11/22	24	7	1

Kultur live

Musik, Tanz, Theater, Folklore – dank seiner kulturellen Vielfalt bietet Israel ein abwechslungsreiches Kulturprogramm.

Tanz

Inbal Pinto & Avshalom Pollak Dance Company, 5 Yechieli St, N Tzedek, Tel Aviv, Tel. 03/510 07 93, www.inbalpinto.com

Suzanne Dellal Center for Dance, 6 Yechieli St, Neve Tzedek, Tel Aviv, Tel. 03/510 56 56, www.suzannedellal.org.il

Theater

HaBima National Theatre, 2 Tarsat Ave, Tel Aviv, Tel. 03/692 55 55, www.habima.co.il. Drei Säle mit insg. 1520 Plätzen. Zzt. wg. Renovierung teilweise geschlossen.

Cameri Theatre, im Tel Aviv Performing Arts Centre (TAPAC), 19 Shaul Hamelech St., Tel Aviv, Tel. 03/606 19 60, www.cameri.co.il. Stadttheater von Tel Aviv.

Gesher Theatre, 7–9 Yerushalaim Blvd, Tel Aviv - Jaffa 98114, Tel. 03/681 31 31, www.gesher-theatre.co.il. Theater hauptsächlich russischer Einwanderer.

Jerusalem Centre for the Performing Arts, 20 David Marcus St, Jerusalem, Tel. 02/560 57 55, www.jerusalem-theatre.co.il. In dem Komplex sind u.a. *Sherover Theatre* und *Little Theatre* untergebracht.

Al Hakawati Palestinian National Theatre, Nuzha St, Ostjerusalem, Tel. 02/628 09 57, www.al-hakawati.net/english. Stücke mit meist politischem Anspruch.

Konzerte

Jerusalem Music Centre, Mishkenot Sha'ananim, Jerusalem, Tel. 02/6234347, www.jmc.co.il. Zahlreiche Konzerte junger Musiker, barock bis zeitgenössisch.

Jerusalem Performing Arts Centre, 20 David Marcus St, Jerusalem, Tel. 02/560 57 55, www.jerusalem-theatre.co.il. *Henry Crown Symphony Hall* und *Rebecca Crown Auditorium*, regelmäßig bespielt von Jerusalem Symphony Orchestra, Israel Kammermusik-Ensemble und Israel Philharmonic Orchestra; dazu die Etnacha Konzertreihe (Tel. 02/561 71 67, Eintritt frei) von Israels Klassikradio.

Oper

Israeli Opera, im Tel Aviv Performing Arts Centre (TAPAC), 19 Shaul Hamelech St, Tel Aviv, Tel. 03/692 77 77, www.israel-opera.co.il

Nationalparks

Israel hat 58 Naturschutzgebiete und Nationalparks. Mit der *Green Card*, erhältlich in den Parks und im Hauptbüro, bekommen Besucher 14 Tage lang vergünstigten Eintritt zu allen archäologischen, historischen Stätten und Naturreservaten.

Israel Nature & National Parks Protection Authority, 3 Rehov Am Veolamo, Givat Shaul, 95463 Jerusalem, Tel. 02/500 54 44, www.parks.org.il

Sport

Wandern oder Fahrrad fahren in *Galiläa*, Klettern oder Jeep-Safari in der *Judäischen Wüste*, Skifahren auf dem *Mount Hermon*, Kamelritt durch die Wüste *Negev*, Kajak- und Floßfahrt auf dem *Jordan*, Golfen, Tauchen, Surfen – Israel präsentiert sich Aktivurlaubern als ein Land der beinahe unbegrenzten Möglichkeiten.

Heißluftballon

Hot Air Balloons over Israel, Arad, Negev, Tel. 052/351 89 24, www.hotair.co.il

Kamelreiten

Mamshit Camel Ranch, 10 km östlich von Dimona, Tel. 08/943 68 82, www.mamshit.co.il

Radfahren

Die Broschüre ›Mit dem Fahrrad Israel erkunden‹ und weitere Infos beim Israelische Fremdenverkehrsbüro [s. S. 125].

Reiten

Israel Equestrian Federation, Wingate Institute, 42902 Netanya, Tel. 09/885 09 38, Fax 09/885 09 39, www.ief.org.il

Skifahren

Mount Hermon, Tel. 04/698 13 37, www.skihermon.co.il

Tauchen

Israel Diving Federation, Tel Aviv, Tel. 03/695 42 77, www.diving.org.il

Wandern

Tour Guides, 12 Smolenskin St, Tel Aviv, Tel. 052/437 63 33, www.tour-guides.co.il. Staatlich geprüfte Wanderführer.

Statistik

Lage: Der Staat Israel (hebr. Medinat Yisrael) erstreckt sich über 420 km von der libanesischen Grenze im Norden bis zum Roten Meer im Süden. Von West nach Ost sind es max. 135 km, die schmalste Stelle (14 km) liegt nördlich von Tel Aviv.

Bevölkerung: Rund 7 Mio. Menschen leben auf 20 991 km^2. Das entspricht der Größe von Hessen und einer Bevölkerungsdichte von 335 Einw./km^2. Seit der Staatsgründung hat sich die Zahl der Einwohner fast verzehnfacht. 76 % sind Juden, 20 % Muslime, 2,1 % Christen und 1,9 % gehören anderen Religionen an. Ein Großteil der Israelis lebt in der zentralen Küstenebene und in Großstädten, vor allem in Jerusalem, Tel Aviv und Haifa.

Natur: Mehr als 60 % der Landesfläche nimmt der nur gering besiedelte Negev im Süden ein. Mit 165 km^2 ist der See Genezareth der größte Süßwassersee des Landes und mit etwa 33 % Salzgehalt das Tote Meer das weltweit salzigste Gewässer. Die höchsten Berge sind der Meron (1208 m) bei Safed und der Ramon (1035 m) im südwestlichen Negev.

Unterkunft

Bed & Breakfast

Die Unterbringung in *Privatquartieren* ermöglicht, Israel individuell zu erfahren.

Bed & Breakfast, Information und Reservierung u. a. bei Good Morning Jerusalem, 17 Rehov Ezrat Israel, Jerusalem, Tel. 02/623 34 59, www.accommodation.co.il

Christliche Hospize

Im ganzen Land gibt es christliche Hospize, die nicht nur Pilger sondern auch Touristen meist in Einzel- bis Sechs-Bett-Zimmern beherbergen. Infos erteilt das Israelische Fremdenverkehrsbüro [s. S. 125].

Camping

Die Campingplätze liegen alle in der Nähe bedeutender *historischer Stätten* oder in *Badeorten*. Sie verfügen über ausgezeichnete sanitäre Einrichtungen, Strom, Telefon, Postdienste und Einkaufsmöglichkeiten, zudem sind sie rund um die Uhr bewacht. Viele Campingplätze haben seit der 2. Intifada geschlossen, man sollte sich daher vorab bei den Fremdenverkehrsbüros informieren.

Ferienwohnungen

Ferienwohnungen werden meist ab zwei Wochen vermietet.

Jerusalem Lodges, P.O. Box 4233, 91044 Jerusalem, Tel. 02/561 17 45, Fax 02/563 75 66, www.jerusalemlodges.com

Hotels

In Israel gibt es mehr als 300 *Hotels*, von einfachen Häusern bis zu luxuriösen 5-Sterne-Hotels. Die Preise variieren entsprechend der Ausstattung und Saison und werden in US-Dollar angegeben. Den ›Israel Hotel Guide‹ gibt es kostenlos bei den Israelischen Verkehrsämtern.

Israel Hotel Association, 29 Rehov HaMered, Tel Aviv, Tel. 03/517 01 31, Fax 03/510 01 97, www.israelhotels.org.il

Jugendherbergen

Begehrte Quartiere bieten die mehr als 30 *Jugendherbergen* des Landes, die alle ohne Altersbegrenzung aufgesucht werden können. Der Israelische Jugendherbergsverband (IYHA) arrangiert auch *individuelle Tourenpakete* für 14, 21 oder 28 Tage (›Israel auf dem Jugendherbergspfad‹). Diese beinhalten Übernachtungen mit Halbpension in Jugenderbergen, unbegrenzt viele Busfahrten, eine Halbtagestour mit Führung, freien Eintritt in den Nationalparks etc.

Israel Youth Hostels Assoc. (IYHA), Binyanei Ha'oma, P. O. Box 6001, 91060 Jerusalem, Tel. 02/655 84 00, www.iyha.org.il

Kibbuzim

Mehrere Kibbuzim (Genossenschaftssiedlungen) in Nord- und Zentralisrael betreiben *hotelähnliche Einrichtungen*, viele davon mit Swimmingpools und Tennisplätzen, sowie *Feriendörfer* mit vielseitigen Sportmöglichkeiten wie Reiten, Tauchen und Wasserski.

Kibbuz Hotels Association, 41 Rehov Montefiore, 65201 Tel Aviv, Tel. 03/560 83 63, www.kibbutz.co.il

■ Verkehrsmittel im Land

Israel ist ein Land der *öffentlichen Verkehrsmittel*, vor allem das gut organisierte Busnetz erleichtert Fahrten quer durchs Land. Am Sabbat (Samstag) sowie am Abend zuvor, ebenso an jüdischen Feiertagen und dem jeweiligen Vorabend

verkehren lediglich die von Arabern betriebenen Buslinien und Taxis.

Bahn

Es ist preiswert, in Israel mit der Bahn zu fahren. Besonders attraktiv: In nur 15 Minuten gelangt man vom Ben-Gurion-Flughafen nach Tel Aviv. Eine landschaftlich sehr schöne Strecke führt von Tel Aviv nach Jerusalem.

Israrail, Tel Aviv, Fahrplanauskunft Tel. 03/611 70 00, www.israrail.org.il

Bus

Busse sind das wichtigste Personenbeförderungsmittel. Tickets löst man direkt beim Fahrer, für **Überlandfahrten** sollte man im Voraus reservieren. Egged ist die größte israelische Busgesellschaft und hat praktisch eine Monopolstellung. Die Ticket-Preise sind moderat, da staatlich subventioniert – als Gegenleistung muss Egged jeden Ort, jedes Dorf und jede Siedlung im Land täglich anfahren.

Egged bietet auch als ›regular tours‹ bezeichnete **Besichtigungsfahrten** (Tel. 03/920 39 98 19). Sie führen meist täglich, auch am Sabbat, von Jerusalem, Tel Aviv und Haifa zu allen Sehenswürdigkeiten und in alle Teile des Landes.

Egged Tours, Tel Aviv, Tel. 03/694 88 88, www.egged.co.il

Mietwagen

Der Wettbewerb unter den Mietwagen-Anbietern ist groß, die Preisunterschiede sind es ebenso. Um ein Auto zu mieten, muss man 21, manchmal auch 24 Jahre alt sein und ein Jahr Fahrpraxis haben. Internationaler Führerschein wird empfohlen. Alle Leihwagen-Unternehmen unterhalten am Ben-Gurion-Flughafen Filialen.

Für Mitglieder bietet die **ADAC-Autovermietung GmbH** günstige Konditionen. Buchungen mind. drei Tage vor Reisebeginn über ADAC-Geschäftsstellen oder unter Tel. 018 05/31 81 81 (0,14 €/Min.).

Taxi

Taxifahren ist verhältnismäßig preiswert, doch in Jerusalem vergessen die Taxifahrer gerne, den Taxameter einzuschalten. **Sherut-Taxis** sind siebensitzige Limousinen, die in den Städten häufig parallel zu den Buslinien verkehren und auch regelmäßig zwischen den größeren Städten pendeln.

Sprachführer
Hebräisch für die Reise

■ Das Wichtigste in Kürze

Ja / Nein	ken / lo	כן\לא
Bitte / Danke	bewakascha / toda	בבקשה\תודה
Entschuldigung!	slixa!	סליחה!
Können Sie mir bitte helfen?	ha-im ata jaxol (m.) / at jexola (f.) laazor li bewakascha?	האם אתה יכול (את יכולה) לעזור בבקשה?
Das gefällt mir (nicht).	ze (lo) motse xen be ejnai	זה (לא) מוצא חן בעיני
Wie viel Uhr ist es?	ma haschaa?	מה השעה?
Guten Morgen!	boker tov!	בוקר טוב!
Guten Tag!	schalom!	שלום!
Guten Abend!	erev tov!	ערב טוב!
Gute Nacht!	lajla tov!	לילה טוב!
Hallo! / Grüß Dich!	schalom!	שלום!
Wie ist Ihr Name, bitte?	ma schimxa (m.) schmex (f.)?	מה שמך?
Mein Name ist …	schmi …	שמי ...
Auf Wiedersehen!	lehitraot!	להתראות!
Tschüs!	schalom!	שלום!
gestern / heute / morgen	etmol/hajom/maxar	אתמול\היום\מחר
am Vormittag / am Nachmittag	baboker/axar ha-tsoho'rajim	בבוקר\אחר הצהריים

■ Wochentage

Sonntag	jom rischon, jom alef	יום ראשון, יום א׳
Montag	jom scheni, jom beth	יום שני, יום ב׳
Dienstag	jom schlischi, jom gimel	יום שלישי, יום ג׳
Mittwoch	jom rewii, jom daled	יום רביעי, יום ד׳
Donnerstag	jom xamischi, jom he	יום חמישי, יום ה׳
Freitag	jom schischi, jom wav	יום שישי, יום ו׳
Samstag	schabat	שבת

■ Monate

Januar	januar	ינואר
Februar	februar	פברואר
März	merts	מרץ
April	april	אפריל
Mai	mai	מאי
Juni	juni	יוני
Juli	juli	יולי
August	ogust	אוגוסט
September	september	ספטמבר
Oktober	oktober	אוקטובר
November	november	נובמבר
Dezember	detsember	דצמבר

■ Zahlen

0	efes	אפס	19	tscha-esre	תשע-עשרה
1	axat	אחת	20	esrim	עשרים
2	schtajim	שתיים	21	esrim we-axat	עשרים ואחת
3	schalosch	שלוש	22	esrim uschtajim	עשרים ושתיים
4	arba	ארבע	30	schloschim	שלושים
5	xamesch	חמש	40	arbaim	ארבעים
6	schesch	שש	50	xamischim	חמישים
7	scheva	שבע	60	schischim	שישים
8	schmone	שמונה	70	schivim	שבעים
9	tescha	תשע	80	schmonim	שמונים
10	eser	עשר	90	tischim	תשעים
11	axat-esre	אחת-עשרה	100	mea	מאה
12	schtem-esre	שתים-עשרה	200	ma'tajim	מאתיים
13	schlosch-esre	שלוש-עשרה	1000	elef	אלף
14	arba-esre	ארבע-עשרה	2000	al'pajim	אלפיים
15	xamesch-esre	חמש-עשרה	10000	a'seret alafim	עשרת אלפים
16	schesch-esre	שש-עשרה	100000	mea elef	מאה אלף
17	schwa-esre	שבע-עשרה	1/4	reva	רבע
18	schmone-esre	שמונה-עשרה	1/2	xatsi	חצי

am Abend / in der Nacht	baerev/balajla	בערב\בלילה
um 1 Uhr / um 2 Uhr …	beschaa axat / schtajim …	בשעה אחת\שתיים ....
um Viertel vor …	beschaa rew le …	בשעה רבע ל.....
(nach) …	beschaa … wa'rewa	בשעה ... ורבע
um … Uhr 30	beschaa … wa xetsi	בשעה ... וחצי

Unterwegs

Nord / Süd /West / Ost	tsafon/darom/maarav/mizrax	צפון\דרום\מערב\מזרח
geradeaus / links /	jaschar/ smol/	ישר\שמאל\
rechts / zurück	jamin/xazara	ימין\חזרה
nah / weit	karov/raxok	קרוב\רחוק
Wie weit ist das?	ma ha-merxak?	מה המרחק?
Wo sind die Toiletten?	ejfo ha-scherutim?	איפה השירותים?
Wo ist die (der) nächste …	ejfo ha- …	איפה ה ...?
Telefonzelle / Bank /	telefon (m.) / bank (m.) /	טלפון\בנק\
Polizei / Post /	mischtara (f.) / doar (m.) /	משטרה\דואר
Geldautomat ?	kaspomat … ha-karov (m.) /	כספומט\.. הקרוב
	ha-krowa (f.) bejoter?	(הקרובה) ביותר?
Bitte, wo ist …	slixa, ejfo …	סליחה, איפה ...
der Flughafen /	nemal-ha-teufa /	נמל-התעופה\
der Fährhafen /	ha-namal /	הנמל\
der Bahnhof /	taxanat-ha-rakewet/	תחנת-הרכבת\
der Busbahnhof?	ha-taxana ha-merkazit?	התחנה המרכזית ?
Ist das der Weg/	zu ha-derex le…/ze ha-kwisch	זו הדרך\זה הכביש
die Straße nach …?	le …?	ל ...?
Ich möchte …	ani rotse (m.) /rotsa (f.) …	אני רוצה ...
mit … dem Bus / der Fähre /	linsoa be … otobus/ma'aboret/	לינסוע ב ... אוטובוס\מעבורת\
dem Zug nach … fahren/	rakewet le …/	רכבת ל ....
dem Flugzeug nach … fliegen.	latus le …	לטוס ל ....
Ich möchte eine Anzeige	ani rotse (m.) /rotsa (f.) lehagisch	אני רוצה להגיש
erstatten.	tluna	תלונה
Man hat mir …	ganwu li et ha- …	גנבו לי את ה ...
Geld / die Tasche /	kessef / arnak/	כסף\ארנק\
die Papiere /	ha-mismaxim/	המסמכים\
die Schlüssel /	maftexot/	מפתחות\
den Fotoapparat /	matslema/	מצלמה\
den Koffer gestohlen.	mizwada	מזוודה

Bank, Post Telefon

Ich möchte Geld wechseln.	ani rotse (m.) /rotsa (f.) lehamir kessef.	אני רוצה להמיר כסף
Ich möchte eine Telefon-	ani rotse (m.) /rotsa (f.)	אני רוצה
verbindung nach …	kav-telefon le …	קו-טלפון ל ...
Haben Sie …	jesch lexa (m.) /lax (f.)	יש לך ...
Telefonkarten /	krtis telefon /	כרטיס טלפון\
Briefmarken?	bulim?	בולים?

Tankstelle

Wo ist die nächste	ejfo taxanat ha-delek	איפה תחנת הדלק
Tankstelle?	ha-krowa bejoter?	הקרובה ביותר?

Hinweise zur Aussprache

s	>ss< wie in me**ss**en	' Betonungszeichen (steht vor der betonten
ts	>z< wie in **Z**oo	Silbe, in mehrsilbigen Worten ohne
v, w	>w< wie in Da**v**id	Betonungszeichen wird die letzte Silbe
x	>ch< wie in do**ch**	betont)
z	>s< wie in **s**ehen	

137

Ich möchte … Liter …	ani rotse (m.) /rotsa (f.) … liter …	אני רוצה … ליטר …
Benzin / Super /	benzin/super/	בנזין\סופר\
Diesel / bleifrei.	dizel/netul oferet	דיזל\נטול-עופרת
Volltanken, bitte.	male, bewakascha!	מלא, בבקשה!
Bitte prüfen Sie …	bewakascha tiwdok (m.) /	בבקשה תבדוק
	tiwdeki (f.)	(תבדקי)
den Reifendruck /	laxats ha-tsmig/	את … לחץ הצמיג\
den Ölstand /	miflas ha-schemen/	מפלס השמן\
den Wasserstand /	miflas ha-majim/	מפלס המים\
die Batterie.	ha-matsber	המצבר.

Panne

Ich habe eine Panne.	jesch li teker	יש לי תקר.
Der Motor startet nicht.	ha-manoa lo matnia	המנוע לא מתניע.
Ich habe kein Benzin.	ejn li delek	אין לי דלק.
Gibt es hier in der Nähe eine	Jesch ba-swiwa musax?	יש בסביבה מוסך?
Werkstatt?		
Können Sie mir einen	ha-tuxal (m.) /ha-tuxli (f.) lischloax	התוכל (התוכלי) לשלוח
Abschleppwagen schicken?	li gorer?	לי גורר?
Können Sie den Wagen	tuxal (m.) /tuxli (f.) letaken	תוכל (תוכלי) לתקן
reparieren?	et ha-rexew?	את הרכב?
Bis wann?	ad mataj?	עד מתי?

Mietwagen

Ich möchte ein	ani rotse (m.) /rotsa (f.) liskor	אני רוצה לשכור רכב.
Auto mieten.	rexew	
Was kostet die Miete …	kama ola sxirut-ha-rexev …	כמה עולה שכירות הרכב …
pro Tag /	le jom/	ליום\
pro Woche /	le schawua/	לשבוע\
mit unbegrenzter km-Zahl /	le lo hagbalat-kilometrim/	ללא הגבלת קילומטרים\
mit Kaskoversicherung /	kolel bituax/	כולל ביטוח\
mit Kaution?	im arwut?	עם ערבות?
Wo kann ich den Wagen	ajfo efschar lehaxzir	איפה אפשר להחזיר
zurückgeben?	et ha-rexev?	את הרכב?

Unfall

Hilfe!	hatsilu!	הצילו!
Achtung! / Vorsicht!	simu lew!/zehirut!	שימו לב!\זהירות!
Rufen Sie bitte schnell …	tazmin (m.) /tazmini (f.)	תזמין (תזמיני) בבקשה
	bewakascha maher et ha …	מהר את ה…
einen Krankenwagen /	ambulans /	אמבולנס\
die Polizei / die Feuerwehr.	mischtara/mexabe esch.	משטרה\מכבי-אש.
Es war (nicht) meine Schuld.	ani (lo) aschem (m.) /	אני (לא) אשם (אשימה)
	aschema (f.)	
Ich brauche die Angaben	ani zakuk (m.) /zekuka (f.)	אני זקוק (זקוקה)
zu Ihrer Autoversicherung.	le-pirtei bituax ha-rexew	לפרטי ביטוח הרכב שלך.
	schelxa (m.) /schelax (f.)	
Geben Sie mir bitte Ihren	ten (m.) /tni (f.) li bewakascha	תן (תני) לי בבקשה
Namen und Ihre Adresse.	et schimxa (m.) /schmex (f.)	את שמך ואת
	we-et ha-ktowet schelxa (m.) /	הכתובת שלך.
	schelax (f.)	

Krankheit

Können Sie mir einen	ha-im tuxal (m.) /tuxli (f.)	האם תוכל (תוכלי)
Arzt/	lehamlits al rofe /	להמליץ על רופא\
Zahnarzt empfehlen?	rofe-schinajim?	רופא שיניים?
Wann hat er Sprechstunde?	Ma-hen scheot ha-kabala schelo?	מהן שעות הקבלה שלו?
Wo ist die nächste Apotheke?	ejfo bejt-ha-mirkaxat	איפה בית המרקחת
	ha-karov bejoter?	הקרוב ביותר?

Ich brauche ein Mittel	ani zakuk (m.) /zekuka (f.) le-trufa	אני זקוק (זקוקה) לתרופה
gegen …	neged …	נגד ...
Durchfall / Fieber /	schilschul/xom/	שלשול\חום\
Verstopfung/ Zahnschmerzen.	atsirut/ke'ew schinajim	עצירות\כאב שיניים.

■ Im Hotel

Ich habe bei Ihnen ein	hizmanti etslexem	הזמנתי אצלכם
Zimmer reserviert.	xeder	חדר.
Haben Sie …	jesch laxem …	יש לכם ...
ein Einzelzimmer /	xeder le jaxid/	חדר ליחיד\
ein Doppelzimmer …	xeder zugi …	חדר זוגי ...
mit Dusche / mit Bad /	im miklaxat/ im ambatia/	עם מקלחת\עם אמבטיה\
WC …	scherutim …	שירותים
für eine Nacht / für eine Woche?	le 'lajla exad / le schawua?	ללילה אחד\לשבוע?

■ Im Restaurant

Ich suche ein gutes /	ejfo jesch misada towa/	איפה יש מסעדה טובה\
günstiges Restaurant.	lo jekara?	לא יקרה?
Die Speisekarte, bitte.	tafrit bewakascha	תפריט, בבקשה.
Haben Sie vegetarische	jesch laxem oxel tsimxoni?	יש לכם אוכל צמחוני?
Gerichte?		
Die Rechnung, bitte! /	xeschbon, bewakascha!/	חשבון, בבקשה!\
Bezahlen, bitte!	awakesch leschalem!	אבקש לשלם!

■ Essen und Trinken

Apfel	tapuax	תפוח
Aubergine	xatsil	חציל
Baklava	baklava	בקלווה
Banane	banana	בננה
Datteln	tmarim	תמרים
Essig	xomets	חומץ
Felafel	falafel	פלפל
Fisch	dag	דג
Fladenbrot	pita	פיתה
Fleisch	bassar	בשר
Fruchtsaft	mits	מיץ
Geflügel	of	עוף
Gemüse	jerakot	ירקות
Humus (Kichererbsenmus)	xumus	חומוס
Kaffee	kafe	קפה
Meeresfrüchte	perot jam	פירות-ים
Milch	xalav	חלב
Milchkaffee	kafe hafux	קפה הפוך
Mineralwasser	soda, 'majim mineralim	סודה, מים מינרליים
Nachspeise	mana axrona	מנה אחרונה
Nudeln	itrijot	אטריות
Öl	schemen	שמן
Oliven	zetim	זיתים
Orange	tapuz	תפוז
Pfeffer	pilpel	פלפל
Reis	orez	אורז
Salat	salat	סלט
Salz	melax	מלח
Schafskäse	gwinat tson	גבינת צאן
Tee	te	תה
Vorspeise	mana rischona	מנה ראשונה
Wein	jajin	יין
Weintrauben	anawim	ענבים
Zucker	sukar	סוכר

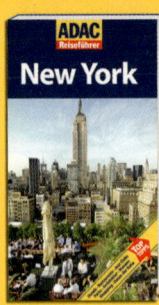

Register

Impressum

Redaktionsleitung: Dr. Dagmar Walden
Aktualisierung: Elisabeth Schnurrer, Augsburg
Karten: Computerkartographie Carrle, München
Herstellung: Martina Baur
Druck, Bindung: Stürtz GmbH, Würzburg

Ansprechpartner für den Anzeigenverkauf:
Kommunalverlag GmbH & Co KG,
MediaCenterMünchen, Tel. 089/92 80 96-44

ISBN 978-3-89905-456-9

Gedruckt auf chlorfrei gebleichtem Papier

Neu bearbeitete Auflage 2009
© ADAC Verlag GmbH, München

Bildnachweis

Umschlag-Vorderseite: Felsendom in der
Altstadt – Wahrzeichen Jerusalems
Foto: LOOK München (Jan Greune)

Titelseite
Oben: Vergnügliches Nachtleben: Elat am
Roten Meer. Foto: LOOK, München (Jan Greune)
Mitte: Einsame Ruhe: Kupferminen König
Salomons im Timna Tal (von S. 88)
Unten: Religiöse Feiern: Klagemauer in
Jerusalem. Foto: Karin Lucke, Kempten

Anzenberger, Wien: 5 (unten), 120, Umschlagrückseite (1) (Nitsan Shorer), 45 (Manfred Horvath) –
Associated Press, Frankfurt: 17 – Elisabeth Gilbert,
Jerusalem: 71 (2), 73, 74, 77 (2) – Shai Ginott, Ramat
Gan, Israel: 6 (unten), 7 (oben), 9 (unten), 11 (oben),
29, 33, 34 (unten), 35, 42 (oben), 66, 68, 72, 81, 82, 86,
106, 107, 109, 113, 114 (unten), 116, 118, 124 (li. Spalte: 2. u.
4. Reihe) – Huber Bildagentur, Garmisch-Partenkir-
chen: 103 oben (R. Schmid) – laif, Köln: 8 (unten), 10
(unten), 11 (Mitte), 30 (unten), 31, 32, 34 (oben), 36, 37,
38, 43, 46, 47, 49, 50 (2), 51, 52, 54, 65, 69, 79, 80, 83, 84,
85, 89 (2), 91 (oben), 93, 95, 96 (oben), 103 (unten), 105,
124 (li. Spalte: 1. u. 3. Reihe; re. Spalte: 1., 2. u. 4. Reihe)
(Axel Krause) – Look, München: 3 (unten), 18/19, 23,
61, 88, 96 (unten), Umschlagrückseite (1) (Jan Greune) – Karin Lucke, Kempten: 62, 129 – Mauritius Bildagentur, Mittenwald: 99 – Dinu Mendrea, Jerusalem:
6 (oben), 8 (Mitte), 20/21, 26, 27, 28 (oben), 30 (oben),
40, 41, 42 (unten), 44, 53 (2), 58, 59, 60, 63, 67, 91 (unten), 100, 101, 104, 111, 124 (rechte Spalte: 3. Reihe) –
Sandu Mendrea, Jerusalem: 6/7, 8 (oben), 9 (oben),
10 (oben), 11 (unten), 28 (unten), 56, 64, 97, 108, 114
(oben), 119, 123 – Rimonim Hotels, Ramat Gan,
Israel: 121